红色广东丛书

1921—2021

中共广东历史百年大事记

中共广东省委党史研究室 编

（上卷）

SPM
南方出版传媒
广东人民出版社
·广州·

图书在版编目（CIP）数据

中共广东历史百年大事记.上卷／中共广东省委党史研究室编.—广州：广东人民出版社，2021.6

（红色广东丛书）

ISBN 978-7-218-14244-9

Ⅰ.①中… Ⅱ.①中… Ⅲ.①中国共产党－地方组织－大事记－广东 Ⅳ.①D235.65

中国版本图书馆CIP数据核字（2020）第062566号

ZHONGGONG GUANGDONG LISHI BAINIAN DASHIJI（SHANGJUAN）

中共广东历史百年大事记（上卷）

中共广东省委党史研究室　编　　　　　　版权所有　翻印必究

出 版 人：肖风华

出版统筹：钟永宁　卢雪华
责任编辑：伍茗欣　廖智聪
装帧设计：时光机工作室　李卓琪
责任技编：吴彦斌　周星奎

出版发行　广东人民出版社
地　　址：广州市海珠区新港西路204号2号楼（邮政编码：510300）
电　　话：（020）85716809（总编室）
传　　真：（020）85716872
网　　址：http://www.gdpph.com
印　　刷：广东鹏腾宇文化创新有限公司
开　　本：787mm×1092mm　1/16
印　　张：20.5　　　字　　数：300千
版　　次：2021年6月第1版
印　　次：2021年6月第1次印刷
定　　价：63.00元

如发现印装质量问题，影响阅读，请与出版社（020-85716849）联系调换。
售书热线：020-85716826

《中共广东历史百年大事记》编辑部

主　　编：陈春华

副 主 编：梁向阳　刘　敏

编　　委：张启良　王乐远

总　序

　　百年征程波澜壮阔，百年大党风华正茂。习近平总书记在党史学习教育动员大会上指出："我们党的一百年，是矢志践行初心使命的一百年，是筚路蓝缕奠基立业的一百年，是创造辉煌开辟未来的一百年。"翻开风云激荡的百年党史，一代又一代中国共产党人，用鲜血和生命浸染了党旗国旗的鲜亮红色，书写了可歌可泣的历史篇章，铸就了彪炳史册的丰功伟绩。一百年来，党的红色薪火代代相传，革命精神历久弥坚，红色基因已深深根植于共产党人的血脉之中，成为我们党坚守初心、永葆本色的生命密码。

　　广东是一片红色的热土，不仅是近代民主革命的策源地，也是国内最早传播马克思主义、最早成立共产党早期组织的省份之一。在新民主主义革命的漫长历程中，广东党组织在中共中央的领导下，发动、组织和领导广东人民开展了一系列广泛而深远的革命斗争。1921年，广东党组织成立后，积极开展工人运动、青年运动，并点燃农民运动星火。第一、二、三次全国劳动大会连续在广州召开，全国工人运动的领导机关——中华全国总工会在广州诞生。中国社会主义青年团第一次全国代表大会在广州召开，促进了全国团组织的建立、发展。在"农民运动大王"彭湃领导下，农潮突起海陆丰影响全国。

1923年，中共中央机关一度迁至广州，中国共产党第三次全国代表大会在广州召开，推动形成了第一次国共合作，建立了国民革命联合战线，掀起了大革命的洪流。随后，在共产党人的建议下，黄埔军校在广州创办，周恩来等共产党人为军校的政治工作和政治教育作出了重要贡献，中国共产党也从黄埔军校开始探索从事军事活动。在共产党人的提议下，农民运动讲习所在广州开办，先后由彭湃、阮啸仙、毛泽东等共产党人主持，红色火种迅速播撒全国。1925年，广州和香港爆发省港大罢工，声援五卅运动，成为大革命高潮时期一个十分引人注目的重要斗争。1926年，在统一广东革命根据地后，国民革命军在广州誓师北伐，以共产党员为骨干的北伐先锋叶挺独立团所向披靡，铸就了铁军威名。在北伐战争胜利推进的同时，广东共产党组织和党领导的革命队伍迅速扩大和发展，全省工农群众运动也随之进入高潮。

1927年"四一二"反革命政变以后，广东共产党组织在全国较早打响反抗国民党反动派血腥屠杀的枪声，广州起义与南昌起义、秋收起义一起，成为中国共产党独立领导中国革命、创建人民军队的伟大开端。随后，广东党组织积极探索推进工农武装割据，在海陆丰建立第一个县级苏维埃政权，并率先开展土地革命，开启了中国共产党领导人民进行的最重大的社会变革。与此同时，广东中央苏区逐步创建和发展起来，为中国革命的发展作出了不可磨灭的贡献。1931年，连接上海中共中央机关与中央苏区的中央红色交通线开辟，交通线主干道穿越汕头、大埔，成功转移了一大批党的重要领导，传送了重要文件和物资，成为土地革命战争时期党的红色血脉。1934年，中央红军开始了举世瞩目的长征，广东是中央红军从中央苏区腹地实施战略转移后进入的第一个省份，中央红军在粤北转战21天，打开了继续前进的通道，成功走向最后的胜利。留守红军在赣粤边、闽粤边和琼崖地区进行了艰苦卓绝的游击战争，高举红旗永不倒。

抗战全面爆发后，中共中央和中共中央长江局、南方局十分重视和加强对广东党组织的领导，选派了张文彬等大批干部到广东工作。日军侵入广东以后，广东党组织奋起领导广东人民开展敌后抗日游击战争，成立了东江纵队、琼崖纵队、珠江纵队、广东人民抗日解放军、南路人民抗日解放军和韩江纵队等抗日武装，转战南粤辽阔大地，战斗足迹遍及70多个县市。华南敌后战场成为全国三大敌后抗日战场之一，党领导的广东人民抗日武装被誉为华南抗战的中流砥柱。香港沦陷以后，在中共中央的领导和周恩来等人的精心策划安排下，广东党组织冲破日军控制封锁，成功开展文化名人秘密大营救，将800多名被困香港的文化名人、爱国民主人士及家眷、国际友人等平安护送到大后方，书写了抗战史上的光辉一页。

解放战争时期，在中共中央的领导下，华南地区大力开展武装斗争，开辟出以广东为中心的七大块游击根据地，成立了中国人民解放军琼崖纵队、粤赣湘边纵队、闽粤赣边纵队、桂滇黔边纵队、粤中纵队、粤桂边纵队和粤桂湘边纵队等人民武装，其中仅广东武装部队就达到8万多人，相继解放了广东大部分农村，在全省1/3地区建立起人民政权，为广东和华南的解放创造了有利条件。在广东党组织的配合下，人民解放军南下大军发起解放广东之役，胜利的旗帜很快插遍祖国南疆。

革命烽火路，红星照南粤。广东见证了中国共产党从新生到大革命、土地革命，再到抗日战争、解放战争等革命斗争全过程。其间，毛泽东、周恩来、刘少奇、朱德、邓小平、叶剑英、彭德怀、刘伯承、贺龙、陈毅、聂荣臻、徐向前、李富春、粟裕、陈赓等老一辈革命家和李大钊、蔡和森、瞿秋白、陈延年、彭湃、叶挺、杨殷、邓发、张太雷、苏兆征、杨匏安、罗登贤、邓中夏、恽代英、萧楚女、阮啸仙、张文彬、左权、刘志丹、赵尚志等一大批革命先烈都在广东战斗过，千千万万广东优秀儿女也在革命斗争中抛头颅、洒热血，留下了光照千秋的革命历史和革命精神。广东这片红色热土，老区苏区遍布全省，大大小小的革命遗址分布各地，留下了宝贵而丰厚的红色文化历史遗产。

习近平总书记强调，中国革命历史是最好的营养剂。重温这部伟大历史能够受到党的初心使命、性质宗旨、理想信念的生动教育，必须铭记光辉历史、传承红色基因。我们有责任把党领导广东人民进行革命斗争的光辉历史和伟大功绩研究深、挖掘透、展示好，全面呈现广东红色文化历史，更好地以史铸魂、教育后人，让全省人民在缅怀英烈、铭记历史中汲取砥砺奋进的强大力量，让人们深刻认识红色政权来之不易，新中国来之不易，中国特色社会主义来之不易，确保红色江山的旗帜永远高高飘扬。

为充分挖掘广东红色文化资源的丰富内涵，我们组织省内党史、党校、社科、高校等专家学者，集智聚力分批次编写《红色广东丛书》。丛书按照点面结合、时空结合、雅俗结合原则，分为总论、人物、事件、地区、教育五个版块。总论版块图书，主要综述中国共产党在广东的革命斗争历史概况，人物版块图书主要讴歌广东红色人物，事件版块图书主要论说党领导广东人民开展革命斗争的历史事件，地区版块图书从地市和历史专题角度梳理广东地域红色文化，教育版块图书着力打造面向青少年及党员的红色主题教材。丛书以相关的文物、文献、档案、史料为依据，对近些年来广东红色文化资源研究成果做了一次全面系统梳理，我们希望这套丛书能为党史学习教育、革命传统教育、爱国主义教育提供重要内容支撑。

　　一切向前走，都不能忘记走过的路，走得再远、走到再光辉的未来，也不能忘记走过的过去，不能忘记为什么出发。站在"两个一百年"的历史交汇点上，我们要更加坚定自觉地学史明理、学史增信、学史崇德、学史力行，赓续红色血脉，传承红色基因，以一往无前的奋斗姿态、风雨无阻的精神状态，推动广东在全面建设社会主义现代化国家新征程中走在全国前列、创造新的辉煌。

　　　　　　　　　　　　　　《红色广东丛书》编委会

　　　　　　　　　　　　　　2021年6月

目　录

一、广东党组织的创建时期

（1919.5—1923.5）

中国共产党广东地方组织于1921年正式成立。它是国内最早建立的中共地方组织之一。它的产生，是广东社会政治经济发展的必然结果，是马克思主义同广东工人运动相结合的产物。

广东是中国的南大门，是外国资本帝国主义最先入侵的前沿目标，也是近代中国人民进行反帝反封建斗争的策源地之一。1840年，英国侵略者从广东开始挑起了鸦片战争，广东爱国官兵和三元里人民曾奋起抗击侵略者。但由于昏庸腐败的清朝政府屈膝投降，广东等地军民的反侵略斗争受到挫折。外国资本帝国主义的侵入，使广东逐步沦为半殖民地半封建社会。广州、香港等地逐渐变为外国商品输入的主要口岸和资本主义在中国办企业的基地。随着外国资本、官僚资本和民族资本开办的近代工业的出现，在广东较早产生了大批产业工人。工人们深受外国资本帝国主义侵略者、本国封建官僚和资本家的重重剥削和压迫，不断地起来进行反抗斗争。广东也就成为中国工人运动较早兴起的地区。

广东又是中国近代史上较早进行中外文化交流和接受外国各种社会思潮的一个地区。这里的有志之士，很早就奔走于国内外，寻求改造中国的真理。他们接受并传播了近代革命和民主进步的思潮。以洪秀全、康有为、梁启超、孙中山等人为代表的有志之士，先后发起了震撼全国的太平天国农民战争、维新变法运动和资产阶级民主革命，为推翻中国最后一个封建王朝——清朝政府和抵抗帝国主义的侵略做出了历史性的贡献。

但是，帝国主义为了达到长期奴役中国人民的目的，决不容许在中国建立资产阶级民主制度。在帝国主义和封建主义联合的巨大压力下，中国资产阶级民主革命的胜利果实被北洋军阀所篡夺，中国的政权很快落到大地主大买办阶级的手中，广东人民与全国人民一样，依然过着极其贫困、毫无民主权利的痛苦生活。历史证明，在中国，单纯的农民革命和资产阶级民主革命，都不可能取得彻底胜利。只有接受马克思主义的指导，由无产阶级来领导，才能给中国革命带来新的希望。

第一次世界大战期间，广东的民族工业进一步发展，工人阶级的队伍随之壮大，工人的斗争也进一步发展。1915年，为反对袁世凯与日本签订卖国条约，香港海员工人和搬运工人举行了罢工。1918年，广州石井兵工厂工人为抗议厂方拖延发放工资，相率罢工，迫使厂方发清积欠工人的薪饷。为了适应斗争的需要，工人们成立了工会等组织。广东工人阶级队伍的壮大和工人斗争的发展，为马克思主义在广东的传播和中国共产党广东地方组织的建立，奠定了阶级基础。

1915年开始的新文化运动，为新思潮的传播开辟了道路。宣传新文化、新思想的《新青年》《新潮》《每周评论》《政衡》等报刊，先后传到广州等地；广州等地也出版了《广东中华新报》等新书刊，新文化运动在广东产生了较大的影响。1917年俄国十月革命的胜利，在广东产生强烈的反响。11月23日，《广东中华新报》就报道了十月革命的消息。接着，该报又发表了时事述评，分析了列宁领导的苏俄政府成功的主要原因，是克伦斯基反动政府"人望全去"，而苏俄政府的政策"最合一般兵士、人民之希望"，"其主张是共产主义最得平民劳动者之欢心"。1918年夏，孙中山以广州南方国会名义致电列宁和苏俄政府："中国革命党对贵国革命党所进行的艰苦斗争表示十分钦佩，并愿中俄两党团结共同斗争。"在十月革命的影响下，广东人民，首先是知识分子开始追求马克思主义。这一切，扩大了俄国十月革命在广东的影响，促进了马克思主义在广东的传播。

1919年

5月4日 北京爆发学生群众的反帝爱国运动。

5月7日 广东省的广州、三水、潮州、汕头、揭阳、普宁、梅县等地学生纷纷举行集会和示威游行，纪念"五七"国耻日，声援北京学生爱国运动。广东省会学生联合会①发表了声援通电。5月8日，广州国民外交后援会②通电要求严惩卖国贼，释放学生；琼崖（海南岛）府城各校学生举行示威游行。11日，广州国民外交后援会联合各界群众数万人在广州东园召开大会，会后列队游行示威，派代表向广州军政府请愿，要求取消"二十一条"及一切不平等条约，收回青岛，严惩卖国贼，释放被捕学生。

5月14日 潮梅各县学生会的领导机构——岭东学生联合会在汕头召开成立大会，选举杨石魂为主席。会后，学生群众举行示威游行。群众捣毁警察局门窗桌椅，警告亲日分子、局长李少如。随后，联合会出版《救国周刊》，开展宣传活动；潮汕各县学生联合会也陆续成立，汕头及各县掀起了以抵制日货为中心的反帝爱国运动。

5月18日 琼崖各地学生的代表在府城举行大会，成立琼崖学生联合会，同时成立抵制日货会和抵制日货宣传队。

5月20日至5月下旬 琼崖、广州等地学生陆续举行集会和游行，追悼在五四运动中牺牲的广东文昌（今属海南省）籍的北

---

① 该会于1918年6月5日在广州成立。

② 该会于1918年3月2日在广州成立。

京大学学生郭钦光烈士，并组成演讲队分赴城市街头进行演说，发动各界群众抵制日货，同时通电要求收回青岛，取消"二十一条"及其他不平等条约。5月30日，广州群众开展大规模的抵制日货行动。日本驻广州总领事十分惊慌，广东督军秉承其旨意出动军警予以镇压。

5月31日 广州圣心学校（法国人办的教会学校）全体学生罢课退学，以抗议巴黎和会。6月，广州、琼崖、潮梅、佛山、肇庆、台山、东莞、惠州、龙川、紫金、海丰、陆丰等地学生不顾广东督军和省长的禁令，继续举行集会、演讲和罢课等抗议活动，并成立广东中等以上学校学生联合会等学生组织，发动社会各阶层参加爱国运动，抵制日货。暑假期间（6月16日至7月25日），广东中等以上学校学生联合会和广东省会学生联合会组织宣传队到各地宣传五四运动，掀起了抵制日货、提倡国货的热潮。

广州商民抗议请愿遭拒罢市，图为电灯、机器、铁路等行业工人的罢工风潮

7月10日 广州各界团体、市民共3万余人在东园举行国民大会和示威游行，要求广州军政府立即对卖国贼下讨伐令，宣布废除一切密约等。

7月中旬 广州部分商人举行罢市；广州电力公司、自来水厂工人，广（州）三（水）、广（州）九（龙）、粤汉铁路工人和机器工人、车夫、轿夫等举行罢工，对北洋军阀政府和驻粤的桂系军阀表示强烈的抗议。此后，反帝爱国运动在广东各地持续展开，并与统治广东、压制群众爱国运动的桂系军阀展开激烈的斗争。

10月 杨匏安在《广东中华新报》上发表《社会主义》一文，简要评价欧文、圣西门、傅立叶、蒲鲁东和马克思等各种社会主义学说，称马克思的《资本论》"为社会主义圣典"，马克思的"社会主义"为"科学的社会

杨匏安在《广东中华新报》上连续发表介绍马克思主义的文章

主义"。11月，杨匏安发表《马克斯主义》等文章，较为系统地介绍马克思主义的主要观点。盛赞马克思主义产生后，使"从来之社会主义，于理论及实际上，皆顿失其光辉"。

参与抵制日货的爱国学生被囚禁于先施公司内

11月8日 桂系军阀、广东督军莫荣新，警察厅厅长魏邦平出动武装军警镇压抵制日货的广州学生，造成一大批学生受伤，10多人被捕，引起社会各界的强烈不满。事后，广州《国民报》等报社报道了军警殴捕学生的

暴行，也遭到封禁，数十名员工被拘捕。这就更加激起民众的愤慨，广州学生再次罢课，要求惩办魏邦平，广州国会众议院还通过了查办魏邦平案，全国各地人士也致电声援广州学生及要求惩办魏邦平。在群众舆论和其他政派的压力下，警察厅被迫先后将学生和报馆员工释放。

11月下旬至12月 广州学生获悉11月16日日本侨民在福州打死打伤中国学生数人，随后出动海军到福州游行讹诈的消息后，即发表《警告国人书》，并派人到各地宣传演讲，抗议侵略者的暴行，要求日方撤换领事，惩办凶手，向中国道歉、赔偿等。

1920年

1月 潮州青年图书社开始销售《新青年》《新潮》《新生活》《新妇女》《少年中国》《少年世界》《独秀文存》等数十种进步书刊。2月，华侨青年姚维殷、廖质生从新加坡将《共产主义浅说》《社会主义史略》等宣传马克思主义的书籍2000多册带回潮州。从此，马克思主义开始在潮州等地传播。

4月3日 香港机器工人为要求增加工资，举行同盟罢工，船坞、电力、煤气、电话、水泥厂等企业和公用事业的机器工人共5500多人参加罢工，广州地区的机器工人积极支援。斗争坚持了半个多月，终于取得胜利。这次罢工被称为"最近东亚劳动家和资本家奋斗的创举"，促进了香港、广州等地的工会组织和罢工斗争的发展。

5月1日 广州工人和学生数万人在东园广场举行五一国际劳动节纪念大会。当晚，工人和学生数万人一起提灯游行。5月4日，广州学生举行纪念五四救国一周年大会，9日，又举行有数千人参加的国耻纪念日大会。广东其他地方也举行同样的纪念活动。工人和知识分子共同集会，发表演说，声

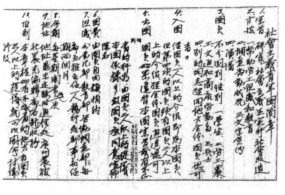

《广州社会主义青年团章程》（抄件）

讨军阀卖国贼的罪行，宣传马克思主义。这些活动促进了马克思主义同广东工人运动的结合。

8月 陈独秀等在上海建立中国的第一个共产主义小组后，即函约谭平山等在广州建党。谭平山等赞成这一意见，不久便首先建立广州社会主义青年团，作为党的外围组织和建党的基础。

《广东群报》创刊号

8月至10月间 共产国际代表维经斯基派米诺尔和别斯林来到广州，于当年秋帮助建立名叫"共产党"的组织。由米诺尔和别斯林出资，创办了《劳动者》杂志，鼓吹社会革命，并在工人中开展活动。

10月20日 谭平山、陈公博、谭植棠等在广州创办的《广东群报》出版。他们在《筹办群报缘起》一文中申明该报是新文化运动的宣传机关，旨在促进新社会早日实现。陈独秀在创刊号上发表《敬告广州青年》一文，殷切希望青年们"做贫苦劳动者的朋友，勿为官僚资本家佣奴"；"切切实实研究社会实际问题的解决方法"。《广东群报》大力传播马克思主义，介绍世界各国工人斗争的消息，针砭时弊，深受各界群众欢迎。

10月 在孙中山的领导和各界群众的支持下，粤军驱逐桂系军阀，占领广州。嗣后，陈炯明以广东省省长的身份邀请陈独秀到广东任省教育委员会委员长。陈独秀应邀于12月底到达广州，并先后与米诺尔、别斯林、区声白、梁冰弦等人联系，研究"共产党"的组织问题。

年底至1921年初 资产阶级民主派人士林修梅在十月革命和李大钊、陈独秀等人的影响下，在广州写下《社会主义的我见》《社会主义与军队》《精神讲话》等文章，公开宣传社会主义最适合中国社会情形的观点，并提出马克思主义在中国应用的设想。

1921年

1月15日 陈独秀在广东法政学校作题为《社会主义批评》的演讲，批评无政府主义观点，提倡科学社会主义。此后，无政府主义者发出异议。《广东群报》和《新青年》杂志先后发表陈独秀与无政府主义者论战的6封书信。《广东群报》还陆续发表《共产主义与无政府主义及议会派比较》《社会革命之商榷》等文章，宣传马克思主义，对无政府主义进行系统的揭露和批判。

2月13日 《劳动与妇女》在广州创刊。该刊是宣传妇女与劳动者的解放的刊物。沈玄庐、陈独秀、谭平山、陈公博等人为该刊主要编辑和撰稿者。该刊与《新青年》《广东群报》均为当时广东地区宣传马克思主义的重要喉舌。

1921年2月13日，五四时期较具代表性的女性期刊《劳动与妇女》在广州创刊

2月24日 谭平山在《劳动与妇女》第二期上发表他特地用广州方言写的《今日工人团体应有嘅责任》一文，通俗地宣传马克思主义的阶级斗争理论，号召工人组织起来，同资本家进行斗争。嗣后，谭平山又在《广

东群报》《劳动与妇女》上发表《广东省议会》《五四后学生界应有的觉悟和责任》《为被压迫的劳工呼吁并告广东当局》等文章，号召工人、妇女、青年学生起来斗争，呼吁当局支持群众运动。

2月 广东土木建筑工会、广州理发工会等工人组织在广州成立。陈独秀、沈玄庐、陈公博在理发工会成立大会上发表演说。广东土木建筑工会成立后，立即领导工人与资本家作斗争，要求增加工资、减少工时。广州市警察局派警察前去镇压，逮捕六七名工人。工会遂发动3000多名工人包围警察局，终于迫使其释放被捕工人，资本家也答应工人的要求，斗争取得了胜利。

3月 广州市的工会组织迅速发展，计有茶居、旅业、印务、机织、成衣、木屐、印刷、洋服、缝衣、影相、油漆、派报、油业等工会成立。4月，又有制帽、女伶、装设电灯线、机器工人、木行、工程师、木工行、车务、金银首饰、机器等工会及总工会成立。

春 陈独秀将他所起草的党纲交给广州"共产党"组织成员讨论。无政府主义者反对必须坚持无产阶级专政等条文。经过几次激烈争论，陈独秀等认为"必须摆脱无政府主义者"，无政府主义者也自动退出了党组织。当陈独秀与谭平山、陈公博、谭植棠等商议建立广州党组织的问题时，他们都赞成陈独秀的主张，于是重新组成以马克思主义为指导思想的广州共产党早期组织，先后由陈独秀、谭平山任书记，党员还有陈公博、谭植棠、米诺尔、别斯林等，共9人。广州共产党早期组织确定以《广东群报》作为党组织的机关报，开展革命宣传活动，并派人到广州、佛山的工人群众中去，启发工人建立工会，开展反压迫斗争。

4月7日 广州国会非常会议参议、众议两院联合会在广州举行，会议通过了《中华民国政府组织大纲》，选举孙中山为非常大总统。

4月上旬 《琼崖旬报》在海口出版。该报由云南讲武堂毕业生徐成章创办，以宣传新思想、新文化，宣传民主和科学为宗旨。后来，徐成章任用从欧洲勤工俭学回国的罗汉、鲁易、吴明（陈公培）和从北京来琼进行革命活动的李实等人为编辑，提出该报以"改造琼崖"为宗旨，宣传革命思想。他们还创办了《琼岛日报》，进一步宣传革命理论。两报销行岛内和南洋等地，后被迫停刊。

4月 由上海迁至广州的《新青年》正式出版。针对各种反社会主义者的非难和攻击，开展关于社会主义问题的讨论和对无政府主义的批判。

4月 广东省内东、北、西三江的小轮渡航运工人7000多人，为要求增加工资，举行联合罢工，取得了胜利。5月，广州和香港的航运、铁路、机器、洋务等行业的工人共举行了15次罢工。6月14日，广州1万多名机器工人为要求增加工资、减少工时，举行罢工。粤汉、广三、广九三条铁路上的机工也采取一致的行动。经当地政府调停，结果增加工资20%～50%。罢工胜利结束。

5月初 潮州青年图书社、潮州工界救国联合会发动群众开展反对陈友云贿选县长，争取民主权利的斗争。9日，军阀洪兆麟部将参加斗争的吴雄华等3人逮捕；10日，潮州工界28个工团共数千人在开元寺集会抗议洪部暴行。反动当局派军警包围会场，相继逮捕谢汉一等11人，并查封青年图书社、工界救国联合会。次日，在群众声讨的压力下，部分工人获释。事件发生后，广州等地工团声援潮州工人的斗争。8月21日，反动当局被迫释放全部被捕者。

5月5日 孙中山就任非常大总统，然后任命中华民国政府各部部长等，组建民国政府。广州数十万市民举行隆重集会，庆祝新政府的成立。民国政府承认劳动者有集会、结社、同盟罢工等权利，对工人运动采取支持的态度。

庆祝孙中山就任非常大总统，广州各界举行隆重集会和游行

6月 广州共产党早期组织以广东省教育委员会的名义创办注音字母教导团，招收广州中小学教师等100多人为学员；7月，创办机器工人补习学校，招收100多名工人为学员；8月，创办广东省立宣讲员养成所，从全省各地招收青年学生和工人等二三百人为学员；在此前后还创办马克思主义研究会（会员80多名）、俄语学校等。广州共产党早期组织向学员、会员介绍俄国十月革命的经验，宣传马克思主义，培养出大批革命骨干，并从中吸收了一批党员。

7月23日 中国共产党第一次全国代表大会在上海开幕。最后一天的会议转移到浙江嘉兴南湖的游船上举行。出席大会的有国内各地和旅日的共产主义小组的代表12人，代表着50多名党员。广州共产党早期组织代表为陈公博。还有陈独秀指定的代表包惠僧参加了大会。陈公博代表广州共产党早期组织向大会作报告。报告介绍该组织从酝酿到成立的经过及其开展的工作，并提出以后发展党员、成立工会和工人学校，对农民的宣传、争取军队官兵的工作等意见。这次大会通过了中国共产党党纲和《关于当前实际工作的决议》，确定党成立后的中心任务是组织工人阶级，领导工人运动。大会选举陈独秀、张国焘、李达组成中央局，以陈独秀为中央局书记。会后，陈公博回到广州传达大会的精神，中国共产党广东支部正式成立。以谭平山为书记，陈公博负责组织工作，谭植棠负责宣传工作。最早的一批党员还有刘尔崧、阮啸仙、林伯渠、杨匏安、张善铭、冯菊坡、梁复然、黄裕谦、郭植生、陈适曦、王寒烬、罗绮园等。

8月16日 广东土木建筑工人为要求增加工资，举行罢工。这次罢工是中共广东支部以广东土木建筑工会的名义发动的。资本家勾结广州市公安局，逮捕罢工工人8人。工人激愤，数千人包围公安局两昼夜，迫使公安局释放工人。经过16天的斗争，当局调停，工人取得胜利，其工资由每天4角增至6角。

8月 中国劳动组合书记部（即中国工会办事处）在上海成立，作为共产党公开领导工人运动的机关。随后在广州设立南方分部，由谭平山兼主任。南方分部在广州等地积极引导工人组织工会，开展罢工斗争。

9月至10月 宰贩牛业联合总会、渔业工会、辗谷工会、米业工会、云母工会等一大批工会相继成立。

10月 社会主义青年团上海总团提出改组，目的是"标明以马克思主义为中心思想"。谭平山受上海总团委托，重新在广东组织分团。11月至12月间开始联络先进青年。1922年1月举行第一次筹备会，到会者58人，会上修正章程，会后分途联络；2月举行第二次筹备会，此时已有团员140人。

11月 中国共产党中央局发出通告，对党的组织、宣传工作作出部署。要求上海、北京、广州、武汉、长沙五区在1922年7月以前，党员发展到30人，尽早成立区执行委员会，以便

1922年7月召开中国共产党第二次全国代表大会时正式成立中央执行委员会。中共广东支部认真贯彻中央局的指示，积极发展党员。至1922年初，先后吸收杨章甫、谭天度、潘兆銮、施卜、曾西盛、余广等人入党。

11月至12月　在中共广东支部的推动和影响下，广州地区先后开展了一系列的罢工运动。广州土洋木工人为维持生活，要求增加工资，举行同业工人全体罢工，得到各工团的支援。接着，广州缝衣工人为要求增加工资、减少工时而罢工。不久，广三铁路工人为反对铁路当局无理开除机器厂主管关均河而举行罢工；广州纸业工人为要求增加工资而罢工。这些罢工斗争先后都取得了胜利。在此期间，广东草席总工会、新旧土洋衫工会、洗衣工会、锯木工会、漆器工会等团体纷纷成立。

12月　潮汕铁路工人为抗议资本家阻止工人成立工会而举行罢工，一时铁路交通断绝。资本家不但经济上受到损失，而且受到社会各方面的指责，被迫接受工人的要求。1922年3月，潮汕铁路工会成立。

1922年

1月12日　香港海员1500多人在中华海员工业联合总会的领导下，为反抗英国资本家的压迫剥削、要求增加工资而举行罢工。这次罢工的主要领导人是苏兆征、林伟民等。罢工的海员、运输工人很快就分别扩大到6500多人和3万多人。2月1日，香港英国当局下令封闭工人工会，更加激起海员的反抗。罢工得到中国共产党的大力支持和国民党广东政府的经济援助。共产党广东支部于2月9日发出《敬告罢工海员》书，号召工人坚持到底，团结一致，严守秩序，注重自治，争取最大胜利；同时在广州组织"香港罢工

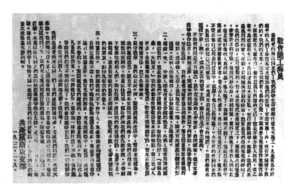

中国共产党广东支部发出的《敬告罢工海员》

香港海员罢工胜利后，中华海员工业联合总会执委合影（前排右三为苏兆征，右二为林伟民）

后援会"，为返穗工人作后援；全体共产党员和青年团员参加招待，进行演讲，以共产党名义向群众散发传单3000份，并协同香港罢工总办事处实行对香港的经济封锁。在中国共产党的领导下，全国各地工人积极支援香港海员的罢工斗争，并且在共同斗争中促进了全国工人阶级的团结。到8月初，这次罢工发展成为香港工人同盟总罢工，罢工人数超过10万人，其中海员2万余人，使香港的航运全部瘫痪，市内交通中断，生产停顿。3月4日，港英军警开枪打死、打伤经沙田回广州的罢工工人几百人，制造"沙田惨案"。这激起社会各界的强烈抗议，工人罢工斗争更加激烈。这次罢工坚持了56天，终于迫使港英当局取消封闭工会的命令，答应增加工资15%～30%，抚恤死难工人家属，罢工取得了胜利。

2月26日 广东社会主义青年团的机关刊物《青年周刊》在广州创刊。它的主要组织者和撰稿人是谭平山、杨匏安、阮啸仙等。以杨匏安署名的《宣言》中提出"社会革命四个大字，就是我们先行的旗帜"。"我们最膺服马克思主义"，"他的革命的无产阶级学说，就是指示我们实现社会主义的实际道路"。我们"注重劳工运动"，"尤其注重的是农民运动"，同时注意学生运动、妇女运动和军人运动；"第一步，使他们解决自身的利害，联结团体，和压在头上的地主反抗；并且使他们知道土地公有公耕之利益，联合一切无产阶级，举行猛烈的普遍的群众运动，由无产阶级跑到支配阶级的地位"。

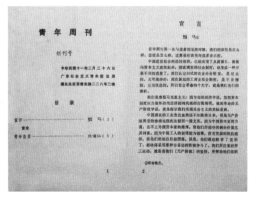

《青年周刊》创刊号

3月7日 阮啸仙在《青年周刊》第二号发表《社会主义与军人》一文，主张向军队的下级军官和士兵灌输社会主义思想，使军队掌握在无产阶级手上，军人和工人、农民携起手来，进行斗争。

3月14日 广东社会主义青年团在广州召开成立大会暨马克思纪念会。谭平山报告建团筹备工作及将来计划，并致答词，指出："本团的组织，纯以马克思主义做中心思想"，"改造社会为目的"。他希望"对马氏学说有兴趣的人，或研究有素的人，都加入本团，来指导本团"。到会有团员、互助总社社员、来宾共3000余人。大会向与会者赠送马克思纪念章和马克思学说小册子。19日，又召开全体团员讨论会，讨论团组织大纲及细则、社会主义讨论会简章等9项议案，选举谭平山等7人为章程审查委员，负责修订有关章程。赴莫斯科参加远东各国共产党及民族革命团体第一次代表大会刚回国的冯菊坡、王寒烬在会上介绍俄国共产党政府和人民的实况。

重新成立的广东社会主义青年团组织机构设执行委员会。下设劳工运动、学生运动、农民运动、妇女运动、军人运动、政治宣传、社会教育7个委员会和文书、宣传、劳动组织、财政、总务、地方分团6个部。并派人到佛山、肇庆、梧州、南宁、汕头、琼州（海南）等地组织分团，全省有团员500余人。广东社会主义青年团采取通讯选举法，于4月6日选举产生组织领导机构，谭平山任执行委员会书记。4月10日，执行委员会举行第一次会议，对各部门负责人和工作人员进行安排和分工。

4月9日 根据中共的决定，中国劳动组合书记部向全国各工人团体发出关于在广州召开中国第一次全国劳动大会的通告。在此前后，中国劳动组合书记部南方分部为大会的召开做了大量的筹备工作。4月20日，南方分部和谭平山（代表广东社会主义青年团）、黄焕庭（代表广东总工会）致电上海中国劳动组合书记部并转全国劳动大会代表，称：全国劳动大会已筹备就绪，欢迎各代表来广州赴会。

4月底至5月初 中共中央在广州召开党的领导干部会议，中共广东支部书记谭平山出席会议。少共国际代表达林出席会议并作报告。会议讨论并确定党对即将召开的全国劳动大会和社会主义青年团代表大会的指导方针；同时讨论了与国民党建立革命统一战线的问题，大多数与会者认识到建立革命统一战线的必要性。

5月1日 广州工人在市立第一公园（今人民公园）、东园两处召开庆祝五一劳动节大会。广东总工会、中华工会等200多个团体参加了大会。长辛店工人俱乐部代表邓重远（邓中夏）、湖南劳工会驻沪办事处代表谌小岑、上海海员代表朱宝庭等10多位外省工人代表亦参加了大会。中国劳动组合书记部代表张特立（张国焘）和陈独秀分别在会上作题为《无产阶级革命之必要》《劳动节的由来及意义》的演讲。张椿年（张太雷）也以中国社会主义青年团代表的身份发表演讲。会后，举行有10万人参加的大游行。中共广东支部、广东社会主义青年团成员共数百人参加游行。中共广东支部书记谭平山亲自扛着红旗走在队伍最前面，游行队伍举着"不劳工不得衣食住""破除资本制度"等横额标语，向围观群众作宣传。

5月1日至6日 第一次全国劳动大会在广州举行。到会代表173人，代表着12个城市、110多个工会、34万有组织的工人。代表中有共产党员，也有国民党员、无政府主义者及无党派人士。广州、香港两地代表最多，占全体代表的80%，其中有谭平山、冯菊坡、张瑞成、刘尔崧、梁复然、潘兆銮、黄裕谦、罗珠、陈日光、苏兆征、林伟民、谭天度等人。中华民国政府非常大总统孙中山接见与会的代表。劳动大会先后由张特立、谭平山等主持。大会接受中国共产党提出的"打倒帝国主义""打倒封建军阀"的政治口号，通过了《八小时工作制》《罢工援助》《全国总工会组织原则》等决议案。大会决定，在全国总工会成立以前，中国劳动组合书记部为全国工人组织的总通讯机关。这是中国劳动运动史上空前未有之盛会。

5月5日至10日 中国社会主义青年团第一次全国代表大会在广州举行。到会代表25人，代表着全国15个地区团组织的5000多名团员。广东团组织出席大会的代表为谭平山、谭植棠、梁复然、陈公博4人。刘尔崧、张善铭、彭湃、周其鉴、郭瘦真、蓝裕业、刘琴西、杨章甫以及广州各界代表也出席了大会开幕式。中共广东党、团

参加第一次全国劳动大会的部分代表合影

组织负责人谭平山就广东团组织情况在大会上作报告。大会通过了《中国社会主义青年团纲领》《中国社会主义青年团章程》。团的纲领接受中国共产党的政治主张，明确提出"铲除武人政治和国际资本帝国主义的压迫"。大会选出团的中央执行委员会，施存统为团中央书记。

5月10日 广州盐业工人为反抗资本家奴役，要求提高薪金，举行同盟罢工。12日，香港电车工人为要求增加工资举行罢工。资方在工人斗争下答应加薪。工人复工后，资方拒不履行诺言。28日，电车工人再次罢工。

6月16日 粤军军阀陈炯明受帝国主义策动并和直系军阀勾结，发动企图推翻孙中山的武装叛乱。孙中山退避上海，第二次护法运动宣告失败。中共广东组织领导人因对事件性质认识不清，谭平山遂赴沪请示中共中央。陈公博由于袒护陈炯明，受到党中央严厉批评，便声明脱离党组织（后被开除出党）。谭平山随即奉命离开广州。此后半年多，广州处于军阀陈炯明的统治之下，广东党组织转入地下活动。直到1923年3月谭平山回到广州之前，广东党组织由冯菊坡负责。

6月 中共广东组织发展到32人。于此前后，中共广东支部扩建为中共广东区执行委员会（简称"广东区委"，又称"粤区委"），负责人谭平山、冯菊坡等。

7月16日至23日 中国共产党在上海召开第二次全国代表大会。出席代表有陈独秀等12人，代表着195名党员。中共广东党组织代表谭平山出席了大会。大会制定党在民主革命阶段的基本纲领：消除内乱，打倒军阀，建设国内和平；推翻国际帝国主义的压迫，达到中华民族完全独立；统一中国为真正的民主共和国。同时制定党的最高纲领：建立劳农专政的政治，铲除私有财产制度，渐次达到一个共产主义社会。大会通过了《关于民主的联合战线》等决议案和《中国共产党章程》，选举产生中央执行委员会。8月底，中央执行委员会在杭州西湖举行全体会议。会议根据共产国际的指示，决定在帮助孙中山改组国民党，使国民党成为资产阶级、小资产阶级和无产阶级的民主革命统一战线组织的条件下，共产党员以个人名义加入国民党。

7月29日 彭湃发动组织的海丰"六人农会"在海丰县城得趣书室成立。成员有彭湃、张妈安、林沛、林焕、李老四、李思贤等。这是广东最早建立的以推动农村阶级斗争为宗旨的农会组织。经过彭湃等人继续深入宣传发动，10月25日正式成立赤山约农会，会员500余人，推举黄凤麟为会长。农会一经成立，即带领农民与地主土豪作斗争，反对"加租易佃"和征收码头捐，并举办农民公益事业。

9月底 阮啸仙等筹办的《珠江评论》周刊在广州创刊。该刊提出反对帝国主义、反对军阀，主张社会主义。不久即被陈炯明查禁。

10月7日 根据第一次全国劳动大会的决议，自中国劳动组合书记部于8月间提出"劳动法大纲"，并领导全国掀起"劳动立法运动"后，中国劳动组合书记部广东（南方）分部发动109个工会于当日通电拥护，要求政府立即颁布实行。

10月 中国劳动组合书记部广东（南方）分部牵头联合广东总工会属下的油业工会、轮船工会、革履工会、机织工会等工人团体，组织"爱群通讯社"，作为指导工人运动的公开合法机构，并出版《星期报》作为宣传阵地。

1923年

1月1日 海丰县总农会召开成立大会。选举彭湃为会长，杨其珊为副会长。加入农会者达2万户，共计10万余人，占全县人口四分之一。这是中国第一个县级农会组织，内设教育、卫生、财政、农业、仲裁等部。海丰县总农会领导农民开展了经济斗争和政治斗争。8月中旬，因海丰地主的"粮业维持会"串通县法庭无理扣押拒绝加租的6名农民，海丰县总农会6000多名会员遂举行抗

彭湃

议示威，迫使法庭释放了被捕农民。在海丰农民运动的影响下，邻近的紫金、五华、惠阳、陆丰等县农民也纷纷要求加入农会，开展农民运动。5月，海丰县总农会发展为惠州农民联合会，各县分设县联合会。不久，农民运动扩展到潮安、普宁、惠来等县。

1月14日 接受孙中山领导的南方各省联军进攻广州，陈炯明率部逃往惠州。1月26日，孙中山与苏俄政府代表越飞发表联合宣言，公开确立国民党的联俄政策。在此前后，孙中山接受苏俄和中国共产党的意见，开始进行改组国民党的工作，但在国民党内遇到很大的阻力。2月21日，孙中山从上海回到

广州，重新就任大元帅职。3月1日，陆海军大元帅大本营正式成立，廖仲恺、伍朝枢、谭延闿等分任财政、外交、内务等部部长。5月7日，廖仲恺被任命为广东省省长。

2月9日　粤汉铁路工人举行罢工，抗议军阀吴佩孚制造"二七惨案"的暴行。不久，赴郑州参加京汉铁路工会成立大会的粤汉、广三铁路工人代表潘兆銮、李三回到广州，向广州铁路工人报告"二七惨案"的情形，号召工人群众支援京汉铁路工人的斗争。广州、潮安等地工人及各界群众还举行集会，声讨军阀镇压劳工运动的暴行，表示支持京汉铁路工人的正义斗争。

2月　广东工会联合会成立，由共产党员张瑞成领导，下辖工会200余个，占全省工会的三分之一。二三月间，共产党员刘尔崧在油业工人中建立中共支部和青年团支部，并改组了广东省油业总工会，选拔一批优秀工人充任领导。

3月　谭平山从北京回到广州，主持中共广东区委工作。广东党组织在继续从事工人运动的同时，谭平山等共产党员与以孙中山为首的国民党人联系，酝酿国共合作事宜。

4月10日　大元帅大本营宣传委员会成立。孙中山任命陈独秀为委员长，谭平山等共产党人和部分国民党人为委员。该宣传委员会成立后，大力宣传国共两党的革命主张。

中共中央机关旧址——春园

4月 为筹备召开中国共产党第三次全国代表大会，中共中央局由上海迁至广州。广东党组织积极参与中国共产党第三次全国代表大会召开的筹备工作。

5月13日 经中共组织同意和指示，社会主义青年团广州地区各小组组长举行会议，决定改组成立社会主义青年团广州地方执行委员会，选举阮啸仙为书记。该委员会代行团广东区执行委员会职权。广东团组织经过整顿，改变了自1922年6月陈炯明叛乱以来的涣散现象，进入新的发展时期。

5月 广州油业工人在广东共产党组织领导下，为要求改良待遇，增加工资，举行罢工。开始时有1000多人参加，后发展为全省油业工人的罢工斗争，历时8个月，最后取得胜利。

二、大革命时期

（1923.6—1927.4）

1923年

6月12日至20日　中国共产党第三次全国代表大会在广州东山恤孤院后街31号（今恤孤院路3号）举行。大会的中心议题是讨论共产党员加入国民党的问题。会上，通过了《关于国民运动及国民党问题的议决案》等多项文件，决定采取共产党员以个人身份加入国民党的形式与国民党合作，同时强调共产党应保持政治上、组织上、思想上的独立性。出席大会的代表共30多人，代表党员420人。广东代表谭平山、阮啸仙、刘尔崧、冯菊坡等参加了会议。谭平山当选为中共中央执行委员会委员、中央局成员。大会为国共两党革命统一战线的建立，做了思想上理论上策略上的准备。会后，中共广东区委根据中共三大的决议，积极推动和协助孙中山进行国民党改组工作。

6月17日　广东新学生社正式成立。它是中共广东地方组织公开领导学生运动的机关，主要领导人有阮啸仙、张善铭等。

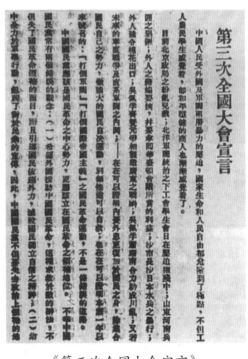

《第三次全国大会宣言》

初时有社员 110 多人，以青年团员居多，他们分布于广州市区 10 间学校。不久，该社迅速扩大，社员发展到 2000 多人，遍及省内各县市，并建立汕头、大埔、新会、高鹤、花县、五华、海丰、潮安、中山、东莞、惠州、香港、琼州等 10 多个分社。后来又扩展到清远及广西的容县、梧州，福建的厦门、福州等地。同年 11 月，广东新学生社改称为新学生社。1926 年 2 月以后，为统一广东的学生运动，新学生社工作逐渐停顿，其组织也随之无形取消。广东新学生社曾编辑出版机关刊物《新学生》（半月刊）。

7 月　惠州农民联合会改组为广东省农民协会，执行委员长彭湃，委员有杨其珊、林甦、李劳工、彭汉垣、张妈安、蓝镜清、万清昧等 13 人。此时，广东省农会已拥有海丰、陆丰、惠阳、紫金、惠来、普宁六县的会员，共有 2.68 万户，约 13.4 万人。

8 月 5 日　鉴于海丰连遭风灾水患，农作物歉收，农民深受其害，海丰县总农会在会长彭湃主持下，于海城召开农民代表大会，讨论早造缴租问题，通过了"至多三成交租"的决议。地主豪绅闻讯，群起反对，并派人下乡催租。15 日，海丰县总农会再次召开全县农民大会，到会农民 2 万多人，大会重申"至多三成交租"。16 日，海丰县反动县长王作新派军警 300 多人围攻农会，逮捕杨其珊等 25 人，封闭会所，解散农会，并四处张贴布告，通缉彭湃。是日为农历七月初五，时称"七五"农潮。

8 月 20 日至 25 日　中国社会主义青年团第二次全国代表大会在南京召开。大会拥护中国共产党第三次全国代表大会所确定的同国民党合作的方针，决定社会主义青年团员也同共产党员一样，以个人身份加入国民党。广东团组织代表阮啸仙出席了大会，并被选为社会主义青年团中央执行委员会候补委员。

9 月初　中国共产党中央执行委员会的常务机构——中央局

从广州迁往上海。中央局成员谭平山留任驻粤委员。

10月6日 苏联政府派驻广州常设代表鲍罗廷抵达广州。鲍罗廷到广州后，与中国共产党中央局驻粤委员、社会主义青年团中央局驻粤委员、中共广东区执行委员会委员和团广东区执行委员会委员举行会议，讨论帮助国民党改组的进行方法，并力劝孙中山召开改组会议。25日，在共产国际和中国共产党的帮助下，孙中山在广州召开中国国民党改组特别会议，正式成立中国国民党临时中央执行委员会，聘请鲍罗廷为顾问，办理改组事宜。中共中央局驻粤委员谭平山被任命为中国国民党临时中央执行委员会执行委员。

10月14日至16日 社会主义青年团广东区第一次代表大会在广州召开。出席会议的有中共广州地方组织代表冯菊坡，团中央驻粤委员卜士奇，团广东区执行委员会代表阮啸仙，团广州地方组织代表张瑞成、刘尔崧、郭瘦真、蓝裕业，团香港地方组织代表林君蔚及鹤山代表彭湃（彭刚侠）[①] 等。大会决定以粤汉、广三、广九铁路及其附近地区为重点开展国民运动和农民运动，在东、西、北江及韩江等地建立地方团组织以加强对农民运动的领导，并通过了关于农民运动、国民运动等决议案多项。大会正式成立社会主义青年团广东区执行委员会（简称"团广东区委"），选举阮啸仙、刘尔崧、罗绮园、施卜、郭瘦真为执行委员，张元恺、黄侠生、蓝裕业为候补执行委员。18日，团广东区执行委员会举行第一次会议，决定阮啸仙为委员长、郭瘦真为秘书、施卜为会计、罗绮园为编辑、刘尔崧为特派员，

---

① 此处所指彭湃并非海丰的彭湃，而是指鹤山团代表彭湃（本名彭刚侠），下文出现的"彭湃（彭刚侠）"均指鹤山团代表彭湃，无括注说明的均指海丰的彭湃。

赴各地活动。此时，广东区已成立了广州、香港、海丰等8个地方团委，共有团员200多人。

10月22日　由中共广东区委和团广东区委联合发起组织的广州地区各界群众声讨军阀曹锟大会在广州第一公园举行。与会者有80多个团体，共1万多人。谭

广州地区各界群众声讨军阀曹锟大会会场

平山、刘尔崧分别在大会上讲话。会后，举行请愿游行。

11月上旬　中共广东区委和团广东区委举行联席会议，决定由党、团组织共同成立广东区国民运动委员会，以推动国民党改组工作的进行。会议还决定广州市各区也相应成立由共产党员和青年团员共同组织的国民运动小组，并选出组长一人，再由各小组的组长组成国民运动委员会，以议决帮助国民党改组的进行方针。在没有党、团员或党、团员人数较少的区，则设法联络青年工人和学生中的进步分子，秘密组织其他团体，接受国民运动委员会的领导。

11月11日　在中共广东区委的推动和帮助下，广州市国民党党员大会召开，到会者有2000余人。大会决定分12个区重新登记党员，组织区分部。阮啸仙、刘尔崧、周其鉴、张善铭、郭瘦真、周文雍、杨匏安、杨石魂等共产党员和青年团员近20人，分别被选为第一、三、四、十等区党部或区分部的执行委员。

12月16日　中共广东区委为支持以孙中山为首的广东政府，提出拨还关税余款的正义要求，在广州组织召开各团体代表会议，成立国民外交后援会，力争关税自主权。24日，中共广东

区委以国民外交后援会名义，联络广州 80 多个团体的群众在广州第一公园举行反对帝国主义示威大会。阮啸仙任大会主席，谭平山、冯菊坡、张瑞成、李之龙等在会上演讲。大会发表《国民外交后援会对内外宣言》，对帝国主义提出严重警告。会后，举行示威游行。游行队伍由阮啸仙任总领队，刘尔崧任总纠察。香港的党、团员也以旅港侨胞救国团的名义参加游行。中共广东区委、团广东区委和国民外交后援会还散发分别以中文和英文撰写的传单。

1924 年

1月20日至30日　在中国共产党的帮助下，中国国民党第一次全国代表大会在广州举行。大会通过了由共产党人参与起草的《中国国民党第一次全国代表大会宣言》《中国国民党章程》，确立联俄、联共、扶助农工三大政策，重新解释三民主义，承认共产党员和社会主义青年团员以个人身份加入国民党。会上，中共中央局委员、广东党组织负责人谭平山被选为国民党中央执行委员、常务委员。这次大会实现了第一次国共合作，宣告反帝反封建的革命统一战线正式建立。31日，孙中山主持召开国民党一届一中全会，成立国民党中央党部，谭平山被选为组织部部长，林祖涵为农民部部长，共产党员杨匏安、彭湃、冯菊坡、张善铭分别担任组织、农民、工人、青年部秘书。

中国国民党第一次全国代表大会在广州举行

2月4日　孙中山下达《着创建国立广东大学令》，将国立高等师范学校、广东法科大学、广东农业专门学校合并，改为国立广东大学。校址设在广州市文明路（今鲁迅纪念馆）。从

1925年底起，中共广东区委就在该校进步学生中发展党员，建立党的组织，开展反帝反封建的革命斗争。孙中山逝世后，为纪念孙中山，1926年7月，国民政府发布命令，正式宣布将广东大学改名为中山大学。

2月21日 中共广东区委、团广东区委联合组织的广东区国民运动委员会发出通告，已经改组广东区国民运动委员会，以加强国民运动的领导。该执行委员会由中共中央局委员谭平山、团广东区委负责人阮啸仙、中共广州地方执行委员会负责人冯菊坡和团广州地方执行委员会负责人张善铭，以及刘尔崧、沈厚堃、郭瘦真等7人组成。以刘尔崧、沈厚堃、郭瘦真3人为秘书。

2月 中共中央局决定：因广东党组织此时的活动范围仅限于广州，"无设区之必要"，故撤销中共广东区委，改设中共广州地方执行委员会（简称"中共广州地委"），直属中央局领导。并决定即将成立的香港党组织，由中共广州地委"就近指挥"。

3月8日 广州地区的妇女群众在广州第一公园召开纪念三八国际劳动妇女节大会。参加大会的妇女有2000多人。大会提出"要求劳动妇女平等权、教育权、工作权"等口号。会

广州召开纪念三八国际妇女节纪念大会

后，举行示威游行。这是中国第一次公开纪念三八妇女节活动。

3月 中国国民党中央执行委员会举行第十五次会议，成立农民运动委员会。谭平山、廖仲恺、戴季陶、法郎克任农民运

动委员会委员。

4月11日 广宁县成立广宁农会筹备处，周其鉴、胡超为筹备处负责人，开展农民运动的宣传组织工作。10月，广宁县农民协会正式成立，由周其鉴任执行委员会委员长。11月，彭湃、周其鉴在广宁新楼村建立党支部，书记周其鉴。广宁农会和中共广宁支部成立后，发动减租运动，遭到地主武装的进攻。中共广东组织派彭湃以国民党中央农民部特派员身份，赴广宁领导斗争。同时争取国民党左派廖仲恺等人的支持，调派支持农民运动的革命军队前往援助，使农民的斗争取得胜利。

5月1日至10日 中共广东区委通过国民党中央工人部出面举行广州工人代表会议。参加这次会议的代表有160多人，代表着70多个工会和10多万工人。大会由廖仲恺致开幕词，刘尔崧报告筹备经过。孙中山到会祝贺并发表讲话。会议讨论和通过了关于交通工人联合问题、商团问题、工人教育和劳动保护问题等20个决议案。会议选举产生广州工人代表会执行委员会，作为广州地区进步工会的联合组织。中共广州地委委员刘尔崧被选为执行委员会主席，刘尔崧、鲍武、黄天伟、周祯（以上均为共产党员）、麦锦泉5人为常务委员，共产党员杨殷和孙律西分别被聘为顾问和秘书。广州工人代表会执行委员会办公地点设在广州市越秀南路惠州会馆三楼。

5月25日至6月1日 社会主义青年团广东区第二次代表大会在广州召开，出席大会的有中共广州地委代表冯菊坡，团广东区委代表阮啸仙，团广州地委代表张善铭、郭寿华、施卜，团香港地委代表张瑞成、郑页川等。彭湃（彭刚侠）、李民智、陈日光、陈道周、莫萃华分别代表鹤山、顺德、新会、花县、东莞团支部出席了会议。大会着重讨论广东农民运动问题，明确指出：广东农民运动问题，是"目前最重要问题，此后区委会应注全力于农村活动之实行方法"。大会通过了《广东农民运动决议案》等14项决议案，并选举团广东区第二届执行委员会，阮啸仙、刘尔崧、彭湃、郭瘦真、蒋世明为执行委员，苏南、赖玉润、蓝裕业为候补执行委员。6月9日，团广东区第二届执行委员会举行第一次会议，决定分工：秘书（书记）阮啸仙，刘尔崧负责组织工作，郭瘦真负责宣传工作，彭湃负责农工工作，蒋世明负责学生工作。秘书助理赖玉润，宣传助理蓝裕业，农工助理苏南。

5月　在苏联和中国共产党的帮助下，孙中山在广州黄埔创办中国国民党陆军军官学校（简称"黄埔军校"）。中共广东组织选派优秀的党、团员和工农运动积极分子到该校报考。6月16日，黄埔军校正式举行开学典礼。黄埔军校开办后，中共广东组织领导人周恩来、徐成章、聂荣臻、熊雄等曾在军校担任政治领导工作及其他工作。至1926年北伐战争前，军校招收五期学生，共约7400人，成为统一广东革命根据地和进行北伐战争的重要力量。

1924年6月16日，孙中山出席黄埔军校开学典礼，台上左起依次为廖仲恺、蒋介石、孙中山、宋庆龄

6月30日　国民党中央执行委员会第三十九次会议通过了"农民运动第一步实施方案"，决定以交通方便，在政治上、军事上比较重要而农民运动又有一定基础的广宁、顺德、鹤山、

东莞、佛山、中山和广州市郊为重点，派遣农民运动特派员20人前往上述县、市开展工作。共产党员彭湃、阮啸仙、周其鉴等人均曾以农民运动特派员身份分赴上述各县、市农村指导农民运动。

6月 中共广东组织通过在国民党中央农民部工作的共产党员林伯渠（农民部部长）、彭湃（农民部秘书）等建议开办农民运动讲习所（简称"农讲所"），以培养农运干部，并要求共产党员、青年团员要占学员半数以上。

7月5日 第一届农民运动讲习所在广州正式开学。主任彭湃，所址设在广州市越秀南路惠州会馆。此届招收粤籍学员38人，共产党员和青年团员共占20人，学员中多数为工农运动之积极分子。在学期间，学员除课堂授课外，还经常到广州市郊的深井、鱼珠、东圃、黄埔、长洲等地开展农运活动。至8月21日，该届学员毕业。

7月15日 中共广东组织领导广州沙面洋务工人数千人，为抗议英、法帝国主义者颁布"不准中国人自由出入租界"的"新警律"举行罢工，华人警察也参加罢岗。20日，广州市工人代表会发表《反对英国限制华人进入沙面的新警律代电》，电文指出：对于英帝国主义"借端颁布"的这一"奴隶苛例"，广州工人代表会代表广州市区30万工人

中共广东区委领导3000多名洋务工人罢工抗议侮辱中国人民的"新警律"，图为罢工现场

表示强烈的反对。在广大工人群众的支持下，广州沙面洋务工人罢工坚持了一个多月，沙面英、法租界当局被迫取消"新警律"，照发罢工期间工人的工资，工人最终取得了胜利。这次罢工改变了"二七惨案"以来工人运动消沉的状态，成为全国工人运动复苏的起点。

8月21日 第二届农民运动讲习所开学，主任罗绮园。此届招收学员225人（其中女生13人）。10月30日，学员毕业，被分派往省内各县从事农运工作。

8月下旬 在广东省省长廖仲恺的支持下，由共产党员刘尔崧领导的广州工人代表会组织工团军。工团军团长施卜，副团长刘公素、胡超。工团军成立后，以行业工会为单位，编成队伍，进行军事和政治训练。其主要任务是防盗防匪，保护工人之利益，并辅助革命政府，镇压反革命。工团军直接受广州工人代表会执行委员会的指挥。

8月下旬 广东农民自卫军（农团军）成立。农团军由广州第二届农民运动讲习所男学员组成，以共产党员、国民党中央农民部秘书彭湃任团长，共产党员、黄埔军校教官徐成章任指挥。农团军成立后，曾移驻广东省长公署，聘请西江讲武堂毕业生充任教官进行军事训练。该武装后来成为平定商团叛乱、保卫广东革命政府的一支重要力量。

8月 中共广东区委正式建立农民运动委员会（简称"粤区农委"），以领导各地党组织的农委以及农民运动特派员的工作（后来成立的广东省农民协会也归其领导）。粤区农委的日常工作是解决农民运动问题，但重大的事情仍由党组织讨论解决。粤区农委成立后，广东的农运迅速发展，成为在广东国民党政府之下"政治生活里面的新动力"。

9月初 周恩来从法国回国，途经香港抵达广州，参加中共广东地方组织的领导工作。11月，兼任黄埔军校政治部主任。

9月21日 广东工团军和农民自卫军奉孙中山召令赴韶关训练。罗绮园、谭平山、阮啸仙等随队同往。在韶期间，孙中山曾数次向工团军和农民自卫军发表重要讲话，罗绮园、

孙中山在誓师大会上发表演说，检阅部队

谭平山、阮啸仙等也分别进行讲演。工团军和农民自卫军除了学习军事、政治之外，还到韶城及附近农村开展革命宣传工作，深受当地工人、农民欢迎。30日，工团军和农民自卫军离韶返回广州。

10月上旬 陈延年受中共中央、团中央的派遣，以团中央特派员的身份到广东，参与领导团广东区委的改组工作。

10月10日 中共广东组织参与发起的广州各界群众纪念辛亥革命13周年大会在广州第一公园举行。到会的有30多个团体，共1万余人。大会由谭平山主持，周恩来以广东民族解放协会代表的身份发表演说。会后，举行示威游行。游行队伍高呼"实行国民革命""打倒帝国主义列强""打倒一切军阀""中华民族独立万岁"等口号。当游行队伍途经太平路时，遭预伏该处的反动商团开枪射击，当场死20多人，伤者100余人，酿成骇人听闻的"双十惨案"。事发后，孙中山在中共广东组织和工农群众支持下，于14日下令解散商团，调遣北伐军星夜回师广州平叛，并成立以谭平山、廖仲恺等为全权委员的革命委员会，共产党员周恩来、陈延年、杨匏安、阮啸仙、刘尔崧等也参加了

军事指挥部工作。中共广东组织还动员广州工团军、农民自卫军和广大革命群众积极配合革命军队行动，迅速平定商团叛乱。15日，中共广州地委和团广东区委联合发表《为双十节屠杀事告广州市民》，揭露商团的反动实质，号召革命群众起来团结一致，"恃力自卫"，"铲除卖国商人、军阀和帝国主义"。

10月 中共广州地委恢复改组为中共广东区委，由周恩来担任中共广东区委的委员长和负责宣传部工作。陈延年负责区委秘书及组织部工作。

10月 中共广东区委决定：原由青年团组织领导的广东农民运动，改为由党组织直接领导。从事农民运动的团员及积极分子，尽量吸收为共产党员。

11月5日至12日 在团中央特派员陈延年的指导下，团广东区委在广州召开第三次代表大会，改组团广东区执行委员会。各地团组织均派出代表出席会议。会议选出刘尔崧、杨石魂、沈厚堃、黄居仁、周文雍、郭寿华、赖玉润为委员，蓝裕业、彭月笙、黄学增、韦启瑞、邹师贞为候补委员。13日，团广东区委举行第一次委员会议，决定：秘书（即书记）刘尔崧，秘书助理蓝裕业；组织部部长黄居仁，助理邹师贞；宣传部部长杨石魂，助理赖玉润；工农部部长沈厚堃，助理彭月笙、黄学增、韦启瑞；学生部部长郭寿华，助理周文雍。

11月13日 孙中

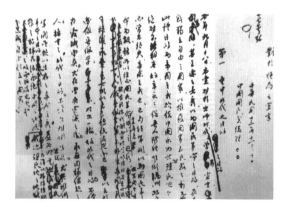

孙中山北上前夕发表《对于时局之宣言》，主张召开国民会议和废除不平等条约，图为宣传手稿

山在中国共产党的支持下应邀北上。离开广州前,孙中山发表《对于时局之宣言》(即《北上宣言》),重申反对帝国主义和军阀的主张,提出召开国民会议,以解决国家大事。12月20日,中共广东区委遵照中共中央关于"各地党组织可趁孙中山北上参加北方和会之机,联络各地人民团体组织国民会议促成会"的指示,发起成立广东国民会议促成会,并于当天组织广州各群众团体在广州第一公园召开广东国民会议促成会的成立大会,到会者有数万人,气氛十分热烈。

11月14日 中共广东区委、团广东区委召开联席会议,讨论党、团组织的工作分工及相互关系问题。会议决议:团组织中未达法定年龄的同志,党组织如欲调动,必须经团组织同意;党组织须在实际工作中指导团的工作,可采取参加团的会议,或召开党、团联席会议等方式进行;已经加入党组织,而在团内亦要担任职务的,须经党组织认可;既是党员又是团员,如在党内尚无工作的,须由党内给予安排工作;已加入党组织,但尚在团员法定年龄者仍须在团内工作。

11月底 中共广东区委帮助孙中山筹建的大元帅大本营铁甲车队成立,由共产党员徐成章、周士第、廖乾五分别担任队长、副队长和党代表。这是一支实际上在中共广东区委直接领导下进行活动的革命武装。该队伍成立后不久,就开抵广宁,支持广宁农民运动,以后又在平定商团叛乱、封锁香港等打击帝国主义和反动武装的斗争中发挥重要的作用。

12月 在中共广东区委领导下,建立黄埔军校党、团组织。当时黄埔军校共有党、团员31人,分5个小组,每星期开会一次,组长联席会议亦每星期开会一次,区委派人参加。

1925年

1月1日 第三届农民运动讲习所开学。主任阮啸仙，所址设在广州市东皋大道一号（今东皋大道礼兴街6号）。此届招收学员128人，除2名来自广西、1名来自四川外，其余皆为广东籍。在广东籍的学员中，东莞17人，香山（今中山）13人，清远4人，花县10人，鹤山10人，紫金5人，顺德7人，高要5人，潮安4人，广宁3人，海丰6人，乐会1人，琼东1人，文昌2人，遂溪1人，龙川2人，五华2人，番禺1人，梅县1人，云浮1人，台山1人，四会1人，佛冈1人，三水2人，新会1人，河源2人，博罗1人，惠阳4人，开平2人，南海2人，广州市郊7人，其他5人。担任该届教员的有阮啸仙（兼）、廖仲恺、彭湃、陈延年、唐澍、鲍罗廷、马马也夫、加伦等。这届学员于同年4月1日毕业，4月3日举行毕业典礼。

1月11日至22日 中国共产党第四次全国代表大会在上海召开。广东代表谭平山、杨殷出席会议。周恩来则代表中国留法的党组织出席会议。大会着重讨论党如何对日益高涨的革命运动加强领导的问题，通过了修改党章及各项重要决议案。大会根据国民党改组后已经分化为左、中、右派的情况，制定扩大左派，争取团结中间派和反对右派的政策。大会选举新的中共中央执行委员会。广东代表谭平山继续被选为中央执行委员，分工仍任驻粤委员。

1月26日至30日 为了贯彻中共四大决议，中国社会主义青年团第三次全国代表大会在上海召开。刘尔崧、郑页川分别代表团广东区委和香港地方团组织出席了大会。大会通过了《关于中国共产党第四次代表大会报告》等决议案多项。一致议决将"中国社会主义青年团"改称为"中国共产主义青年团"。大会选举新的团中央委员会，刘尔崧当

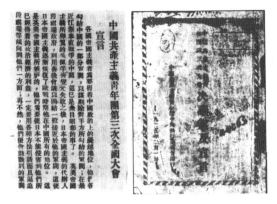

中国社会主义青年团第三次全国代表大会通过的《宣言》

选为团中央委员，分工任团中央驻广东特派员。2月15日，团广东区临时大会在广州召开，刘尔崧在会上传达团全国三大的决议。

2月1日 中国青年军人联合会在广州宣告成立。主要成员是黄埔军校学生中的共产党员、共青团员和粤军讲武堂中的青年军人。该会的立会宗旨是"联合革命军人，进行反帝反封建的斗争，以求救国、救民、救自己为目的"。在是日举行的该会成立大会上，广州工人代表会代表施卜、中华海员工业联合总会代表林伟民、农民运动讲习所代表潘侠夫、民族解放协会代表阮啸仙等相继发表演说。大会还发表《宣言》《告亲爱的同胞书》。会后，举行了示威游行。联合会以蒋先云为负责人，出版机关刊物《中国军人》。

2月 广东革命政府举行第一次东征。周恩来以黄埔军校政治部主任身份参与率领军校校军出发，参加东征。叶剑英在参战部队粤军第二师任参谋长。东征军进军东江时，中共广东区委派李劳工、张威等先行到海陆丰策划内应，谭平山、彭湃以及在广州学习的海陆丰籍干部随军行动；同时中共广东区委

还发动东江地区农民群众组织担架队、运输队、向导队，搜集情报，筹备粮食，配合东征军歼敌。在东江农民的支援下，东征军经东莞、宝安至惠阳，迅速打败军阀陈炯明的军队，直逼潮汕、兴梅。周恩来、谭平山、彭湃等随东征军于 27 日抵达海丰县时，协助建立国民党海丰县党部，彭湃任县党部宣传委

参加东征的粤军第二师部分官兵合影，第二师参谋长叶剑英在其中

员，并将海丰的《陆安日报》收回由县党部办。随着东征军在军事上的胜利，东江地区的农民运动又蓬勃发展起来，各县农会纷纷恢复。在第一次东征期间，中共广东区委发表《中国共产党檄告广东工农群众，保卫革命，打倒陈炯明》书，揭露军阀陈炯明罪行，号召工农群众起来保卫革命，打倒帝国主义和封建军阀。

2月 因周恩来随黄埔军校学生军东征，负责军中政治工作，中共广东区委书记（1925年1月中共四大后，委员长改称书记）改由陈延年担任，周恩来则任区委常委兼军事运动委员会书记。随着广东党组织的不断壮大，中共广东区委的组织机构也日臻健全，分别建立组织部、宣传部和工人、农民、军事、青年、

妇女等运动委员会，以开展各方面的工作。

3月1日 由中国共产党和国民党左派共同发起的国民会议促成会全国代表大会在北京开幕。大会宣传中国共产党反帝反封建的政治主张，对国民会议运动的方针和组织大纲等作出决议。广东代表蓝裕业、吴剑煌、李冠南等8人出席了会议。广东各县农会对国民会议促成会的召开反应强烈，也选派农民代表北上参加会议。当时，出席该会议的农民代表，在全国"也只有广东各县选派的几个"。这次大会会期达一个多月，于4月16日闭幕。

3月12日 孙中山在北京逝世。中共广东区委与国民党中央组织各界民众进行悼念活动。15日，国民党中央在广州第一公园举行悼念孙中山先生大会。中共广东区委派出杨匏安、黄居仁等一批党、团员参加大会的筹备工作。会上，中共广东区委和团广州地委分别散发传单。会后，举行了示威游行。

3月 彭湃等根据中共广东区委和周恩来的指示，在海丰县海城桥东平民织造厂（今大同旅店）成立中共海陆丰支部，书记彭湃。4月，中共海陆丰支部改为中共海陆丰特别支部，书记郑志云。

4月间 中共广东区委派黄昌炜赴南洋经营商业和开展党的活动。由于南洋党组织原负责人陈盖贤因事回国，其间党组织的一切事务改由黄昌炜负责。1926年5月，为加强南洋党、团组织的领导，中共广东区委、团广东区委决定派周泽煊、曾觉然、郑庭杏等8人去南洋，并指定周泽煊为南洋党组织的书记。

5月1日 中共广东区委发起召集纪念五一劳动节大会。与会者有数十个团体，共1万多人。谭平山（国民党中央党部代表）、张国焘、邓中夏、邓培（第二次全国劳动大会代表）、黄学增、杨其珊（农民协会代表）、王一飞（青年军人联合会代表）

等在会上发表演说。中共广东区委和团广东区委联名印发大量传单，中共广东区委还备有《陈独秀先生演讲录》《共产主义与共产党》等小册子在会场内发售。同时还与共青团组织联合发表"五一"宣言。

5月1日 第四届农民运动讲习所在广州市东皋大道一号开学，17日正式上课。主任谭植棠。此届招收男女学员98人，其中广东籍92人；另有旁听生25人，其中广东籍18人。6月4日，鉴于滇、桂军阀杨希闵和刘震寰叛迹日著，局势紧张，农讲所将学生遣散回原籍，指导农民开展斗争。杨、刘叛乱平息后，7月1日学员又恢复上课，直至9月1日毕业。

5月1日至9日 由广州工人代表会、中华海员工业联合总会等工人团体发起的第二次全国劳动大会在广州召开。到会代表270余人，代表着165个工人团体。大会决定正式成立中华全国总工会，通过了工人阶级与政治斗争、工农联盟、经济斗争、组

惠州会馆当年外景

织问题以及加入赤色职工国际等决议案。大会选举产生中华全国总工会执行委员会，林伟民被选为执行委员会委员长，刘少奇为副委员长，秘书长兼宣传部部长邓中夏，组织部部长李森（李启汉）。大会还决定中华全国总工会办公机关设在广州市越秀南路39号的惠州会馆，上海则设办事处。

5月1日至9日 广东省第一次农民代表大会在广州召开。到会代表117人。大会选举产生广东省农民协会执行委员会，

并发表《广东省农民协会成立宣言》。这次大会，标志着广东农民运动进入一个新的历史阶段，促进了广东农民运动的发展。全省此时已有22个县成立农会组织，21万农民参加了农会。不久，广东省农民协会执行委员会实行常委制，由罗绮园、彭湃、阮啸仙任常务委员。

广东省农民协会旧址

5月8日 中共中央局会议决定：由谭平山、周恩来、罗觉（罗亦农）、陈延年和鲍罗廷共5人

广东省农民协会第一届执行委员合影，后排右四为阮啸仙，后排右五为彭湃

组成中共中央广东区临时委员会（简称"广东临委"），代表中央局就近指导广东一切实际工作。有关政治问题，在非常紧急而时间上又不能商得中央局同意时，广东临委可以决定主张。但定出的主张不能与中共中央的根本政策相违背。

5月10日 广东妇女解放协会在广州正式成立。该会是中共广东区委领导下的革命妇女组织。它"提倡女权，促进妇女地位"，反对在伦理、法律、教育及劳工等方面压抑妇女的不合理制度，图谋妇女自身解放。从1925年5月至1927年8月，该会先后选举四届执行委员会。第一、第二届执行委员会主任是夏松云；第三、第四届执行委员会主任为区梦觉。广东妇女解放协会在广州市惠福东路83号二楼设立办事处，出版《妇女解放协会会刊》（曾改名为《光明》，后又改为《妇女生活》），由王一知担任主编。据统计，至1926年5月仅一年时间内，全省就有海丰、顺德、韶关、新会、梅县、汕头、琼崖、潮州、阳江、东莞、清远、高要、澄海、四会等10多个县市已相继成立分会，共有会员2000余人。

5月31日　上海"五卅惨案"消息传到广州。当晚，中共广东区委召开党、团员大会，报告广东时局及上海"五卅惨案"经过。大会决定由党、团组织一临时委员会，联络工、农、商、学和青年军人等革命团体举行示威游行，以声援上海"五卅"反帝斗争。

5月　驻广州的滇、桂军阀杨希闵和刘震寰趁广东革命政府军队东征陈炯明之机发动叛乱，妄图推翻广东革命政府。广东革命政府被迫从汕头前线调回东征军平叛。在东征军回师广州途中，惠阳、东莞、宝安以及广州附近的番禺、南海、顺德、花县、清远等县的农会会员和农民自卫军主动为革命军充当向导、传递情报和搬运军用物资。中共广东区委还发动粤汉、广九、广三铁路工人和电讯工人，拒绝为叛军服务，以配合东征军一致行动。

6月2日　中共广东区委根据中共中央关于举行援沪同胞大示威的电令，由中华全国总工会、广州工人代表会、广东省农民协会等团体出面发起，在广东大学操场举行援助沪案示威大会。与会者有80多个团体，共1万多人。罗亦农代表中国共产党在会上发表演说。大会通过了由中共广东区委、团广东区委联合组织的临时委员会起草的给全国的通电和组织工、农、兵、学、商大同盟，各学校、各团体自由组织演讲队，抵制日货、英货等提案。会后，举行示威大游行，并散发传单8万份。在此期间，全省各城镇也都先后举行集会和示威，抗议帝国主义暴行。

6月8日　中共中央广东临委和中共广东区委派遣邓中夏、孙云鹏前往香港，联同居港的苏兆征、何耀全、黄平等在港地工人中进行发动工作，准备举行罢工，以声援上海的"五卅惨案"。同时指定黄平、邓中夏、杨殷、苏兆征、杨匏安5人组织党团作为指挥机关。

6月12日　在中共广东区委发动的人民群众的协助下，广东革命政府的军队一举平息滇、桂军阀杨希闵和刘震寰的叛乱。杨、刘所部被革命军全部缴械。广东革命政府转危为安。13日，中共广东区委发表《中国共产党对于广东时局宣言》，揭露滇、桂军阀杨希闵和刘震寰祸粤罪行，指出广东革命政府军队平定杨、刘叛军的战争"系革命派与反革命派的武装斗争"，号召工农群众和革命士兵扩充自己实力，继续为革命政府作后盾。该宣言还向革命政府提出应当实行改革的20项要求。

6月19日　省港大罢工爆发。这次大罢工是在中共广东区委和中华全国总工会的直接领导下进行的。最先行动的是香港海员、电车、印务工人，接着是洋务、起落货、煤炭等各行业工人相继响应。随后，有逾10万名罢工工人离港返回广州及内地。中共广东区委在广州也指定冯菊坡、刘尔崧、施卜、李森、林伟民、陈延年6人组织党团，以李森为书记。并派出冯菊坡、刘尔崧、施卜等到广州沙面洋务工人

广州沙面洋务工人罢工遗址

中进行发动。21日，广州沙面洋务工人3000多人也宣布罢工，发表罢工宣言，并集体撤离沙面。此后，罢工进一步扩大。据统计，参加这次大罢工的穗、港两地工人有20万人。在罢工过程中，广东人民曾先后发起两次援助罢工周。汕头市的海员工人在中共汕头党组织领导下，成立中华全国总工会汕头罢工委员会，宣布对英帝国主义罢工。中共广

省港罢工委员会全体职员合影

省港大罢工现场

东区委还发表《中国共产党告罢工工友与民众》书，号召全省人民，团结一致，声援支持省港大罢工。在广东人民和革命政府的支持下，省港大罢工坚持了一年多。直至1926年10月，为适应当时日益发展的革命形势，改变罢工斗争策略，省港罢工委员会才宣布停止对香港封锁，结束罢工。

6月23日　广州各界群众在东较场举行援助上海"五卅惨案"示威大会。与会者有各界团体共5万多人。会后，有工人、农民、学生、商民和军人等各界人士举行示威游行。中共广东区委主要负责人陈延年、周恩来参加了游行。游行队伍途经沙

面租界对岸沙基时，遭英、法帝国主义者开枪射击，150余人死亡，伤500多人，轻伤者无数。是为骇人听闻的"沙基惨案"。"沙基惨案"发生后，肇庆、

"沙基惨案"现场一角

清远、东莞、中山等市县也都纷纷集会，抗议帝国主义者的暴行。

6月 中共广东区委、团广东区委派遣蓝裕业（团广东区委候补委员）到福建厦门开展建团活动，建立厦门第一个共青团支部，书记李觉民，隶属团广东区委领导。

7月1日 广东国民政府正式成立。鲍罗廷被聘为国民政府高等顾问。随后，广东国民政府将所辖各军改称为国民革命军，并在各军中设立党代表和政治部。党代表和政治部主任多由共产党员担任，周恩来、李富春、朱克靖、罗汉、林伯渠分别担任第一、二、三、四、六军的副党代表。

7月3日 中华全国总工会省港罢工委员会在广州东园成立。该委员会由13名委员组成，为省港罢工工人代表大会下的最高执行机关。委员长苏兆征，副委员长曾子严、何耀全。罢工委员会下设干事局执行一切事务，由李森任局长。中共广东区委在省港罢工委员会中建立党团，由邓中夏任党团书记。5日，省港罢工委员会成立工人纠察队，以邓中夏为训育长，徐成章任总教练。

7月10日 省港罢工委员会正式宣布对香港实行武装封锁，要求所有轮船轮渡禁止开往香港和新界口岸。封锁线最初仅及

珠江口一带海港口岸。广东统一后，封锁线范围扩大，东至汕头，西至北海（包括海南岛在内），整个广东境内之海岸线各港口都有武装纠察队把守，全长数千里。武装封锁使香港变成"死港"，沉重打击了英帝国主义。

7月 中共广东区委通过国民党中央宣传部，派遣共青团员龙启炎到广西梧州任《民国日报》总编辑，进行革命宣传和建团活动。8月间，又派共青团员周济（周省心）到梧州协助龙启炎工作。9月，共青团梧州支部成立，书记龙启炎。11月，龙启炎、周济、钟山、李血泪等团员转为党员，遂成立中共梧州支部，书记龙启炎（兼负责组织工作），李血泪负责宣传工作，周济负责工运工作，隶属中共广东区委领导。此后，党的组织不断扩大。至1925年底，广西的党组织已建立梧州工会联合会、梧州民国日报社、国民党梧州市党部等8个中共支部，共有党员30余人。

8月1日 省港罢工工人第七次代表大会通过了实施"特许证"制度的决议。决定：凡不是英国货、英国船及经过香港者，可发给特许证，准其直来广州。这是省港罢工委员会为解除广东因封锁香港而带来的经济困难，使广东商人保持中立，拆散帝国主义对罢工斗争的联合战线，促进广东经济的独立发展而制定的罢工斗争的中心策略。

8月11日 中共广东区委决定由广东对外协会组织广州各界团体在广州第一公园召开统一广东全省运动大会。与会者有5万多人。中华全国总工会代表邓中夏、广东省农会代表彭湃、天津妇女促成会委员邓颖超等发表演说。会后，有1万多名群众举行请愿游行，并前往国民党中央执行委员会、国民政府和广东省政府递交请愿书，要求尽快统一广东，肃清省内一切反动势力。

8月20日 国民党左派领袖廖仲恺被帝国主义、国民党右派指使的凶手所杀害。26日，中共广东区委动员组织广州各界群众5万多人，在广东大学操场举行追悼廖仲恺先生大会，并要求国民党政府肃清内奸，镇压反革命。大会由中华全国总工会代表邓中夏主持，会上通过了《广州市民大会请愿书》。会后，举行示威游行。汕头、佛山、顺德、番禺、海丰、花县、韶关、惠州、中山等市县也都举行廖仲恺追悼大会。

9月14日 第五届农民运动讲习所在广州东皋大道一号开课。主任彭湃。此届招收学员114人，来自湖南、广东、江西、广西、湖北、山东、安徽、福建8个省，其中广东籍的有41人。教员有彭湃（兼）、毛泽东、罗绮园、阮啸仙、谭平山、鲍罗廷、马马也夫等。12月8日，该届学员举行毕业典礼。

9月24日 中共广东区委通过广东各界对外协会，发动10多万人在广州举行大会，要求统一广东，肃清反革命。谭平山、邓中夏、阮啸仙等都在会上演讲。中共广东区委、团广东区委还就此事件联合发表《对广州各界示威运动宣言》，呼吁广东革命政府要有更大的革命决心，人民群众要有紧密的团结，以粉碎帝国主义者及其走狗反动派的阴谋。

10月上旬 广州国民政府举行第二次东征。周恩来任东征军总政治部主任，叶剑英率领国民革命军新编团参加这次东征。东征前，中共广东区委已指定杨石魂、刘锦汉、廖其清、廖伯鸿、方达史等党团员，领导岭东革命同志会部分人员进入潮汕地区，与当地党团组织一道，领导群众在敌后开展反对军阀陈炯明的斗争。东征军在省港罢工工人和东江人民的支持下，于10月14日攻克惠州。惠州克复后，东征军中路第一纵队22日攻占海丰，26日占领河婆；右翼第二纵队18日攻占平山，20日攻占三多祝，26日进占紫金；左翼第三纵队22日克复河源，26

日占领老隆。此后，三路部队又向潮梅地区进军。第一纵队于11月初攻占普宁、揭阳；与此同时第二纵队进至陆隍；第三纵队于10月底攻占五华、兴宁，11月8日攻克梅县。11月上旬又进占汕头、饶平、大埔，盘踞东江的陈炯明反动势力全被打垮，东江完全收复。随着第二次东征的胜利，潮梅地区各级党组织逐步建立起来。

东征军进攻东江门户惠州城，图为国民革命军第一军炮兵营部分官兵与苏联军事顾问在惠州城北门外合影

国民党广东省党部执行委员合影

10月20日至28日 国民党广东省第一次代表大会在广州召开。谭平山任大会主席，毛泽东负责起草宣言，杨匏安负责起草党务报告决议案，阮啸仙负责起草农民运动决议案。大会选出中国国民党广东省党部执行委员和候补执行委员共14人，其中共产党员占三分之一以上。共产党员杨匏安被选为国民党广东省党部常务委员兼组织部部长，彭湃任农民部部长，刘尔崧任工人部部长。

10月29日 中共海陆丰地方委员会（简称"海陆丰地委"）

成立。书记彭湃，组织委员郑志云，宣传委员李国珍，隶属中共广东区委领导。中共海陆丰地委初期负责管辖海丰、陆丰各区部委和高潭特支等党组织。至1926年底共有党员700人，1927年8月增至4000人。仅海丰一县就有330多个支部。

10月 广东的农会组织发展迅速。此时，广东全省已有33个县成立农会组织，会员已达45万人。已经成立县一级农会的有海丰、陆丰、潮安、五华、普宁、广宁、番禺、东莞、宝安、中山、顺德、花县12个县；已经成立区、乡级农会的县有惠阳、曲江、清远、澄海、紫金、增城、高要、德庆、罗定、郁南、鹤山、云浮、南海、新会、台山、开平、英德、从化、翁源、惠来、揭阳等。在军阀邓本殷势力统治之下的南路、琼崖亦有了一些秘密的农会组织。

10月 中国共产党在北京召开第四届中央执行委员会第二次扩大会议。广东代表罗亦农在会上报告粤区党组织的工作情况。会议对粤区工作问题作出议决案。议决案肯定了粤区党员在实际工作中"十分努力"，在政治、军事、工农运动方面"都有了相当的成绩"，但也暴露出实际工作中仅是一些党员在埋头苦干，而不是发挥整个党组织的作用等问题。会议认为广东这一国民党有势力的地方，要"特别注意形成我们党的组织"。此时，广东虽然已有党员928人，占全国党员总数的26.7%，但是还远未能适应形势发展的需要，因而会议要求粤区党组织今后要"努力发展党员的数量及严整党的组织"。

10月 广东革命政府举行南征，讨伐盘踞广东南路和琼崖的军阀邓本殷。中共广东区委调派张善铭到国民革命军第四军任政治部主任，并派大批共产党员、青年团员和革命青年先后进入南路、琼崖，发动群众，开展反对军阀邓本殷的斗争，以策应南征军的胜利进军。11月7日，南征军占领阳江。接着，又相继攻克高州、廉州（合浦）、钦州、雷州。12月底，邓本殷残部溃退海南岛，南路遂告平定。

11月4日 港英当局纠集陈炯明残部及其他反革命分子共1000多人，在兵舰和飞机的掩护下，由英人指挥在沙鱼涌大规模袭击担负封锁香港任务的罢工工人纠察队，制造"沙鱼涌事件"。事发后，铁甲车队在队长周士第、党代表廖乾五的率领下，从深圳赶往沙鱼涌救援。经过激战，毙伤敌官兵约200人，铁甲车队也伤亡20多人。是役，宝安三区农会组织农民群众为铁甲车队带路、报告敌情，并协助铁甲车队撤出敌方重围，安全脱险。

11月11日 南征军总指挥部政治部主任、共产党员朱克靖被任命为国民党广东省党部南路党务组织主任。此后，国民党广东省党部还先后组织共产党员参加南路、潮梅、琼崖和惠属4个特别委员会，分驻上述各地，就近指导和督察该地各县市党务。11月22日，国民党南路特别委员会成立，于梅菉设立办事处，以共产党员潘兆銮、彭刚侠、谭竹山等为委员；12月8日，由共产党员彭湃、赖玉润、邓颖超等为委员的国民党潮梅特别委员会成立，于汕头设立办事处；1926年2月8日，国民党琼崖特别委员会成立，委员有共产党员罗汉、符向一、陈公仁、陈三华等；同年4月，国民党惠属特别委员会成立，委员有共产党员肖鹏魂、朱祺、冯明光等。各地特别委员会建立后，有力地促进了国民党党务工作的开展。

11月21日 周恩来被国民政府任命为东江各属行政委员（1926年2月1日就职），主持惠（州）潮（州）梅（州）地区25个县的地方行政工作。1926年2月22日，周恩来在汕头主持召开东江各属行政会议。参加会议的有东江地区各县县长、中学校长，以及工、农、商、妇女等各界代表共100多人，周恩来在会上作政治报告，共产党人恽代英作中国国民党第二次全国代表大会的报告。会议通过了各种议案93项，内容有地方之建设、人民之福利以及各种施政方针等问题。这次会议被称为是"启政府与人民合作之机，开东江革命政治之新纪元"。

11月23日 国民党右派邹鲁、谢持、张继、林森等10余人在北京西山碧云寺擅自召开"国民党一届四中全会"（史称"西山会议"），通过了反苏、反共、反对国共合作等反动决议案。广东各地人民团体纷纷通电痛斥"西山会议派"分裂革命统一战线的阴谋活动。

11月 国民革命军第四军独立团（又称"叶挺独立团"）在肇庆成立。全团2000多人，共产党员叶挺任团长，这是以原来的铁甲车队为基础，以共产党员为骨干组成的一支革命武装。该团成立党支部，各营建立党小组，直接归中共广东区委领导。中共广东区委军委书记周恩来对该团的建立和发展极为关心并给予直接指示。该团各级干部的任命、调动以及兵员的补充，均由中共广东区委决定。这实际上是由中国共产党领导的一支正规军队。

12月初 中共广东区委抽调一批党、团员赴潮梅地区工作，指派赖玉润、蓝裕业、丁愿、郭瘦真、杨石魂5人组织中共潮梅特别委员

国民党中央委员会的机关报《政治周报》

会，以赖玉润为书记。

12月5日 中国国民党中央委员会的机关报《政治周报》在广州创刊，由当时担任国民党中央宣传部代理部长的毛泽东主编。该报在反击国民党右派的反动宣传、捍卫孙中山的三大政策、维护革命统一战线、宣传马克思主义等方面作出了重要贡献，是当时影响较大的刊物。

1926年

1月1日至19日 中国国民党第二次全国代表大会在广州召开。会前，周恩来与中共广东区委书记陈延年、苏联顾问鲍罗廷等商量，确定打击右派、争取中派、扩大左派的政策。计划在大会选举的中央执行委员中，共产党员占三分之一，使左派占绝对优势。出席这次大会的代表中，共产党人和国民党左派占五分之三，吴玉章任大会秘书长，实现这个计划是有可能的。但由于陈独秀、张国焘竭力主张妥协退让，在选举上，让中派和右派势力在国民党中央占了优势。尽管如此，这次大会重申联俄、联共、扶助农工三大政策和国民党一大宣言、政纲的正确性，确定反帝反封建具体的任务，并对"西山会议派"等右派分子予以纪律制裁。这些对促进革命运动的发展还是有利的。会议推选共产党员谭平山、林祖涵、杨匏安为国民党中央

国民党二大代表合影

执行委员会常务委员；谭平山继续当选为国民党中央组织部部长，林祖涵为农民部部长。大会开幕后第一天，中共广东区委组织各界民众10万余人举行游行，以向反革命派示威。会议期间，共产党员谭平山作党务总报告，刘尔崧报告中央党部工人运动经过。中共广东区委还发表《对中国国民党第二次全国代表大会宣言》。该宣言称："希望第二次大会能使国民党在左派领导之下发展一个群众的政党，能使广东的革命基础扩大到全国！"

1月5日 高要县岭村农会因提出减租，收回公产公款充做教育和农会经费等要求，与地主豪绅发生冲突，反动地主组织武装"神打团"数千人向农会进攻，杀死、打伤农军和农会会员30余人，焚烧村舍房屋，掠劫牲畜则物。事发后，中共广东区委通过革命政府派遣国民革命军第四军第三十四团两个营和广宁农民自卫军数百人，前往高要支援当地农军，终于击退"神打团"的进攻。为了妥善解决这次"高要惨案"，1月29日，正式成立以叶挺为主席，罗绮园、韦启瑞、王寒烬、张次眉和周其鉴等为委员的高要绥辑委员会。该委员会为农会撑腰，终于迫使地主民团从地租中抽出5万元作为赔偿农民的损失；民团及"神打团"的枪械全部收缴归高要县农会保管；并通缉查办制造惨案的反动地主和首恶分子。

1月5日至9日 中国海员工会第一次全国代表大会在广州举行。到会代表119人。苏兆征在会上作会务报告，张国焘、邓中夏分别代表全国铁路总工会和中华全国总工会发表讲话。大会选举产生中华海员工业联合总会执行委员会，由苏兆征任委员长。

1月14日 普宁县地主豪绅嗾使打手无理殴打进城农民，致使4人重伤，轻伤者无数。这事激起农民的极端愤慨，遂将打人凶手扭送往普宁县第一区农会，让其转交官府究办。15日，地主豪绅为施行报复，乃纠集民团武装数百人进攻第一区农会，农军奋起抗击。事发后，普宁县其他区乡农军纷纷前来相助，揭阳、潮阳、海丰等县农会也发出声援。中共广东区委和广东省农民协会还派彭湃赶赴普宁县慰问农民并协助工作，最后农会取得了斗争的胜利。

1月中旬 国民革命军第四军第十一、十二师开始进攻海南岛。1月17日，第四军第十二师从雷州外罗港出发，强渡琼州海峡，于当天下午在海南岛文昌县北部沿海一带登陆。19日，攻占琼州府城，接着又与第十一师登陆部队在岛上追歼残敌，清剿土匪。至2月中旬，彻底肃清了军阀邓本殷的反动势力，收复海南岛，南征之役取得了完全的胜利。

1月 广东省农民协会执行委员会为更好地指导各地农民运动，将全省划分为西江、南路、潮梅海陆丰、北江、中路、琼崖、惠州7个地区，分别设立6个办事处。潮梅海陆丰办事处设在汕头，主任彭湃（兼）；西江办事处设在肇庆，主任周其鉴；南路办事处设在梅菉，主任黄学增；北江办事处设在韶关，主任丘鉴志；琼崖办事处设在海口，主任冯平；惠州办事处设在惠州，主任朱祺；中路地区则由省农会直接指挥。

1月 中共西江地委在肇庆成立，负责管辖西江地区各县党的组织，书记周其鉴，隶属中共广东区委领导。

1月 中共广西地委在梧州成立，由谭寿材担任书记，辖广西省内之梧州、桂林、柳州、桂平、南宁、玉林、容县等地党组织，直属中共广东区委领导。在党组织的领导下，广西的工农运动得到迅速发展。

2月7日 中共广东区委机关刊物《人民周刊》创刊，由区委宣传部部长张太雷主编。《人民周刊》的宗旨是"反对帝国主义及一切依附帝国主义，或帝国主义赖以生存的军阀、官僚、买办阶级、地主"。该刊紧密结合斗争实际，介绍马克思列宁主义，评论斗争形势，指导工农革命运动。该刊至1927年停刊，共出版了50期。

2月21日至24日　中共中央在北京召开特别会议。中共广东区委代表陈延年、谭平山出席了会议。会议中心议题是解决五卅运动以后革命总的战略方针问题，指出"党在现时政治上主要的职任是从各方面准备广东政府的北伐"。党在北伐中的政纲，必须"扩大农民运动的基础"，加紧在农民中的工作，从各方面准备北伐。为配合广东政府的北伐，各地均应用国民党名义迅速发展农民运动。会议还决定五一劳动节在广州召开第三次全国劳动代表大会和第一次农民代表大会。并决定在广州和北京各办一长期党校。中央特别会议认为：现时可作中央地址的地方，只有北京和广州。万一不幸国民军在北方失败，中央决移广州。中央若在北京，以四同志组织中央局，二同志在粤组织临委，上海设交通局。

2月22日　广东省农民协会召开扩大会议[①]，参加会议的有广东省农民协会全体执行委员和潮梅海陆丰、惠州、西江、北江、南路、琼崖6个办事处的代表，以及各农民运动特派员。这次会议回顾省农会成立以来的工作，总结经验教训，提出今后的工作方针。会议通过了《扩大会议宣言》《政治报告决议案》《经济报告决议案》等重要文件；会议还听取各办事处的工作报告，并对其进行专门的讨论和具体的指导，提出各地区今后进

　　[①]　另据罗绮园《广东省农民协会扩大执行委员会会议》一文说，此次"会议从17至24日召开"。该文载《人民周刊》第二十、二十一两期合刊。这里是根据阮啸仙于1926年3月30日写的《广东省农民协会扩大会议》一文所说的日期。该文载《人民周刊》第七期。

一步开展农民工作的方针。

2月 国民党中央农民部建立农民运动委员会，共产党员毛泽东、萧楚女、林伯渠和中共广东区委农民运动委员会负责人阮啸仙、罗绮园、谭植棠等被选为委员。

2月 中共中央设立军事委员会，由张国焘领导，下设北京、广州、河南分会。广州分会主任谭平山。

2月 中共广东区委派罗明（罗善培）以特派员身份，赴厦门招收农讲所学员和发展党、团组织。是月底，罗明与原在广州入党的罗秋天（罗筹添）、罗扬才、李觉民等在厦门大学成立中共厦门大学支部，书记罗扬才。此后，又在集美学校和附近乡村、工厂吸收一批党、团员。至3月，已有党、团员共43人，建立厦门大学、厦门中山中学、集美学校师范部、集美学校小学部、厦门育（民）清（河）、禾山和厦门大中街7个支部，并在此基础上成立党、团混合组织——厦门特别支部，书记阮山。厦门特别支部由中共广东区委和团广东区委直接领导。

3月1日 为纪念巴黎公社55周年，中共广东区委和团广东区委等26个团体，在国民党中央党部举行会议，决定共同成立筹备委员会进行筹备纪念活动。8月18日，为巴黎公社55周年纪念日，中共广东区委在广东大学举行报告会，张太雷在会上作关于《巴黎公社事略》的报告。当晚，中共广东区委又在番禺学宫召开纪念会，并与团广东区委联合发表《告工农革命群众书》，号召革命群众继承巴黎工人革命精神，接受巴黎公社与十月革命的经验教训，完成民族革命的使命。

3月2日 中国济难会中华全国总工会分会在广州成立，公推刘少奇、蓝裕业、罗锡章为干事。5日，中国济难会广东总会也在广州成立。

3月12日 中共广东区委、团广东区委为纪念孙中山逝世一周年，联合发表宣言，揭露帝国主义、军阀以及国民党内反革命分子破坏革命的种种阴谋，号召革命人民与帝国主义、反革命派作坚决的斗争。

3月15日　在广东省农民协会南路办事处的领导下，吴川县第五区48个乡的农民代表500余人举行示威请愿，要求取消"三捐"（蒜头捐、蒜串捐、壳灰捐），掀起了反苛捐运动并取得胜利，推动了南路农民运动的发展。

3月20日　蒋介石在广州制造"中山舰事件"（又称"三二○事件"），向共产党突然袭击，谎称共产党人指挥的中山舰要炮轰黄埔，共产党要暴动，借以宣布戒严，派兵逮捕了李之龙等一批共产党员，包围苏联顾问办事处和省港罢工委员会。事件发生后，毛泽东、周恩来、陈延年等主张给蒋介石以反击，终因陈独秀机会主义的妥协未能实现。30日，《人民周刊》刊出《中共广东区委给国民党中央、国民政府、国民革命军及广东人民的一封公开信》，揭露帝国主义及其反动派对共产党造谣污蔑的阴谋，号召"革命领导与群众起来打破敌人此种阴谋，并且一致团结起来，共同奋斗"。

蒋介石在广州制造"中山舰事件"的中山舰

3月28日　在团广东区委的直接领导下，省港青年工人大会在广东省教育会礼堂召开。参加会议的省港两地青年工人共

2000多人。全国总工会代表刘少奇、青年团代表周文雍、广州工人代表会代表刘尔崧、省港罢工委员会代表苏兆征等先后在会上发表演说。大会发表宣言，要求保护青年工人利益，吁请各界群众拥护国民政府，督促国民政府北伐。

3月 中共琼崖特别支部正式成立，书记罗汉。中共琼崖特别支部成立后，派党员分赴全岛各地开展建党工作，分别在府城、海口、文昌、琼东、乐会、万宁、澄迈等县建立支部。在琼崖党组织的领导下，继广东省农民协会琼崖办事处成立之后，各县也先后成立农民协会。全琼崖农民协会会员发展至10万余人。在此期间，琼崖妇女解放协会和县妇女解放协会也先后成立。

4月1日 广州工人第一次代表大会召开。到会代表2500多人，代表着200多个工会组织。大会的中心议题是开展广东统一工会运动。大会由中共广东区委工委负责人、广州工人代表会主席刘尔崧主持，全国总工会代表刘少奇在会上作《全国职工运动报告》。大会通过了关于"经济斗争""组织问题""工农联合"等10多项决议案，并要求国民政府从速出师北伐。大会选举海员、油业、邮务、理发、广三铁路等25个工会为广州工人代表大会执行委员工会，土木建筑、辗谷等15个工会为候补委员工会。刘尔崧被推选为代表大会的执行委员会主席。

4月16日 香港各行业工会代表大会在广州召开。与会代表有600多人。会上，邓中夏作《政治报告》，刘少奇作《全国职工运动报告》。大会通过了关于政治报告、经济斗争等决议案，并选举产生以冯敬、何耀全、陈权等21名执行委员组成的香港总工会执行委员会，统一领导香港工人运动。香港总工会执行委员会总干事冯敬，组织部部长陈权。

5月1日 第三次全国劳动大会在广州召开。到会代表502人，代表着全国699个总会和分会，以及124万多名工人。中共中央发出《中国共产党致第三次全国劳动大会信》，号召"全国工农及一切劳苦群众大团结"，"抵抗一切特权阶级的压迫，以至获得我们政治斗争的初步胜利"。大会经过讨论，通过了《关于中国职工运动总策略》

第三次全国劳动大会在广州国民党中央党部召开

等十几项重要决议案，并发表大会宣言。大会选举苏兆征为中华全国总工会执行委员会委员长。

5月1日 广东省第二次农民代表大会开幕。出席大会的代表214人，代表着全省49个县的农会组织（因17个有农会的县路途太远，未派代表参加），各县还有100多名农民代表自带旅费列席大会。广西、福建、湖南、浙江、江苏、河南、山东、山西、贵州、江西等省也派代表参加大会。中共广东区委农委负责人阮啸仙在会上作《广东省农民一年来之奋斗》的报告。大会选举阮啸仙、彭湃、罗绮园、周其鉴、蔡如平5人为广东省农民协会常

广东省农民第二次代表大会与会代表合影照

务委员。此时，全省已有66个县建立农会，区农会177个，乡农会4216个，参加农会的会员达62万多人，占全国农会会员总数的60%以上，还有农军8万人。在66个有农会的县份当中，已经成立县级农会的有中山、南海、番禺、顺德、东莞、宝安、花县、清远、惠阳、紫金、潮安、普宁、五华、海丰、陆丰、海康、遂溪、高要、广宁、罗定、郁南、曲江、万宁23个县，其余县也正在筹备成立。在广东乡村中，农会的组织在国民革命中已经占有举足轻重的地位。

5月3日　第六届农民运动讲习所在广州番禺学宫（今中山四路农讲所纪念馆）开学。毛泽东任所长，陆沉任教务主任，萧楚女为专职教员，赵自选为军事训练总队总队长。中共广东区委负责人中担任教员的有周恩来、彭湃、罗绮园、周其鉴等。阮啸仙、邓中夏、谭平山等也经常为学员们作报告或讲演。本届共招收学员327人，来自全国20个省（区），为历届农讲所当中规模最大的一届。学员经过4个多月的训练，于同年9月毕业后，被分配到全国各地从事农民运动。

5月7日　中共中央发出通告，分析"三二〇事件"后广东的政治局势，要求在广东必须做好如下工作：一是帮助国民政府肃清内部反动分子，巩固革命基础，统一革命势力；二是使广东以外一切不与帝国主义军阀结缘之武力，均结合于广东政府旗帜之下；三是必须在工人、农民、学生中造成党的坚实不拔的基础，并努力取得小商人阶层群众之同情。根据中共中央的指示，中共广东区委曾为这方面做出很大的努力，但是由于"三二〇事件"之后，以蒋介石为首的新右派逐步篡夺了统一战线的领导权，广东的革命形势出现了错综复杂的局面。

5月上旬　叶挺独立团奉命作为北伐先遣队，分别从广东肇庆、新会驻地出发北上。途经广州时，中共广东区委军委书记周恩来在广州司后街（今越华路）叶家祠对独立团连以上党员干部作关于加强党的领导，加强政治工作，作战要勇敢，要有牺牲精神，要起先锋模范作用等指示，并用"饮马长江""武汉见面"这

肇庆望江楼北伐先遣队国民革命军第四军独立团团部旧址

两句话加以勉励。20日，叶挺独立团肩负重任离粤入湘，揭开了北伐战争的序幕。随后，令中共广东区委军委从广州派遣许继慎（黄埔军校一期毕业生，共产党员）等30多名营、连、排干部到独立团工作。

5月14日 广东妇女解放协会在广州国民党中央党部大礼堂举行代表大会。出席大会的有全省各地妇女解放分会的代表、在广州的全体妇女解放协会会员以及其他各界代表。会议回顾广东妇女解放协会成立一年来的工作，并通过了关于会务、经济、到各地组织各界妇女联合会和援助被婚姻压迫女子4个决议案。会上，国民党中央妇女部部长何香凝、广东省党部妇女部代表邓颖超以及鲍罗廷的夫人等发表演说。至此时，广东全省已成立30多个妇女解放协会分会。仅广州一地，妇女解放协会会员就已达2000余人。

5月15日 国民党第二届第二次中央全会在广州召开。蒋介石在会上提出所谓"整理党务案"，规定共产党员在国民党中央、省、市的执行委员不得超过三分之一；共产党员不得担任国民党中央部长；共产党员加入国民党的名单需全部交国民党

中央；等等。中共广东区委为此事召开紧急会议，并向陈独秀写了请求报告。由于陈独秀右倾机会主义的妥协投降，主张让步，使蒋介石的阴谋得以实现。5月23日，中共广东区委发出《对于中国国民党第二次中央全体会议宣言》，揭露帝国主义者及国内反革命派企图破坏革命势力的各种阴谋，号召革命势力团结起来，反对反革命的分裂活动。6月10日，中共广东区委常委张太雷在《人民周刊》上发表《到底要不要国民党》一文，继续揭露国民党新右派排斥中国共产党的阴谋。

5月22日 "三二〇事件"后被迫退出国民革命军第一军的共产党员和政治工作人员在广州大佛寺举办的"高级政治训练班"开学。周恩来担任训练班主任。训练班于同年7月初结业，随后全体学员参加北伐。

5月下旬 鉴于广东部分党、团员在"三二〇事件"和"整理党务案"后，对革命产生动摇，组织纪律性涣散等现象，中共广东区委、团广东区委从5月下旬起，进行整顿党、团组织(时称"清党运动""清团运动")，清除动摇分子，加紧训练清查后的中坚分子，以巩固党、团组织，更好地发挥党、团员的作用，使党、团组织在数量上能与质量上同时并进。

5月 在中共广东区委的推动下，广东农工商学联合委员会在广州成立。该会"以建立并巩固工农商学的联合战线，保护人民利益，拥护国民革命基础为宗旨"，由中华全国总工会、广东省农民协会、广东省教育会、广州总商会、广东全省商会联合会、广州市商会和广州商民协会7个团体以及自由职业者共同发起组织。共产党员谭天度担任该会秘书长，负责日常事务工作。

6月1日 中共广东区委为加强对党员的教育，培养党的基层干部，在广州举办党校。本期参加学习的学员共40人，其中党员占四分之三，团员占四分之一。另招旁听生40人，团员占

23人。学员学习时间一个月，毕业后派往各县、市担任党团基层工作。9月1日，党校又招收60名党员。另外还有旁听生，学习时间两个月。党校教员由中共广东区委委员亲自担任。于此前后，广东各地的党组织也设立党校，培养了一批党、团组织的领导骨干。

6月15日 广州工人第二次代表大会在国民党中央党部大礼堂开幕。出席这次大会的代表有1350人，代表着160多个工会组织。中华全国总工会代表邓中夏、苏兆征在会上作报告。会议传达全国第三次劳动大会的决议，并讨论解决广州工人代表会内部一些基层工会的纠纷问题。

6月28日 中华全国总工会在广州创办的劳动学院开学。劳动学院"以研究工人运动，培养工会人才为宗旨"。第一期共录取正取生193人，备取生28人。邓中夏任院长，李耀先任教务主任。第一期学员于10月上旬毕业。10月25日，劳动学院第二期开课，第二期教务主任为唐公强，招收学员271人（内有由各工人补习学校毕业升学者50人）。刘少奇、萧楚女、熊锐、恽代英、阮啸仙、李森等均曾在劳动学院给学员们讲课。该学院对培养工人运动干部、推动工人运动的发展起到积极的作用。

6月 中共广东区委派杨善集到琼崖筹建琼崖地区党组织，在海口市竹林村（今海口市龙华区竹林里131号）召开琼崖第一次党代表大会，成立中共琼崖地方委员会，王文明任书记。

7月9日 在共产党人的影响、推动和组织之下，国民革命军誓师北伐。11日，中共中央发出通告，要求广东党组织应该在工、农、商、学各界团体中广为宣传，"鼓励民众赞助北伐"。中共广东区委根据中共中央的通告精神，组织工会、农会和青年妇女等各阶层人民团体，支援北伐战争。省港罢工工人3000

多人，组成运输队、宣传队、卫生队，铁路工人组织铁路交通队随军出发。粤北各区成千上万的农民参加运输工作。广州、汕头、新会等地也组织青年工作团，宣传和支援北伐战争。中共广东区委军委派遣军委特派员聂荣臻到北伐军中做联络工作；还在开往江西的北伐军中成立军事的党团，制订组织大纲，并规定地方的政治问题应受当地党委的领导。

北伐誓师大会

7月13日　广州工贼陈森纠集暴徒和凶手，杀害广州革命工会会员2人，打伤十几人，是为轰动一时的"陈森事件"。这一事件是"三二〇事件"和"整理党务案"发生后，国民党右派猖狂进攻革命工会的集中反映。事后，广州172个工会派出2000多名代表，向国民党中央、国民政府请愿，要求严惩凶手，解散一切东家工会，并把陈森扭送公安局，但右派分子却密令将其释放。与此同时，各地国民党右派大肆分裂和破坏革命群众组织的事件也屡有发生。

7月23日　全国第八届学生代表大会在广州召开。出席会议的各地代表共有51人。会议召开前，全国学生总会派筹备员李硕勋、刘仲雯二人来粤，在广东大学内设立代表大会筹备处。会议期间，大会组织党团干事委员会，以李硕勋等8人为党团干事委员。会议为期一周，至30日结束。大会通过了宣言书和拥护国民政府出师北伐、统一学生运动、反对关税会议重开、反对反动学阀、拥护民众利益等决议案。

7月下旬 中共广东区委召开扩大会议，专门讨论农民运动问题。中共广东区委农委负责人罗绮园在会上作《第二次农民代表大会后广东农运情形》的报告。报告概括了农民运动当前存在的五个方面的危机，提出农委应付目前环境的策略和今后的工作计划。对于斗争策略，要求各地农会在采取保守的同时，"仍要扩大自己的宣传工作"；要将工作重点集中到农会基础较好而又较为重要的县份；切实加强农民武装。为了摸清农村的各种真实情况，农委还向中共广东区委提出"广东农村调查计划"，开展对广东农村的调查。

7月 中共广东地方组织有了很大的发展，党员人数大为增加。这时，全国共有党员11257人，而广东区已有4200人，占全国党员总数的37%以上。

7月 中国共产党在上海召开第四届第三次中央扩大执行委员会议。广东代表谭平山、陈延年出席了会议。会上，讨论广东的职工运动和农民运动问题。会议要求广东党组织在广东职工运动中，要注意运用联合战线的政策，争取工人群众建立摆脱旧行会积习的模范工会。同时，应急谋解决省港罢工，恢复香港职工运动。对于广东的农民运动，扩大会议要求广东搞农运实际工作的同志，应对农民群众指明出路，订立目前最低限度政纲，以便使其对党加深了解，坚定其趋向中国共产党之决心。对于已取得减租胜利的海丰、广宁等地，仍应继续力争有关农民利益局部的要求。

8月17日至24日 在中共广东区委领导下，广东省农民协会执行委员会在广州召开扩大会议，研究如何组织力量，打退地主豪绅进攻，进一步开展农民运动问题。出席会议的有广东省农民协会全体执行委员和东莞、花县、顺德、宝安、清远、广州市郊、新会、中山、开平、番禺、郁南、四会、德庆、高要、广宁、罗定、仁化、南雄、英德、曲江、海丰、陆丰、汕头市郊、揭阳、普宁、惠阳、博罗、阳江、澄迈、文昌、琼山、儋县、乐会、万宁、临高等37个县代表以及各路办事处代表共80余人。中共中央代表瞿秋白、中华全国总工会代表苏兆征等出席了会议。毛泽东在会上作讲话。阮啸仙向大会作《全国农民运动的形势及其在国民革命中的地位》的报告。会议揭露各地豪绅地主勾结不法军队、右派官吏，在农村破坏农民运动的严重情况，批评政府当局未能给农民运动以有力支持。会后，出席扩大会议全体代表及市郊农民千余人举行示威游行，推举彭湃为总领队，向国民党中央、国民政府请愿，要求严惩破坏农民运动的罪魁祸首。17日，中共广东区委发表《共产党致农民扩大会议书》，指出"农民的阶级斗争，是农民的解放问题，但也是中国国民革命的中心问题"；号召全省农民，在省农民协会的旗帜下，"一致团结，以谋达到抑制反革命的势力，实期农民最低要求的目的，并进而为完全的解放"。

8月27日 花县反动民团、土匪疯狂杀害农民运动积极分子，焚烧农会会员房屋，劫夺农民财产。事件发生后，中共广东区委为花县农民撑腰，向国民政府提出要求惩治凶手，对事件进行制止和处理。国民政府派出调查委员会和军队一个营前往花县处理此事，彭湃亦以广东省农民协会代表身份参加查处活动，终为受害农民伸冤。事后，彭湃写成《花县团匪惨杀农民的经过》一文，有力地揭露和痛斥国民党右派勾结豪绅地主镇压农民运动的罪行。于此前后，三水、郁南、高要等县也都发生反动地主豪绅嗾使民团摧残农会、戮杀农会会员之流血事件。

8月 中共广东区委派遣滇籍党员李鑫回云南发展党员，筹建党组织。11月，中共云南特别支部成立，有党员六七人，隶属中共广东区委领导。1927年2月，为加强云南党的领导力量，中共广东区委又派王德三等10多名党员回云南，并在中共云南特别支部的基础上，于同年3月1日成立中共云南特别委员会，书记王德三。

8月 琼崖农民高级军事政治训练所（简称"农训所"）在海口成立。由冯平、周逸主持，对琼崖地区从事农民运动的干部进行政治军事训练。与此同时，琼山、文昌、琼东、乐会、万宁、定安、澄迈、临高、陵水等县也先后举办农训所，训练农会骨干和农运积极分子。各县农会还先后组织农民自卫军，开展反对土豪劣绅及地主民团的斗争。

8、9月间 曲江县因入夏以来"旱魁为虐"，粮食歉收，农民纷起要求减租。8月1日，曲江县农民协会在省农会常委周其鉴、省农会北江办事处主任蔡如平等人的具体指导下，召开执行委员扩大会议，提出"七成完租"办法。8月5日，省农会北江办事处发起组织曲江各界救灾委员会，通过了按七成交租的决议，并上报备案，但遭到反动地主的反对。广东省农工厅厅长刘纪文也偏袒地主豪绅，阻止减租。后经过中共广东区委、广东省农会的再次交涉和努力，终于取得国民党中央党部的支持。9月18日，广东省民政厅厅长古应芬和农工厅厅长刘纪文被撤职，曲江减租斗争终于取得胜利。

9月12日 中共广东区委就9月4日英国兵舰在广州强占码头，9月5日在四川炮击万县等事件，发表《为反对英国炮舰政策宣言》，揭露帝国主义的侵略罪行和阴谋，号召革命人民团结起来，抵制帝国主义的侵略。

9月15日 广州妇女运动讲习所在广州大东路国民党中央党部（今广东革命历史博物馆）正式开学。该所旨为培训妇女干部。何香凝任所长，蔡畅任教务主任并主持日常工作。学员有100多人，来自全国各地，以广东人数为最多。学员除学习政治理论外，还积极参加当时社会的各项政治活动。

妇女运动讲习所学员毕业时合影

9月28日 中共广东区委编印的党内刊物《我们的生活》出版。中共广东区委书记陈延年为该刊撰写发刊词《告同志》。

9月 广东区的共产党组织进一步壮大。至此时，党员人数达5039人，列居全国各省区之首，是当时中国共产党最大的一个地方组织。当时中共中央局认为"目前各地工作，以粤、湘、鄂三省区最为重要"，并称赞中共广东区委"有两年多的工作经验"，"区委比较健全"，"负责同志亦甚得力"，还指出"现在尚没有一省的工农运动能比得上广东的争斗情形"，广东的党组织"已是民众运动的核心及政治变动的一个重要原素"。

10月9日 广东国民外交后援会在国民党中央党部举行正式成立大会。与会者有广东省农民协会、广州工人代表会、广东妇女解放协会、省港罢工委员会等140余个团体。该会"以团结民众为国民政府外交的后盾，打倒帝国主义，要求中国之自由平等之目的为宗旨"，是广东农、工、商、学、兵各界民众共同组织起来的一个革命团体。

广州各界举行拥护自动结束罢工的游行

10月10日 中共广东区委以省港罢工委员会名义在广州召开有30多万各界群众参加的大会，宣布取消对香港的封锁，结束罢工，以便集中全力进行北伐。是日，中共广东区委还发表《为省港罢工自动的停止封锁宣言》。

10月11日 国民党广东省党部妇女部和国民党中山大学特别党部在中山大学西讲堂联合举办"妇女运动人员训练所"，由共产党员邓颖超担任所长，共产党员陈铁军主持日常工作。该训练所学习期限为8个月。

10月15日至28日 中国国民党第二届中央执行委员及各省、各特别区（市）、海外各总支部代表联席会议在广州举行。出席会议的代表有80人。共产党员吴玉章、恽代英、毛泽东、杨匏安、许甦魂、邓颖超等出席了会议。会议通过了《国民革命军党代表条例》《党代表任免条例》等决议案，并发表《中央及各省（区）联席会议宣言》。

10月30日至11月1日 广州工人第三次代表大会在广州举行。出席大会的有207个工会组织，共1600多名代表。刘尔崧主持大会并作会务报告。大会强调巩固和扩大工人代表会的组织，铲除东家工会和惩办工贼。大会成立广州工人自卫队，选举产生新的广州工人代表会执行委员会，并发表《广州第三次工人代表大会宣言》。至1926年10月止，广州工人代表会属下的工会组织已达2000多个，工人有19万多人。

10月 省港罢工工人纠察队进行改组。有的编入北伐军随军参战，有的转入农村开展农运，训练农军。中共广东区委为保存这一支武装力量，在苏联顾问鲍罗廷的协助下，利用宋子文与其他政治派别的矛盾，将省港罢工工人纠察队的一部分改编为"缉私卫商团"，由宋子文负责供给枪械等军需费用。以共产党员徐成章任团长，施卜任参谋长，集中到虎门太平训练。

11月2日 广东省农民协会在广州番禺学宫举办的第一届广东农民运动训练所开课。由赵自选主持。学员来自高要、广宁、曲江、顺德、中山、惠阳、清远、东莞（以上县各招30人）、番禺、南海、广州市郊（以上三处各招20人），共计300名学员，训练时间为一个月。教员有阮啸仙、罗绮园、李海筹等。学员于同年12月毕业后，分派回原籍开展农运工作。

11月23日 中共广东区委鉴于蒋介石集团压迫共产党和工农力量的趋势日益明显的情况，向中共中央写了报告。报告指出：广东现在是要经过一个新军阀统治时期。这种会压迫一切民众运动的新军阀比旧军阀更为厉害。因此，我们应该准备力量，"强固民众的势力"，以便在"将来绝大冲突"到来时，"就应用工、农、商、学联合的势力去打倒他"。中共广东区委对蒋介石集团的这种认识，在当时的中国共产党内部是比较早的。

12月5日 国民政府宣布停止办公，准备迁都武汉。6日，国民党中央政治委员会颁布关于限制罢工及处置工会纠纷的布告，禁止工人罢工、持械游行，并污蔑此举为"危害公安"。中共广东区委通过中华全国总工会、省港罢工委员会、广州工人代表会联名发表声明，反对这一布告的规定，并组织工人团体向国民政府请愿。

12月9日 由中共北江地委、广东省农会北江办事处筹办的北江农军学校在韶关正式开学。该校的创办，旨在培养训练农军军事干部。初由广东省农会北江办事处主任蔡如平任校主任，后由中共北江地委委员朱云卿继任。学员大都是农民运动中工作积极而略有文化的农会青年。该校共办两期，第二期于1927年4月22日迁往南雄，培养学员200多人。

12月25日 国民党广东省第二次代表大会在广州举行。出席大会的全省各地正式代表有215人。会议推举杨匏安、陈孚木、甘乃光、黎樾廷、何友逖、李春涛、王超、曾养甫、陈潘9人为大会主席团。大会发表《广东第二次全省代表大会宣言》，通过了党务工作报告和工农运动等决议案，并选出国民党广东省党部第二届执行委员会和监察委员会委员。大会于1927年1月2日闭幕，历时9天。

冬 根据中共广东区委指示，中共北江地方委员会在韶关成立，书记卓庆坚。

1927年

1月2日　在国民党右派的支持下，广东机器工会纠集反动武装200多人，攻进黄沙粤汉铁路工会，打死铁路工人6人，伤10余人。8月，又袭击石围塘广三铁路工会，打死铁路工人4人。为此，广州工人代表会发表声明，抗议反动机器工会头子的这一暴行，要求政府给予严惩。

1月18日　中华全国总工会在《广州民国日报》上发表《告全国各工会书》，宣告原设在广州的中华全国总工会将于2月7日前北迁武汉。中华全国总工会迁武汉后，在广州设立有办事处，以指导广东、广西及香港诸地的工人运动。

1月23日　广州工人代表会召开会议，推举刘尔崧、周文雍等11人为代表，组织发动8万多名工人前往广东省政府请愿，要求取消"旧历年初二各商店雇主有任免工人自由"（即"吃无情鸡"旧例）的决定，以保障工人的权益。广东省政府没有明确答复，致使有5000多名工人被解雇。2月10日，中共广东区委发动全广州市商店店员举行总罢市，并继续向广东省政府请愿和交涉，提出取消"无情鸡"苛例，改善生活待遇，店员工会有保障及介绍店员工友的权利等条件和要求。这就是当时震动广州全市的反对"无情鸡"运动。但是，右派分子操纵的国民党中央政治会议广州分会不仅不答应工人们的要求，反而正式明令公布商店雇主资本家享有聘退工人的权利。

1月　中共四邑地方执行委员会成立，隶属中共广东区委领导，书记叶季壮。5月，中共四邑地委改为中共五邑地委，书记叶季壮，委员有李安、王坚淮、王士烈，管辖新会（含江门）、开平、台山、恩平、鹤山五县党组织。

1月 中共南路地委在高州成立，书记黄学增，隶属中共广东区委领导。中共南路地委成立后，继续深入开展南路各县的农民运动。此时，南路农民协会会员约达12万人。

3月10日至17日 在中共广东区委领导下，广东省农民协会第二届执行委员会第二次扩大会议在广州召开。出席会议的有45个县和广州市郊区的98名代表。会议根据当时已经变化了的新形势，要求各地农会注意斗争策略，要"团结小农中农在一起，使富农（中小地主大耕作农）中立，坚决的向土豪劣绅大地主买办和一切封建的统治者进攻"。会议还强调加强农民武装，以反击地主豪绅的反扑。会后，各地工农群众虽然为反击地主豪绅买办资产阶级进行了英勇的斗争，但是由于此时革命形势已有所逆转，右派分子凭借其控制的政府和军队力量，压制和摧残工农运动，工农运动仍然处于不利的局面。

3月16日 中共广东区委、中华全国总工会广州办事处、广州工人代表会、广东省农民协会等7个团体联合发表对时局宣言。宣言针对蒋介石等勾结帝国主义及封建军阀的阴谋，指出"对于与日本帝国主义和北方军阀的妥协，无论以任何口实，丝毫都是不容许的"；号召全国人民开展反对妥协的斗争。

3月下旬 中共广东区委主要负责人陈延年等离开广州，赴武汉参加中国共产党第五次全国代表大会，指定穆青、赖玉润、刘尔崧、李森、何耀全、杨殷等共同负责区委工作。

4月1日至5日 广州工人代表会第四次代表大会在国民党广东省党部大礼堂召开。与会代表有1500多人，代表着200余个工会组织。中共广东区委军委书记、黄埔军校政治部主任熊雄等各机关、团体代表100多人应邀出席了会议。会议期间，广州工人代表会主席刘尔崧致开会词,李森作《职工运动报告》。会议还讨论通过了"要求从速颁布劳动法""保障工会固有利益及固有条件""设立工人医院"等10多项决议案。会议选举产生新的广州工人代表会执行委员会,刘尔崧、施卜等31人当选为执行委员,马少芳等20人为候补执行委员。

4月上、中旬 蒋介石及其反动的军事头目在上海召开秘密会议,准备对中共和民众施行高压政策。中共广东区委得悉此讯,即下令各地准备起义,并指定专员到北江、西江、琼崖、潮梅和惠州去指挥,中路则由中共广东区委直接指挥。全省总起义的日期定于5月初,并派专差送信去中共海陆丰地委。不料国民党反动派先期发动大屠杀,中共广东区委原决定派往各地的专员除北江外,尚留广州没有出发。

4月12日 蒋介石在上海发动反革命政变,收缴工人纠察队的武器,捕杀共产党人和革命群众。同一天,前往上海参加秘密反共会议的李济深和古应芬也从上海回到广州。

4月14日 国民党广东反动当局召开军事会议,具体研究和部署镇压共产党人和工农革命群众的措施。广州警备司令钱大钧、广州市公安局局长邓彦华等反动军官出席了会议。会议决定15日凌晨2时开始戒严,委任钱大钧为广州市城区戒严司令,广州市公安局协同办理。

4月15日 广东国民党当局发动反革命政变,在广州出动大批军警,解除黄埔军校、罢工工人纠察队武装,包围、查封各种革命团体和组织,搜捕和屠杀共产党人及革命群众。同时,在汕头、惠州制造惨案。在四一五反革命政变中,据不完全统计,在广州被捕的共产党员和革命群众有2100多人,被秘密枪杀的有100多人。著名共产党员刘尔崧、李森、邓培、何耀全、萧楚女、熊雄、毕磊等牺牲。接着,国民党反动派在全省许多中等城市、县城，继续疯狂逮捕、屠杀共产党员、国民党左派及革命群众。在海口市，中共琼崖特委委员李爱春等数十名共产党员被捕杀害。其时，从广州到全省各地均处于白色恐怖之中。

大革命失败，广州处于白色恐怖之中

至此，大革命在广东遭到失败。

三、土地革命战争时期

（1927.4—1937.7）

1927年

4月15日至7月底 为反抗广东国民党反动派四一五反革命政变后所实施的反革命屠杀政策，中共广东党组织领导全省各地工农群众相继举行武装起义。在四一五反革命政变的当天，面对反动派的血腥暴行，广州铁路工人武装在南海县农军的援助下，率先奋起抵抗。是日，中共澄海县部委为反击国民党反动武装的进攻，发动和组织5000多名农军和上万名农民举行武装起义，占领部分乡镇和全县的主要交通要道，封锁县城近一个多月，失败后撤往附近山区继续斗争。五华县农军和群众上万人也于是日奋起武装抵抗，将前来袭击中共组织的反动军队1000多人击溃。至7月底止，全省有东江地区的揭阳、普宁、潮阳、惠来、海丰、陆丰、梅县、丰顺、紫金、惠阳、饶平、大埔、兴宁、潮安等县，北江地区的英德、清远、仁化，西江地区的罗定、郁南、云浮、高要，南路地区的遂溪、廉江，海南岛的陵水、文昌、琼山、琼东、乐会、万宁、临高以及广州郊区的花县等，共30多个县市举行了40多次武装起义。全省参加起义的工农武装超过6万人，群众达8万人以上。其中海丰、陆丰、饶平、紫金、大埔、梅县、陵水等县的起义武装还攻占县城，建立县一级临时革命政权。各地的起义，由于准备不足，在强大敌人的围攻下都先后遭到失败。

4月17日 中共广东区委召开紧急会议，由区委秘书长赖玉润召集在广州的区委领导人穆青、杨殷、冯菊坡、罗绮园、周文雍、吴毅等，商讨应变措施。决定区委机关暂时撤离广州，迁驻香港。在广州，另成立中共广州市委，以吴毅为书记，继续领导广州革命群众，坚持斗争。

4月21日 中共广东区委、团广东区委、广州工人代表会、广东省农民协会、广东妇女解放协会等组织和团体联合发表《反抗国民党反动派残暴大屠杀宣言》，号召"全省工农革命群众联合起来，打倒国民党反动军阀刽子手"，要求"全部释放革命同志、工人领袖、工人和学生"。同日，中共广东区委还发动粤汉、广九、广三铁路工人和广州市汽车工人，为四一五事件举行罢工一小时，以示抗议。

4月22日 由中共广东区委领导人穆青主持，中共广州市委召开第一次会议，宣布中共广州市委正式成立，由吴毅任书记，周文雍、徐文雅（徐彬如）、季步高、罗登贤、麦裕成、何振武（何潮）等为委员，周文雍任工委书记，麦裕成任组织部部长，徐文雅任宣传部部长。会议对今后市委的工作作出部署。

4月27日至5月10日 中国共产党在武汉举行第五次全国代表大会。出席代表80人，代表着5.79万党员。广东代表陈延年、邓中夏、苏兆征、谭平山、杨匏安、彭湃、阮啸仙、张云逸、黄平、区梦觉、李民、薛六、罗珠等出席了会议，代表着广东区9027名党员。根据会议的需要，大会组成政治委员会（成员中有广东代表谭平山、苏兆征）、农民土地问题委员会（成员中有广东代表陈延年、彭湃、谭平山）、职工运动委员会（成员中有广东代表邓中夏、苏兆征）、秘书处（成员中有广东代表黄平）等。大会选举产生新的中央委员会和中央监察委员会。广东代表陈延年、邓中夏、苏兆征、谭平山、彭湃、罗珠、杨其珊（未出席大会）等当选为中央委员，黄平、薛六当选为候补中央委员；杨匏安被选为中央监察委员会委员，阮啸仙被选为中央监察委员会候补委员。谭平山、苏兆征还分别被选为中央政治局委员和中央政治局候补委员。大会接受共产国际执行委员会第七次扩大会议提出的关于中国革命问题的决议案，并根据这个决议案的精神，批评陈独秀犯了忽略同资产阶级争夺革命领导权的右倾错误，但对如何争夺领导权，大会却没有提出任何切合当时实际情况的办法。大会继续推选陈独秀为总书记。

4月下旬 中共东江特别委员会成立。以彭湃、郭瘦真、杨石魂、林甦、张善铭、何友逖等为委员，负责指挥全东江的党务、政治、军事工作。因彭湃于8月底已离开东江到香港，后又赴武汉出席中共五大会议，由张善铭、杨石魂主持中共东江特委工作。

中共东江特委办公室旧址

5月20日 中共中央常委讨论广东的工作和组织问题，决定：陈延年不再回广东工作，由彭湃、穆青、黄平、赖玉润、阮啸仙等组织中共广东省委。当时，彭湃、黄平尚在武汉，阮啸仙在家乡养病，中央的这一决定没有及时贯彻实行，遂建立中共广东特委（又称"粤特委"），由留广东的穆青和赖玉润负责工作。

5月 以北江农军学校第二期学员、北江各县农民自卫军、粤汉铁路工人纠察队组成的广东北江工农自卫军1200多人，在总指挥罗绮园、副总指挥周其鉴、参谋长朱云卿等率领下，随国民革命军第二军教导师陈嘉佑部撤往湘南。后又有600人由周其鉴、叶文龙等率领，于6月中旬撤至武汉，受到武汉各界群众的热烈欢迎。大革命失败后，广东北江工农自卫军开赴江西，参加八一南昌起义。南昌起义军南下广东在东江失败后，随军的广东北江工农自卫军一部分返回家乡，继续坚持斗争，后来成为北江农民武装暴动的骨干。

5月 惠潮梅农工救党军总指挥部在陆丰县新田区成立，吴振民任总指挥，杨石魂为党代表。惠潮梅农工救党军由潮阳、惠来、普宁、海丰、陆丰等县"农军精锐"组成，初拟集中全力夺取汕头，后因力量薄弱，行动失利，避走江西边境寻邬县。6月，惠潮梅农工救党军在吴振民、杨石魂等人的率领下，由江西经湖南酃县北上武汉，后因"长沙事变"路途受阻，退返湖南桂东、汝城。8月17日，队伍在汝城遭范石生部队的袭击，吴振民等大部分人员牺牲，仅存少数流散人员辗转回东江。

6月 为反抗国民党反动派的大屠杀，中共琼崖地委在乐会第四区召开紧急会议。会议根据中共广东区委的指示，作出关于组织、宣传、群众和革命武装等问题的决议。会议决定将琼崖地委改为中共琼崖特别委员会，由杨善集任书记。同时决定成立琼崖军事委员会和肃清反革命委员会，分别由杨善集和王文明担任主席。

中共琼崖特委书记杨善集

7月15日 由汪精卫等控制的武汉国民党中央不顾国民党左派宋庆龄等的坚决反对，召开"分共"会议，宣布正式与共产党决裂，公开背叛孙中山所制定的国共合作政策。随后，对共产党人和广大工农群众进行大屠杀。至此，轰轰烈烈的第一次大革命失败。

7月　中共南路特别委员会成立，彭中英任书记，朱也赤、梁文琰、陈信材、卢宝炫、杨枝水、黄广渊、梁英武、刘傅骥等为委员。11月间，中共南路特委一度撤销。

8月1日　根据中共中央的决定，在周恩来为书记的中共前敌委员会和贺龙、叶挺、朱德、刘伯承等领导下，党所掌握和影响的国民革命军等武装2万余人，以及广东工农革命军600余人，在南昌举行武装起义。3日，起义部队开始撤离南昌，南下广东。同日，中央命令"粤省委即刻以全力在东江接应"。广东党组织随即派赖玉润（赖先声）等于8月中旬到汕头，与中共汕头市委书记黄居仁等组织汕头革命委员会，由赖玉润任委员长，领导汕头市暴动，接应起义军进占潮汕。8月下旬，潮阳、普宁两县农军在南昌起义军南下广东消息的鼓舞下，一度攻占潮阳县城。与此同时，东江各县党组织着手组织、发动农民举行武装起义，策应南昌起义部队。

8月3日　中共中央制定《关于湘鄂粤赣四省农民秋收暴动大纲》，对湘、鄂、粤、赣四省的秋收暴动工作作出统一部署。该大纲认为，在广东举行秋收暴动，发动土地革命，"有建立新的革命政权的可能的前途"。

8月7日　在共产国际的帮助下，由瞿秋白、李维汉主持，中共中央在湖北汉口召开紧急会议（亦称"八七会议"）。会议总结大革命失败的经验教训，彻底结束了陈独秀右倾投降主义在党中央的统治，确定土地革命和武装反抗国民党反动派的总方针，并把发动农民举行秋收暴动作为当前党的最主要任务。会议选举产生中央临时政治局，苏兆征、向忠发、瞿秋白、罗亦农、顾顺章、王荷波、李维汉、彭湃、任弼时当选为委员，邓中夏、周恩来、毛泽东、彭公达、张太雷、张国焘、李立三当选为候补委员。会议还决定在广东成立中共中央南方局。9日，临时政治局举行第一次会议，选举瞿秋白、苏兆征、李维汉为常委。

8月11日 中共中央在指示信中通知广东、广西省委及闽南临时委员会：临时政治局决定派周恩来、张太雷、彭湃、陈权、恽代英、黄平、张国焘组成中共中央南方局，以张国焘为书记，周恩来为军委主任，领导广东、广西、闽南及南洋一带党组织。周恩来等未到职前，由张太雷、杨殷、黄平组织临时南方局，领导上述区域内的暴动及一切军事政治事宜。临时政治局决定以张太雷为中共广东省委书记。

广州起义主要领导人、军事委员会书记、广州苏维埃政府代理主席张太雷（主席苏兆征未到职）

8月20日 张太雷在香港召集中共广东省委会议，传达八七会议精神。经过详细讨论，通过了"关于拥护中央紧急会议决议"，决定"完全拥护国际的决议及紧急会议所定之政策，并努力使同志普遍了解及立即在实际上实现之"。会议宣布正式成立中共广东省委，选出委员13人，候补委员7人，由张太雷任省委书记。根据八七会议精神，会议还制定广东各县、市的暴动计划和《关于暴动后各县市工作大纲》，组织广州、西江、北江暴动委员会，并派负责同志分赴各地指导工作。

9月上旬 为贯彻中共八七会议精神，配合湘、鄂、粤、赣4省秋收暴动，中共琼崖特委召开军事会议，决定举行全琼崖武装总暴动，各县成立暴动委员会，领导各县农民暴动。9月中旬，根据军事会议和中共广东省委关于琼崖暴动工作的指示，琼山、文昌、琼东等县讨逆军率先举行暴动。9月23日，中共琼崖特委书记杨善集和陈永芹、王文明等指挥乐会、万宁、琼山和定安等县讨逆军进攻嘉积外围椰子寨，歼敌一部，击溃其大部。在阻击强敌反扑时，杨善集、陈永芹在战斗中英勇牺牲。10月11日，儋县、临高县党组织领导两县讨逆军和农民武装共700人，在群众的配合下，攻陷儋县县城新州，成立县临时革命政府。15天后，敌人反扑，讨逆军和农军主动撤回农村。

9月上旬至中旬　海陆丰农民武装为策应南昌起义部队，在中共东江特委、东江革命委员会，以及张善铭、黄雍等领导下，举行第二次起义，先后攻占陆丰、海丰县城，分别成立县工农临时革命政府，接管区乡政权。25日，国民党军队向海陆丰进犯，中共东江特委、东江革命委员会和海陆丰工农临时革命政府按原计划主动撤离县城，转移到海丰、陆丰、惠阳、紫金四县边界的中洞、朝面山和碣石溪等地山区和农村，发展革命力量。

9月中旬至10月5日　南昌起义部队进入广东后，东江各县农民武装在南昌起义军的协助下，按照中共中央"东江须立即开始广大的暴动，发表政治口号为叶、贺内应"的指示，纷纷举行武装暴动，成立革命政权。9月16日，大埔县农军攻占县城，成立大埔县工农革命政府。18日，起义军从福建进入广东省大埔县。19日，起义军占领大埔县三河坝，朱德统率第二十五师和第九军教育团共3000余人留守三河坝。23日，在潮汕工农武装的配合下，起义军主力部队占领潮州，成立潮安县革命政府。24日，起义军占领汕头后，成立汕头市革命政府，以赖玉润为市长，郭沫若为海关监督和对外交涉使，李立三为公安局局长（徐光英代）。同时，成立东江工农自卫军总指挥部，彭湃任总指挥，杨石魂任副总指挥。起义军留驻潮州、汕头地区七天，当地称为"潮汕七日红"。26日，澄海、揭阳两县农军同时攻占县城，分别成立澄海县革命政府和揭阳县工农革命委员会。9月28日和10月5日，普宁、饶平两县农军也分别攻占县城。

9月26日 中共广东省委机关刊物《省委通讯》创刊。

9月下旬 中共广东省委书记张太雷由香港赶赴汕头，向南下广东的南昌起义领导人传达中共八七会议精神。26日，中共中央南方局在汕头召开会议。会议对张国焘自南昌起义以来的工作提出批评，决定推选张太雷为南方局书记。28日，张太雷在汕头主持召开南方局会议，决定增加李立三、恽代英为南方局委员，罗绮园为秘书。

9月 中共西江特别委员会成立，黄学增为书记，周济为副书记，龙师侯为委员。

9月 为加强东江各县暴动工作的领导，东江地区分别成立潮梅、海陆丰、惠州3个暴动委员会。

9月 中共遂溪县委领导人防光礼等率领同年5月乐民武装暴动的农军100多人撤退到北部湾上的斜阳岛（今属广西北海市），团结改造岛上的土匪队伍，在岛上实行武装割据。从1928年到1930年，这支农军先后数次回师遂溪、廉江、徐闻等地，攻占部分圩镇，并曾一度占领遂溪县城。1932年底，在国民党军队重兵围攻下才告失败。

9月底至10月初 南昌起义部队在汾水（揭阳县）、潮州、三河坝（大埔县）等地分别与国民党军队陈济棠、黄绍竑、钱大钧部激战数日后失利。10月3日，从汕头、潮州和揭阳撤出的起义军及其领导人先后到达普宁县流沙镇，并于当天召开起义军领导人参加的最后决策会议。随后，中共东江地方党组织领导人杨石魂等，协助周恩来、贺龙、叶挺、李立三、恽代英、刘伯承、郭沫若和彭湃等起义军领导人，几经辗转，分别取道陆丰、惠来撤往香港。驻三河坝的第二十五师余部在朱德、陈毅等率领下，退往饶平，经福建、江西、湖南，于12月上旬转入粤北。叶挺领导的第十一军二十四师一部和刘伯承领导的第四军一小部共1000余人在董朗率领下，于10月上、中旬先后进入海陆丰地区，与海陆丰农民武装会合，初改编为工农革命军第一大队，10月下旬扩编为工农革命军第二师第四团，12月扩编为工农革命军第二师（后称"红二师"），下辖2个团，以董朗为师长，颜昌颐为党代表，王备为参谋长，全师共有1800余人。

10月14日 广州、香港、澳门、江门海员工人为反对江门"新南海"轮无理开除工人和国民党当局压迫工人，联合举行罢工。当天，省、港、澳、江海员工人以及广州工人代表会属下140多个工会、省港罢工工人共万余人在广州集会。大会号召各地海员工人团结起来，抵制反动当局的控制，组织工人自己的工会。大会选出25人组成海员工会维持委员会。会后，全体集会工人举行示威游行。反动当局随即加以武力镇压，当晚，逮捕参加游行示威的工人27人。19日，又拘捕数十人，杀害2人。海员工会维持委员会和省港罢工工人纠察队也被迫解散。

10月15日 中共中央南方局、广东省委在香港召开联席会议。出席会议的有张太雷、阮啸仙、杨殷、黄锦辉、黄谦、赵自选、恽代英、沈宝同、吴毅、彭湃、穆青、李求实及共产国际代表等。张太雷在会上作《八一事件之经过、失败原因及其出路》的报告。会议通过了《最近工作纲领》和组织问题、宣传问题、工人运动、农民运动等多项决议。纲领指出"广东各地革命运动仍是高潮，暴动计划应继续实现。现在的暴动不应停止而应努力扩大"。会议认为"目前最重要的就是宣传革命新政策，使群众与同志能纠正过去因袭的错误观念，有勇气坚决地去实行新的政策"。同时，决定将全省工农讨逆军改为工农革命军；废除青天白日旗，改用红旗，以斧锦为标志；扩大土地革命；建立政权等 10 项行动计划。此外，还制定《经营琼崖计划》。会议改组南方局和广东省委，由张太雷、周恩来、恽代英、黄平、杨殷、彭湃 6 人组成南方局，张太雷为书记。在南方局下设军事委员会，由周恩来、张太雷、黄平、赵自选、黄锦辉、杨殷 6 人组成。广东省委由 36 人组成，其中正式委员 25 人，候补委员 11 人，以张太雷为书记，黄平任组织部部长，恽代英任宣传部部长，阮啸仙任农委书记，杨殷任工委书记，另加黄谦、陈郁二人组织常务委员会。

10 月 23 日 中共中央决定撤销中共中央南方局，广西党组织和由南昌起义部队改编的工农革命军第二师由中共广东省委领导，福建省党组织则直接由中央领导。

10 月底至 11 月 5 日 在中共东江特委领导下，工农革命军第二师一部与海陆丰农民武装联合举行海陆丰第三次武装起义。11 月 1 日攻占海丰县城，5 日攻占陆丰县城。11 月初，彭湃由香港经汕尾回到海丰主持中共东江特委工作。11 月 13 日至 16 日，陆丰县召开工农兵代表大会，成立陆丰县苏维埃政府。11 月 18 日至 21 日，海丰县召开工农兵代表大会，成立海丰县苏维埃政府。大会通过了《没收土地案》《杀尽反动派案》《改良工人生活案》《改良士兵生活案》《取消苛捐杂税案》《妇女问题案》《禁止米谷出口案》等多项决议案。《没收土地案》明确宣布没收一切土地分配给农民，并规定分配土地的原则、标准和方法。这是中国共产党在土地革命中制定的最早的一个土地法规。海丰、陆丰两县苏维埃政府成立后，各区相继成立苏维埃政府，并进行肃清反革命势力，没收豪绅地主的一切土地、财产分给农民，发给土地使用证，焚毁一切契约债券，组织各乡赤卫队，编练工农革命军等。海陆丰苏维埃政权的成立，是中国革命中"第一次由几万几十万农民群众自己动手实行土地革命的口号，第一次组织成立工农兵群众的无限制的政权"。它的成立，标志着海陆丰革命根据地的正式形成。

海丰人民群众庆祝海丰县苏维埃政府成立

11月上旬　中共琼崖特委在乐会县第四区召开第一次扩大会议。中共广东省委派常委杨殷到会传达南方局和省委关于进一步贯彻八七会议精神的指示。会议制定新的军事计划，决定扩大琼崖各县武装暴动，建立乡村苏维埃，开展土地革命。并改选特委，由王文明任书记，罗文淹负责组织工作，陈垂斌负责宣传工作，冯平负责军委工作。会议还决定将琼崖讨逆军改编为工农革命军，由冯平任总司令，王文明任党代表，并分设东路、中路、西路指挥部，徐成章、冯平分别任东路和西路总指挥。25日，中共陵水县委领导1000多名农军与徐成章率领的工农革命军东路军相配合，再次攻占陵水县城。12月16日，陵水县召开工农兵代表大会，宣布成立陵水县苏维埃政府。

这是琼崖第一个县级苏维埃政权。

11月9日至10日 中共中央临时政治局在瞿秋白主持下，在上海召开扩大会议。中共广东省委书记张太雷参加了这次会议。会议在政治上错误地估计了革命形势确定实行全国武装暴动的总策略；在组织上实行惩办主义，分别对南昌起义、秋收起义的

陵水县苏维埃政府旧址

领导人给予政治纪律处分。对中共中央南方局、广东省委全体成员予以警告处分。会后，中央领导和苏兆征、张太雷共同研究组织广州起义的问题。

11月17日 中共中央常务委员会讨论广东工作，通过了《广东工作计划决议案》，要求中共广东省委利用粤桂军阀争夺广东地盘内争加剧的机会，"坚决地扩大工农群众在城市、在乡村的暴动，煽动士兵在战争中的哗变和反抗，并急速使这些暴动会合而成为总暴动，以取得广东全省政权"。会议决定改组中共广东省委，由张太雷、恽代英、张善铭、黄平、陈郁、黄谦、周文雍7人组成省委常务委员会。

11月17日 粤桂战争爆发。张发奎、黄琪翔驱逐统治广东的李济深和桂系军阀黄绍竑，由张发奎、陈公博、黄琪翔主持广东军政。驻粤桂军被迫退回广西后在梧州一带集结，准备进袭广州。张发奎不得不将其主要兵力开赴肇庆、梧州一带，准备与桂系军队作战。此时，广州市内敌军兵力大为减弱，为发

动广州起义创造了有利时机。

11月26日 中共广东省委召开常委扩大会议。出席会议的有张太雷、黄平、吴毅、陈郁、沈青、王强亚及共产国际代表。会议一致赞成中共中央决议，决定利用粤军主力调往西江，市内兵力空虚之机，立即在广州举行暴动，夺取政权。会议还部署了起义前的准备工作：筹备总同盟罢工；组织工人赤卫队，筹备武装暴动；加紧张发奎军队内部的工作；发动市郊农民暴动；海陆丰革命武装向广州方向移动；建立一军事组织加强军事工作；等等。会后，由张太雷、黄平、周文雍3人组成广州起义的最高领导机关革命军事委员会，张太雷任书记并兼管军事，黄平兼管广州市委，周文雍兼工人赤卫队总指挥。并任命叶挺为广州起义军事总指挥，叶剑英为副总指挥。28日，中共广东省委发出《暴动宣言》，号召工农兵起来变军阀战争为革命胜利的战争，夺取政权，为广州苏维埃而战斗。

12月1日 中共广东省委发出紧急通告，提出广州市的共产党员应即全体动员，准备暴动，建立广州工农兵的政权；要求各县做好准备配合广州起义，命令各县"立即起来领导农民暴动，夺取乡村、县、镇政权"。5日，中共中央接到广东省委关于广州起义的计划后，即函复广东省委表示赞成。此时，汪精卫已获悉中国共产党准备起义的消息，并驰电张发奎、陈公博等要其设法解决中共广东省委掌握的国民革命军第四军教导团，实行"坚决反共"。省委认为广州暴动的时机已到，此时如不行动，教导团将被解散，遂决定迅速举行广州起义。

12月11日 中共广东省委书记张太雷和叶挺、黄平、周文雍、恽代英、杨殷、叶剑英、聂荣臻等，领导国民革命军第四军教导团、警卫团，广州工人赤卫队以及南海、花县、清远、广州市郊的农民武装在广州举行起义。起义军攻占广州市公安局、国民党广东省党部和省政府、电报局、邮政局、火车站等重要机关，占领除第四军军部、中央银行等少数据点外的广州珠江北岸的大部分市区。南海县和广州市郊农军以及广三铁路工人赤卫队攻占广州市南郊的石围塘广三铁路车站、南海县大沥镇以及佛山市外围据点普君圩。在广州的苏联、朝鲜、越南的部分革命者也参加了起义。同日，建立广州苏维埃政府，主席苏兆征（未到职，由张太雷代理），人民内务兼外交委员黄平，人民肃反委员杨殷，人民劳动委员周文雍，人民土地委员彭湃（未到职，由赵自选代理），人民司法委员陈郁，人民经济委员何来，人民海陆军委员张太雷（兼），秘书长恽代英，工农红军总司令叶挺，工农红军总参谋徐光英。广州苏维埃政府还发布《广州苏维埃政府宣言》《广州苏维埃政府告民众书》等，通过了建立苏维埃政权、消灭反革命、实行八小时工作制、增加工人工资、没收大资本家和地主财产、工业国有化、组织工农红军等项决议和法规。中共广东省委发表告工人农民书，庆贺广州起义的胜利，号召工人农民"用一百二十分的努力继续奋斗，以巩固自己苏维埃的政权"。

广州起义总司令部旧址（今广州起义路 200 号之一）

　　12 日，国民党反动派在英、法、日、美等帝国主义支持下，向起义军疯狂反扑，省委书记、起义总指挥张太雷英勇牺牲。起义军浴血奋战，终因敌我力量悬殊，于 13 日被迫撤出广州市，南海农军在保卫大沥战斗中有 100 多人壮烈牺牲。至此，广州起义遭到失败。14 日至 19 日，国民党反动派在广州屠杀了 5700

多名起义者和群众。撤出广州的起义军，分别向东江、北江地区转移。向东江方面撤退的起义军，途中在花县改编为工农红军第四师（简称"红四师"），于1928年1月初转移到海陆丰与彭湃领导的农民武装以及红二师会合，全师共有1000余人，下辖3个团，由叶镛（后徐向前）任师长，袁裕（袁国平）任党代表，继续在东江地区坚持斗争。向北江地区转移的起义军，在韶关附近与朱德、陈毅等率领的部队会合，后来上井冈山。还有少数起义者到香港，后到广西参加左右江起义。

12月中旬　为配合广州起义，宝安、新会（含江门）、顺德、惠阳、潮安、信宜、万宁、乐会等县工农武装在当地党组织领导下相继举行起义。宝安县起义军还一度攻占深圳。新会（含江门）、东莞两县的工农武装原定与广州同时起义，队伍集结后，已待命向县城进军。获悉广州起义失败后，遂改变起义计划，队伍分散撤退。

12月18日　中共中央决定任命李立三为中共广东省委书记，并立即赴广东恢复中共广东省委，处理广州起义失败的善后工作。20日，李立三抵达香港，于当天召开会议，决定以张善铭代理省委书记，李立三则以中央巡视员资格指导省委工作。

12月　中共北江特别委员会成立。叶文龙任书记，刘一声、赵自选、卢克平等为委员。同月上旬，朱德率领部队抵达仁化县境，和北江特委取得联系，被任命为北江特委委员。朱德率部经仁化县董塘、曲江县西水时，与当地农军配合，捕杀引起极大民愤的地主恶霸，收缴反动民团枪支武装农军。19日部队抵韶关，朱德把广州起义后撤退到当地的起义军200余人编入部队，到韶关附近的犁铺头进行休整。同月，叶文龙被捕牺牲，由卢克平接任特委书记。

1928年

1月1日至5日　在李立三主持下，中共广东省委在香港举行全体会议。会议通过了《关于目前党的任务及工作的方针》《关于广州暴动问题》《党的组织问题》《职工运动》等决议案。决议对当前形势作出错误估计，认为革命仍处于高潮，党在目前的任务仍然应是进行暴动，夺取全省政权。但决议提出，党在目前的主要任务，就是积极领导工农群众暴动，实行土地革命，建设苏维埃政权，"从乡村直到城市，从局部的割据直到夺取全省政权"。目前的主要策略"是要极力发展各县农民暴动，在东江、西江、北江、南路都造成一县至数县的割据局面，形成包围广州的形势"，同时要恢复广州的工作，发展中路各县农民运动。会议肯定了广州起义的意义，总结了起义的经验教训。但在分析起义失败的原因时，过多地追究领导者个人的责任，采取惩办主义的做法，对起义的主要领导人都作了政治纪律处分。后中共中央对此提出批评，并委托周恩来到香港，纠正了这一错误处分。会议对省委进行改组，选出省委委员25人，候补委员11人。省委常委由李立三、张善铭、沈青、黄谦、罗登贤、王强亚、李源7人组成，以李立三为书记，张善铭为军委书记，沈青为编辑委员会书记，罗登贤为职工运动委员会书记。

1月3日至5日　中共东江特委遵照广东省委指示，召开东江农民代表大会。会议号召东江农民团结起来，举行年关大暴动，坚决实行土地革命。会后，东江特委提出以东江大暴动完成割据东江，"红遍东江"的暴动计划，并分派人员到各县指导暴动。彭湃亲自率领红四师转战潮阳、普宁、惠来等县，使海陆丰根据地扩大到惠阳、紫金、惠来、普宁、潮阳、五华等县的部分地区。1月中旬，古大存率领五华农民武装2000多人举行起义。接着，五华县有10万名农民参加了这次年关大暴动。8月下旬，彭湃、徐向前等指挥红四师、惠来县农军和红二师一部，以及各乡农民10万人围攻惠来县城，潮阳、普宁两县农

古大存

军也密切配合。起义武装打败国民党第十一军二十六师两个团，先后两次攻占县城。到4月，惠阳、潮安、大埔、蕉岭、紫金、潮阳、丰顺、普宁、龙川、揭阳等县都先后举行武装起义。普宁、惠来还建立县苏维埃政府。

1月上旬 中共广州市委在广州起义失败后重新成立，以麦裕成为书记，季步高、周文雍、黄丽江、范慎修、王华、谢田为委员。同月下旬，市委机关被敌人破坏，麦裕成、黄丽江、范慎修以及工作人员40余人被捕。30日，中共广东省委指示立即恢复广州市委，由季步高、周文雍、王华、谢田、叶耀球5人组成，以季步高为书记。省委还指示，目前要迅速恢复被破坏的党组织，加紧注意秘密工作，努力开展士兵运动，组织秘密工会。

1月中旬 中共广东省委成立士兵运动委员会，以聂荣臻为主席，赵如松为书记。

1月22日至24日 遵照中共广东省委指示，海丰县委召开第二次党员代表大会。团中央巡视员陆定一、中共广东省委代表沈青、中共东江特委书记彭湃等参加大会。会上，陆定一传

达 1927 年 11 月中共中央临时政治局扩大会议决议，沈青作政治报告，陈舜仪代表海丰县委作工作报告。会议检讨"二八事件"（1927 年 12 月 28 日，东江特委因接到不准确情报，命令海丰、陆丰两县党政机关和部队撤出县城，史称"二八事件"），对海丰县委和东江特委提出严厉批评，并改组中共海丰县委。

1月 为了执行全省暴动计划，中共广东省委派遣省委常委、省委军委书记张善铭任中共北江特委书记，派遣省委巡视员周其鉴、赵自选到北江地区，组织和指挥北江暴动。18 日，中共北江特委致信朱德，要求他率领部队配合和支援北江暴动。下旬，师长朱德、党代表陈毅率领工农革命军第一师攻占乐昌县坪石。

1月 琼崖工农革命军在乐会、万宁、崖县等地配合农军举行起义，建立一批区、乡苏维埃政权，开辟以乐会县第四区至万宁六连岭为中心，包括琼东、陵水、崖县部分地区的东路苏区。乐会县第四区成立苏维埃政府后，召开农民代表大会，通过了《土地问题的临时方法》，对土地分配作出 6 项规定，明确提出：没收地主的一切土地及公田；土地权归农会，耕种权归农民，无地少地的贫农可向农会申请得到土地；自耕农的土地由原耕者耕管；树胶（橡胶）、槟榔由各乡农会收管；废除一切债约。随后，中共琼崖特委把乐会县第四区的土地分配办法推广到其他苏区。此时，全岛共建立文昌、琼山、定安、琼东、乐会、万宁、陵水、澄迈 8 个县委及海口市委，党员人数发展到 1.7 万人。

1月 中共中央决定，中共广西地委改为中共广西特委，由中共广东省委领导，以邓拔奇为特委书记（同年 9 月起由朱锡昂接任）。

1月至2月 继广州起义后，在全省年关暴动中，北江地区的仁化、英德、南雄、乐昌县以及西江地区的广宁县农民武装在当地共产党组织领导下相继举行起义。阮啸仙领导的仁化农军在朱德、陈毅率领的工农革命军第一师的支援下，先后两次攻占仁化县城，成立仁化县革命委员会和董塘区苏维埃政府。仁化县农军的斗争一直坚持到年底才告失败；南雄、广宁农民暴动后，分别成立县苏维埃政府。3月，南路地区的茂名县（今高州市）农民武装也举行了起义。

周文雍、陈铁军就义前合照

2月2日 广州起义和广州工人运动著名领导人周文雍与陈铁军一起在广州被敌人逮捕。6日，被杀害于广州红花岗。

2月9日 中共潮梅特委在汕头市召开各县、市党团书记会议，研究武装暴动问题。因叛徒出卖，中共汕头市委机关被破坏。中共广东省委巡视员叶浩秀，中共潮梅特委和汕头市委主要领导人蓝裕业、陈国威、陈振韬等20多人被捕后英勇牺牲。

2月上旬 李立三到上海向中共中央汇报工作，讨论解决广东省委与中央之间对于广州起义决议案问题的分歧。中央委派邓中夏代理广东省委书记。邓中夏到香港后，于2月9日召开中共广东省委扩大会议，出席会议的吴毅、恽代英、聂荣臻、张善铭等多数人拥护中共中央关于广州起义问题的决议。扩大会议经过认真讨论，一致通过接受中共中央决议的决议，指定由吴毅、恽代英起草《广州暴动的经过》报告中共中央。

2月12日 中共广州市委机关被破坏。2月27日，中共广东省委派吴毅到广州与季步高共同进行恢复市委工作。5月，中共广州市委正式恢复成立，由吴毅任书记。市委出版机关刊物《工农兵》，指导共产党员和工农群众开展革命斗争。

2月中旬 中共广东省委派沈青到汕头任中共潮梅特委书记。下旬，潮梅特委决定恢复中共汕头市委，邓凤翱为书记。随即，在汕头市恢复和发展党组织，训练党员，恢复汕头总工会，积极开展工人运动，配合各县农民举行起义，并着手进行兵运工作。4月上旬，沈青牺牲。5月30日，中共广东省委派林道文到汕头改组潮梅特委并任特委书记。

2月20日 中共广东省委机关被破坏，省委代理书记邓中夏以及常委罗登贤、王强亚、黄谦等被捕。21日，共产国际代表指定恽代英、沈宝同、吴毅等组成省委临时常委会。24日，李立三向中央汇报工作后从上海返回香港，并随即召集省委常委会议，决定由李立三、张善铭、李源、沈青、陈郁、黄焯、黄钊7人组成新的常委会，以李立三为书记。8月中旬，由于黄焯被捕，补入恽代英为省委常委。

2月下旬 国民党军队以李济深部第五军、第七军和陈铭枢部第四军为主力，加上黄旭初、钱大钧等部共约2万人，分数路向海陆丰革命根据地"围剿"，中共东江特委发布对目前东江严重时局宣言，号召全东江工农群众及革命士兵反抗一切军阀进攻海陆丰苏维埃政权，誓死保卫海陆丰苏维埃政权。其时，东江各县正举行年关大暴动。中共东江特委对敌我力量估计错误，而后在敌强我弱面前，以红二师、红四师为主力的根据地武装又分兵作战，以致未能集中优势兵力粉碎敌人的围攻。2月29日，陆丰县城陷入敌手。3月1日，海丰县城失守。到8月底，根据地大部分地区已被敌人占领。海陆丰地区的斗争开始转入低潮。东江革命中心由海陆丰向揭阳、丰顺、五华、梅县边境的八乡山地区转移。中共东江特委机关转往潮阳、普宁、惠来三县边境的大南山坚持斗争。此后，东江特委与部分县的党组织曾一度中断联系。

2月下旬 中共广东省委决定恢复成立中共南路特委，由杨石魂任书记。4月15日至20日，召开南路特委扩大会议，传达和讨论广东省委指示，总结茂名沙田暴动的经验教训，制订目前工作计划；改选南路特委，杨石魂任书记。6月中旬，南路特委部署贯彻中共广东省委关于夏收暴动的指示。同月下旬，杨石魂到各县巡视工作，特委书记由卢永炽代理。不久，杨石魂、卢永炽相继调回省委工作，由黄平民接任特委书记。

2月 中共广东省委派李源、黄雍到海南岛指导工作。18日至21日，在乐会县第四区召开琼崖党的第二次代表大会。李源在大会上作政治报告。大会通过了暴动、政权、土地分配、职工运动和士兵运动等决议案，选举产生新的特委，李源、黄雍、王文明、郭经绪、王绰余为常委，李源为书记。

2月 中共广东省委为加强对西江地区暴动工作的领导，成立中共西江上游特别委员会，以黄钊为书记，赖金章、王欧、唐公强等为委员。6月，广东省委决定撤销中共西江特委。

春 琼崖工农革命军改称琼崖工农红军，由冯平任总司令，王文明任党代表，符节任政治部主任。此时，琼崖红军共约1400人，农民赤卫队有万余人。

3月中旬 国民党军第十一军

琼崖工农红军总司令冯平

第十师师长蔡廷锴率其所部3个团及谭启秀独立团1个营共约4000人抵达海南岛。4月上旬，蔡廷锴部在琼崖各县反动民团数千人的配合下，对琼崖苏区发动第一次"围剿"。当时琼崖红军只有1000多人，但中共广东省委在盲动主义的错误指导下，置当时敌我力量对比悬殊的客观事实于不顾，却认为琼崖"已到了最后决斗的时间"，命令中共琼崖特委要集中力量夺取海口，迅速完成全岛的割据。琼崖特委根据广东省委的指示，决定红军分东、西、中三路发动暴动，幻想夺取全琼崖，结果却被敌军各个击破。琼崖红军总司令冯平和政治部主任符节壮烈牺牲。6月5日，中共琼崖特委在乐会县召开琼崖党的第三次代表大会，通过了《最近总的工作大纲》，选举王文明为书记。此时，省委仍命令琼崖特委要在海口、琼山等地继续发动群众暴动，并于6月中旬派黄学增赴海南岛改组琼崖特委，黄学增为书记。新特委继续集中红军反攻陵水，致使红军再次受挫。

3月 中共北江特委领导人张善铭、赵自选调离北江后，北江特委被撤销，北江各县工作由广东省委直接领导。9月，省委决定恢复中共北江特委。10月，省委派杨石魂任中共北江特委书记。

4月13日 李立三在香港主持召开中共广东省委第一次扩大会议，中共中央代表周恩来到会指导。会议通过了《广东政治任务及工作方针决议案》《党的问题决议案》《苏维埃问题决议案》《军事问题决议案》《没收分配土地决议案》《职工运动决议案》等。会议认为：广东的革命仍处于高潮，已发展到"争夺城市"的阶段，党的总策略是加紧扩大各路的暴动局面，加强城市的领导，向全省政治中心发展，完成全省的总暴动。为此，要求东江特委要完成割据，向广州方向发展；琼崖特委要夺取海口、夺取全岛。各路完成割据向广州发展，夺取全省政权。会议总结全省党组织发展的成绩（全省党员发展到5万多人），强调要加强党的无产阶级意识，要吸收工农分子参加到党的领导机关中去；强调要加强城市工作，各县委应尽可能移到县城等。会议决定将根据地的工农革命军正式定名为红军，并提出在广东可建立红军四至五个师。会议还改选中共广东省委，选出省委委员32人，候补委员10人。李立三、李源、张善铭、周松腾、黄钊、恽代英、周颂年、吴毅、沈青9人被选为省委常委，李立三为书记。

这次会议发展了中共广东省委内存在的"左"倾盲动主义倾向。5月，省委作出在全省发动夏收总暴动的决定。但是，此时全省许多地区的革命斗争已经转入低潮。因此，发动全省夏收暴动的计划实际上未能实现。

4月中旬 为加强反攻海陆丰工作的领导，中共广东省委派张善铭、赵自选等到海丰。张善铭于途中在汕尾被捕后壮烈牺牲。赵自选抵海丰后，成立军事委员会和海陆丰总指挥处并任总指挥，于5月8日指挥红二师、红四师一部与当地农民武装反攻海丰县城。由于计划欠周，反攻海丰县城失败，赵自选在与敌人激战中牺牲。

4月 李源调中共广东省委工作，中共琼崖特委书记由王文明接任。

4月 中共广东省委第一次扩大会议决定在各地党组织中成立士兵运动委员会。6月1日，省委颁布《关于士兵运动问题》通告。6月18日，省委常委扩大会议通过了《士兵运动决议案》，指出兵运的主要目的是破坏反革命武装，配合各地工农暴动的举行。并制定兵运的具体工作方法。

4月至5月间 李立三赴苏联莫斯科出席中国共产党第六次全国代表大会，由李源代理中共广东省委书记。

5月 中共南路特委制定《兵士运动大纲》。7月下旬，在南路特委的策动下，驻高州县城的国民党第十一军第二十四师特务营两个连共140多人发动兵变，并缴获该师学兵营的枪械。嗣后，该师调集兵力对兵变部队进行镇压。由于中共南路特委对此次兵变计划欠周，兵变部队撤离高州后，遂与之失去联系。

6月8日 中共广东省委决定东江特委和潮梅特委合并，改组为中共东江特委。省委指定彭湃等8人为东江特委委员，另从各县负责人中选出7人共15人组成东江特委。新的东江特委没有纠正以前"左"倾盲动主义的错误，在贯彻省委夏收暴动的斗争中，仍继续采取硬打硬拼的做法，又未能发动群众扩大红军，致使红二师、红四师在与敌人的硬拼中严重伤亡，兵员得不到补充，加之医药缺乏，给养困难，语言又不通，伤病员增多，难以在东江坚持。其后中共中央和广东省委指示，将红二师、红四师余部转移到香港、上海，分配到其他革命根据地工作。

6月18日至7月11日 中国共产党第六次全国代表大会在莫斯科举行。出席大会的广东代表团由李立三、杨殷、苏兆征、甘卓棠、王灼（后脱党）、周秀珠、江惠芳（江慧芳）、阮啸仙、曹更生（曹俊升）、黎国忠（黎国琼）、袁炳辉（后叛变）、梁亿才、邝璧清、成文、叶发青、唐球、彭公祖、王备18人组成，李立三为代表团团长。大会总结第一次大革命失败以来的经验教训，在一系列存在争论的有关中国革命的根本问题上作出基本正确的回答，制定基本上正确的政治路线，认为"南昌起义、秋收起义，尤其是广州武装起义，在政策上决非盲动主义的政策"，赞成共产国际所指出的"广州起义之世界的历史的意义，广州武装起义是必要的英勇的尝试"，"客观上是革命失败过程中的'退兵战'"。大会还通过了《定"广州暴动"为固定的纪念日的决议》。大会选举中央的领导机构，广东代表彭湃、苏兆征、杨殷、李立三以及李源（未出席会议）当选为中央委员。王灼、周秀珠、甘卓棠当选为候补中央委员。阮啸仙当选为中央审查委员会委员。同时，苏兆征当选为中央政治局常委，任中央工委书记；李立三、杨殷当选为中央政治局候补常委，分别任中央农委书记和中央军事部部长；彭

1928年6月，中国共产党第六次全国代表大会在莫斯科召开，图为会议旧址

湃当选为中央政治局候补委员。会后，李立三留中共中央机关工作，中共广东省委书记由李源接任。

从1927年4月大革命在广东失败后到1928年6月，广东各地的广大工农群众，为反抗国民党反动派的白色恐怖和残酷的屠杀政策，推翻国民党的反动统治，在中共广东党组织领导下，先后在51个县举行100多次农民武装起义，有20个县32次夺取县城，参加人数达50多万人。其中参加人数超过1万人以上的起义达13次（1928年初惠来、五华县暴动人数分别约达10万人）；各地暴动后，有20多个县建立县一级革命政权，其中有13个县建立县苏维埃政府，而成立不到三天的广州苏维埃政府后来被称为"东方的巴黎公社"。到1928年6月，全省共建立6个特委、10个市委、59个县委，党员数共计5.3万人（其中女党员3059人）。

7月 东江地区的梅县、大埔、丰顺、五华、兴宁五县共产党组织的负责人和工农革命军领导人在位于梅县、丰顺边界的九龙嶂成立五县暴动委员会，推选古大存为主席，黎凤翔（负责

组织工作）、郑兴（郑天保，负责宣传工作）、刘光夏、张家骥4人为委员。并决定在梅县畬坑举行暴动。8月，畬坑暴动胜利后，广东省委和东江特委与之重新取得联系，决定在"五县暴动委员会"的基础上，增加揭阳、潮安两县，成立党的"七县联合委员会"，推选古大存为联合委员会书记。10月，丰顺、五华分别成立县革命委员会，八乡山、铜鼓嶂、九龙嶂3块苏区几乎连成一片，初步形成以八乡山为中心的革命根据地。

7月 中共江门市委成立，程鸿博为书记，李锡罗、文和为委员。12月，广东省委决定撤销江门市委，由新会县委领导原江门市委属下的新会、恩平、阳江、台山、开平等县党组织。

7月 中共广州市委机关被破坏，吴毅、季步高等10多人先后被捕牺牲。同月，广东省委派阮啸垣恢复成立广州市委并任书记。8月中旬，市委再遭破坏，阮啸垣等被捕，由李耀先继任书记。9月间，李耀先被捕牺牲。随后，先后由许潮、姚常（同年12月被捕叛变）继任书记。

8月初 中共广东省委书记李源去东江巡视，初步传达中共六大精神。省委常委周松腾、张善铭、沈青、吴毅等已被捕或牺牲。省委决定由黄钊、陈郁、冯菊坡、恽代英、周颂年等组成省委常委会，以黄钊为代理书记。9月初，省委增加李海筹为省委常委。9月间，李源在大埔县三河坝不幸被捕牺牲。

8月12日 在陵水、乐会、万宁、琼东相继成立县苏维埃政

琼崖苏维埃政府主席王文明

府后，琼崖第一次工农兵代表大会在乐会县第四区召开。大会通过了《临时土地法令》《惩治反革命条例》《税收条例》等法令，选举产生琼崖苏维埃政府，以王文明为主席，罗文淹、王大鹏、王业熹、梁秉枢、王克礼、何毅、符明经、符世良等为委员。

9月初 中共中央决定中共广西特委改为广西临时省委，由中央直接领导，同时接受中共广东省委工作上的指导。广西临时省委暂由朱锡昂、邓拔奇二人负责。11月，广东省委调文沛任广西临时省委书记。

9月下旬 驻大南山羊公坑的中共东江特委机关遭敌袭击，东江特委书记彭湃脱险后转移到香港，随后赴上海任中共中央农委书记。11月间，中共广东省委派梁大慈（梁干乔）任东江特委书记。12月初，梁大慈擅离特委后，由林道文代理特委书记。

10月4日至6日 中共海丰、陆丰、惠阳、紫金四县县委召开联席会议。会议认为，中共东江特委东移大南山后，与海、陆、惠、紫四县党组织失去联系，决定成立中共海陆惠紫临时特委，统一领导四县党的工作，以陈舜仪任临时特委书记。10月26日，中共广东省委批准成立海陆惠紫特委，取消临时名义。12月，省委决定海陆惠紫特委改为海陆紫特委，惠阳由省委直接领导，但与特委发生密切的关系，陈舜仪仍任特委书记。1929年6月，海陆紫特委根据省委指示再次扩大为海陆惠紫特委，决定四县工作以惠州、汕尾、海丰县城为第一位，在农村开展游击战争。"游击的原则：第一攻击敌人力量薄弱的地方；第二有政治影响的地方；第三有群众基础能得群众响应帮助的地方；第四进攻不保守，流动不固定，动作须绝对秘密和迅速"。通过游击战争，有效地打击敌人，扩大苏维埃区域。

10月下旬 中共北江特委开始传达贯彻中共六大决议，10

月27日，中共广东省委派杨石魂到韶关召开北江特委会议。会议根据中共六大精神和广东省委指示，初步检查总结过去工作，分析北江目前形势，重新布置工作计划。

10月下旬 中共广东省委根据中共六大精神，制定新的兵运计划，纠正过去为急于完成全省暴动，在兵运中存在的盲动主义倾向，指出党目前在兵运中的主要策略是开展教育宣传工作和经济斗争，以提高兵士的阶级觉悟，党要有计划地在敌人军队中进行兵士暴动的准备工作，在革命高潮到来的时候，配合广大工农群众夺取政权。并对兵运宣传和斗争方法、兵运中党的组织、兵运形式作出具体规定。

11月16日至24日 中共广东省委在香港召开第二次扩大会议。出席会议的除省委常委外，还有中央巡视员，广东省出席中共六大的代表，各特委、市委及部分县委的代表。会议完全接受党的六大的决议案，总结过去斗争的经验教训，通过了关于目前政治任务与工作方针、党的组织问题、军事工作、职工运动、农村工作等决议案。会议认为，广东的革命形势也和全国一样是处在两个革命高潮之间，党目前的总任务是争取广大的群众，积聚革命力量，以准备在新的革命高潮到来时的武装暴动的胜利。会议批评省委自一月全体会议以来"左"倾盲动主义的错误，还纠正"没收一切土地"的口号，提出"中立富农"的政策，这些都是正确的。但会议认为"党过去的工作，是乡村超过于城市，农运紧张于工运，因此工作的发展是畸形"，是"忘记了城市的领导作用"。会议决定以香港、广州、汕头三大城市及四大铁路与内河外海海员为重心的方针，要求将各级党的指导机关设在城市，强调"要下决心特别加紧党的无产阶级党的创造"，实现"红军官长工人化"。会议还认为"广东新的革命高潮的象征已经可以看见"。这次会议虽纠正"左"

倾盲动主义的一些做法，但并未从根本上克服"左"的错误倾向。

会议选举产生省委委员30人，候补委员10人。通过正式常委7人：黄钊（书记）、卢永炽（候补书记、组织委员兼中华全国总工会南方办事处书记）、杨石魂（宣传委员兼农委书记）、聂荣臻（军委书记）、陈郁、周颂年、冯菊坡。候补常委7人：黄平民、卢济、黄学增、吴锦德、李鹏、甘卓棠、姚常。会议决定：冯菊坡巡视东江，卢济任中共东江特委书记，甘卓棠巡视海陆丰，周颂年、吕品巡视南路，黄甦连巡视北江，陈魁亚参加北江特委，陈郁、黄平民、李鹏等巡视中路。

11月 中共广东省委决定撤销中共西江上游特委，重新成立中共西江特委，以卢济为书记。

11月 中共广东省委第二次扩大会议决定将琼崖和南路两特委合并，改称南区特委，指挥琼崖全局及南路各县工作。整个南区以海口、北海为工作中心，特委机关准备迁往海口。12月，由于南路特委被破坏，特委书记黄平民及朱也赤等10余人壮烈牺牲，建立南区特委的计划没有实现。此后，南路特委长期未能恢复，南路各县党组织也基本停止了活动。琼崖特委机关遵照广东省委的指示，由黄学增率领从乐会县迁到海口市，以职业为掩护开展职工运动和兵运工作；王文明率领琼崖苏维埃政府机关和红军600多人转移到定安县母瑞山，开辟革命根据地。

12月初 中共广东省委派常委陈郁巡视海丰、陆丰、紫金。翌年1月间，中共海陆紫特委召开党员代表大会。会上，陈郁传达中共六大和广东省委第二次扩大会议精神。会议表示完全接受中共六大和省委第二次扩大会议的各项决议案，总结经验教训，纠正过去工作中的错误。

12月 中共广东省委召开全省工人代表大会。广州、香港、佛山、江门、石龙、陈村、容奇、太平、四会、梅菉等地工会代表出席了会议。这次会议纠正了过去党的工人运动脱离群众的倾向，指出要以工人中的群众组织为基础成立党领导的工会组织。会议决定成立中华全国总工会广东（南方）办事处，作为各地工人运动的指导机关。

1929年

1月6日　中共广东省委颁布《关于妇女问题》第四十五号通告，要求各地党组织成立妇女运动委员会，在工会中成立女工委员会，制定开展妇女运动的计划，以加强对妇女运动的领导，并指示要注意提拔妇女积极分子到党的领导机关。

1月23日　中共北江特委机关被破坏，中共广东省委巡视员吕品、特委书记文和等领导人牺牲。3月，广东省委决定暂时撤销北江特委，指定中共曲江县委负责与北江各县密切联系，并可适当予以工作上的指导。

1月下旬　毛泽东、朱德率红四军进军赣南、闽西，途中由大庾进入广东南雄。中共南雄县委用红四军送给的枪支成立游击队，开展武装斗争。

1月　中共中央决定改组广西临时省委，正式成立中共广西省委，以文沛为书记。3月31日，中央致函广东省委，认为广西工作确实无组织省委的必要，决定广西省委改为广西特委，由广东省委直接领导。广西特委书记仍由文沛担任。并由中央指定卢永炽（卢德光）、陈郁、聂荣臻、黄甦和中央巡视员贺昌（毅宇）5人为广东省委正式常委。4月27日，中央常委会议批准以上5人为省委常委，黄学增、吴锦德、邝壁清3人为省委候补常委，以卢永炽为书记，贺昌为宣传部部长兼党报委员会书记，陈郁为组织部部长，聂荣臻为军委书记。此后，中央巡视员兼省委常委贺昌实际上主持省委的工作。

1月　中共广东省委派黎伟雄到广州恢复中共广州市委并任

书记。同月，黎伟雄被捕叛变。6月，由凌希天任广州市委负责人。

1月　中共广东省委认为在西江地区设立特委组织已无必要，决定撤销中共西江特委。此后，西江各县党组织由省委直接领导。

2月20日　中国共产党早期著名工人运动领袖、中共中央政治局常委、中央工委书记苏兆征病逝。8月4日，中华全国总工会发出通告，号召全国工人纪念苏兆征。

3月底　国民党军队蔡廷锴师调离琼崖，岛上敌军兵力减弱。琼崖苏维埃主席王文明等领导驻守在定安母瑞山根据地的琼崖苏维埃政府和红军利用这一有利时机，积极向山外发展，在母瑞山周围各县恢复党组织，扩大红军，加强根据地建设。不久，在母瑞山办起垦殖场、红军医院和军械厂等。还成立红军独立团（下辖一个营）和大山乡苏维埃政府，使母瑞山革命根据地得以巩固和发展。

5月26日　中共广东省委致信毛泽东、朱德等红四军负责同志，赞扬一年多来红四军艰苦奋斗牺牲的精神，肯定了红四军坚持革命斗争的意义，分析和介绍蒋桂战争爆发以来的全国政治形势，建议红四军"扩大游击战争的范围，发动群众起来斗争，在斗争中去组织群众，以及扩大红军的力量，准备革命高潮到来之最大武力。但你们必须注意的是不必要拼命与牺牲，冒险走进重要城市"，"不可轻于攻打韶关"。

5月下旬　中共广东省委决定改组琼崖特委。指定官天民为书记，黄学增改任省委巡视员。7月，设在海口的中共琼崖特委机关遭到破坏，黄学增、官天民等领导人英勇牺牲。

5月　活动于广东连县与湖南宜章、临武三县边区的共产党员在临武成立中共湘粤边工作委员会，书记尹子韶。不久，活动于广东乐昌、乳源和湖南宜章的共产党员在乳源成立中共乐乳宜边工作委员会，书记李光宗。这两个组织分别在湘粤边地区开展革命活动。同年秋，为统一领导湘粤边地区的革命斗争，湘粤边工委和乐乳宜边工委在乐昌坪石合并成立中共湘南工作委员会（驻粤），由广东省委领导，书记尹子韶。1930年12月，湘南工委改称湘粤边工委。

5月底至6月初 彭德怀率领红五军从湘赣边区南下，转战于湘粤赣边，先后攻克仁化县城口镇和南雄县城。中共南雄县委率领游击队乘机攻占部分圩镇，并在县城召开群众大会，宣布成立革命委员会，没收反动土豪财产分给贫苦群众，同时协助红五军筹集物资及款项。

6月18日至7月上旬 中共东江特委在丰顺县召开东江党代表大会，贯彻中共六大和省委第二次扩大会议精神。大会结合东江的具体情况，讨论政治、党务、组织、宣传、职运、农村工作、军事等问题，认为"东江革命形势刚开始复兴，反动势力仍超过革命势力"，东江目前的中心任务和总路线是扩大党的政治宣传，争取广大群众，团结、积蓄革命力量，准备暴动。这次会议正确地分析革命形势，在根据地建设方面纠正一些过左的做法，制定比较符合实际的斗争策略。加之此时粤桂军阀混战，客观形势有利。因此，大会以后，东江革命力量迅速发展。大会还改选东江特委，以卢济、林国英、杜式哲为常委，卢济为书记。8月初，补选古大存为特委常委兼军委书记。

7月31日 经中共中央同意，广东省委决定取消中华全国总工会南方办事处，成立中共广东省委工委，由陈郁、邓发等5人组成，陈郁任书记，邓发兼任香港工人代表会党团书记。

8月中旬 琼崖苏维埃和各县代表联席会议在定安县内洞山召开。出席会议的有琼崖苏维埃主席王文明和澄迈、定安、琼东、琼山等县和琼崖红军的代表。会议总结1928年以来琼崖革命斗争失败的教训，通过了《各县代联会决议案》，纠正以城市工作为中心的错误，确定党的工作重点必须以农村为中心，恢复和建立被敌人破坏的各级党组织和苏维埃政权，壮大红军，建立农村革命根据地，实行土地革命。会议决定成立琼崖临时特委，推选王文明、冯白驹等9人为委员。这次会议对琼崖特委长期坚持农村革命根据地的斗争具有重要意义。

8月24日 中国共产党杰出的农民运动领袖、中共中央政治局候补委员彭湃，中央政治局候补常委、中央军事部部长杨殷在上海被捕，30日，在龙华英勇就义。同时被捕和牺牲的还有颜昌颐、邢士贞等。中共广东省委于9月发出文件，要求全体党员坚决贯彻执行党中央通知，号召广大群众起来反对国民党的白色恐怖，并在海陆丰等地举行追悼大会。

8月 在东江苏区革命形势的影响下，驻饶平的国民党军队蒋光鼐第六十一师戴戟旅一个连80多人举行起义后投奔苏区，中共饶（平）（平）和（大）埔县委把该连起义士兵改编为红军独立连。10月，中共东江特委以该连为基础，并补充饶平、大埔部分地方武装，扩编为东江红军第四十八团。

10月13日 中共广东省委召开会议，作出请求中共中央开除陈独秀党籍的决议。决议分析批判8月上旬陈独秀写给中共中央两封信中的错误观点，指出陈独秀已采取托洛茨基主义的反动立场，"进行分裂党、破坏党的反革命工作"。11月5日，广东省委又作出《接受中央〈关于反对党内机会主义与托洛茨基主义反对派的决议〉之决议》。11月15日，中共中央政治局召开会议，通过了《关于开除陈独秀党籍并批准江苏省委开除彭述之、汪泽楷、马玉夫、蔡振德四人决议案》，并通报全党。广东各地的中共地方组织都讨论并拥护省委和中央的上述决议。

10月中旬 中共东江特委先后发布《关于苏维埃财政问题》《关于没收分配土地问题》《苏维埃各种法令》通告，规定对豪绅地主的土地、财产实行没收，分给无地或少地的农民。但不侵犯小商人及小资产者的利益，不没收资产阶级的财产，而采取征税的办法等项政策，使根据地得到巩固和发展。到1930年初，东江苏维埃区域已发展到17个县，形成揭（阳）丰（顺）（五）华（即八乡山）、海（丰）陆（丰）惠（阳）紫（金）、五（华）兴（宁）龙（川）、梅（县）（大）埔丰（顺）等数块较巩固的苏区，建立寻邬、龙川、梅县、兴宁、五华、丰顺、大埔、潮安、惠阳、紫金、海丰、陆丰等10多个县级和一大批区、乡的苏维埃政权，苏区人口约50万人。并建立东江红军正规军第四十六、四十七、四十八、四十九、五十二5个团，共2300多人，各乡赤卫队1.6万多人。东江地区的革命斗争又开始高涨。

10月下旬 遵照中共中央指示，朱德率红四军3个纵队从闽西进入东江，转战大埔、蕉岭、梅县、丰顺等县，占领蕉岭、梅县县城。中共东江特委组织东江红军第四十六、四十七团相机配合。陈毅赴上海参加中央会议后，回闽西途经东江，参与指挥红四军行动。红四军进占梅县县城后，颁布以毛泽东、朱德、古大存、陈魁亚、刘光夏、朱子干、陈海云7人为主席团成员联名签署的《东江革命委员会关于公布执行土地政纲的布告》，对东江地区的土地革命起到推动作用。红四军离开东江时，留下一个大队的兵力和政工干部共150余人以及一批武器，加强和充实了东江地区的武装力量。

10月 中共广东省委决定撤销广州市委，成立中共广州特别支部，以黄才为书记。

11月上旬 中共广东省委常委、省委军委书记聂荣臻到东江巡视工作，指示东江特委要利用秋收斗争继续发动广大农民，扩大游击战争的区域，对东江苏区工作和东江特委的领导机构作出新的调整。

11月中旬 中共广东省委派李一鸣为北江巡视员并负责恢复中共北江特委，由李一鸣兼北江特委书记。

11月 中共琼崖临时特委和团琼崖特委召开联席会议，决定以王文明、冯白驹、傅佑山3人为中共琼崖特委常委，王文明为书记。此时，王文明身染重病，由王文明推荐冯白驹主持特委工作。在8月内洞山会议关于党的工作重点必须以农村为中心的方针指导下，琼崖党组织得到迅速恢复。同年冬，除恢复原有的乐会、琼东、定安、文昌、琼山、澄迈、万宁、陵水8个县委外，还新建立临高、文北2个临时县工委，在母瑞山成立红军军政学校。次年春，又建立海口市郊委，红军独立团发展到两个营，红军人数达500人。1930年1月，王文明病逝于母瑞山，由冯白驹接任特委书记。

中共琼崖特委书记冯白驹

12月28日 广州手车工人4000余人包围广州市公安局，提出减低车租、取消按柜金等3项要求，并准备罢工。31日，中共广东省委为此发出《一致援助广州手车工友的斗争》的号召，号召工人阶级及劳苦群众团结起来，援助手车工友的斗争，以全体工人阶级的斗争来反抗阶级压迫。这一斗争一直坚持到1930年1月7日，终于取得胜利。

12月 为加强中共广东省委和香港工作的领导，中共中央决定广东省委由常委6人组成，以卢永炽为书记，贺昌为宣传部部长，邓发为组织部部长，陈郁为工委书记，以上4人为正式常委，候补常委2人：聂荣臻为军委书记，黄甦为巡视员。又决定撤销香港市委，设两个区委，直接由广东省委领导。

12月　中华全国总工会与香港出席第五次全国劳动大会的代表讨论通过了《香港工作决议案》，提出组织和发动广大工人群众，建立船厂、海员、铁路等产业工人工会，消除黄色工会的影响是香港工会工作的主要任务。在领导工人斗争中，只有把反帝国主义与群众的经济斗争联系起来，党领导的工人运动才能有所发展。

1930年

2月 中共中央派罗登贤担任广东省委书记，李富春任组织部部长，李子芬任宣传部部长，陈郁任工委兼海员工委书记。中央还决定调贺昌、聂荣臻到中央，另行分配工作。

3月下旬至5月 红四军所属各纵队和红六军第二纵队等部在赣南和粤东北地区开展大规模分兵游击活动。4月1日，攻占南雄县城。5月14日，红四军第一纵队从寻邬挺近平远，先后分兵到五华、兴宁等县。其时，闽西革命根据地的红十二军分三路从永定县向大埔县出击，历时一个多月，打通了闽粤边境的永定、平和、大埔、饶平等县红色区域。

4月15日 中共琼崖特委在定安县母瑞山召开第四次党代表大会。中共广东省委派邓发参加这次大会。会议选举冯白驹为特委书记，并作出发展农村革命根据地，深入开展土地革命，扩大红军力量、建立红军独立师等多项决议。到秋天，琼崖根据地已恢复乐会、万宁、琼东、琼山、文昌、陵水、定安、澄迈等县苏区，并开辟临高、崖县等新苏区。8月，召开全琼第二次工农兵代表大会，选举产生第二届琼崖苏维埃政府，以陈骏业为主席（后叛变）。同月，琼崖工农红军独立师在母瑞山成立。9月，经中华苏维埃第一次全国代表大会筹备委员会命名为中国工农红军第一独立师（后正式定名为第二独立师），以梁秉枢为师长，杨学哲为政委（后为陈振亚）。独立师下辖2个团、1个独立营。不久，扩编为3个团，兵力1300多人。

4月 中共中央决定在广东设立中央军委南方办事处，受中央军委领导，代表中央军委指导闽、粤、桂、滇各省的军事工作。广东省委军委由南方办事处兼，杨剑英任军委南方办事处主任。

4月 中共广州特支改建为中共广州市委，以杜式哲为负责人。5月下旬，市委机关被敌人破坏，杜式哲被捕后牺牲。

5月1日 东江第一次工农兵代表大会在丰顺八乡山召开。出席大会的代表184人，广州、琼崖、粤北等地的代表也应邀参加大会。中共广东省委派林道文前往指导。大会由中共东江特委常委兼军委书记古大存主持。林道文传达中央军委和广东省委建立东江苏维埃政府和红十一军的有关决定。大会讨论通过了关于没收分配土地，取消反动政府的一切捐税、取消田契及债约，禁止买卖婚姻和婚姻自由以及劳动法令等多项决议案。大会宣布成立东江苏维埃政府，选出委员45人，候补委员15人，其中常委15人，组成东江苏维埃政府执行委员会，以陈魁亚为委员长，古大存、陈耀潮为副委员长；大会还正式宣布成立中国工农红军第十一军，任命古大存为军长，颜汉章为政委（后为吴炳泰），龚楷为参谋长（后为严风仪、梁锡祜），罗欣然为政治部主任。红十一军下辖东江地区原有红军5个团，兵力共约3000人。

5月16日 在中共潮安县委领导下，潮安县庵埠船业工人5000多人为反对当地反动政府抽收船牌捐和强迫船业工人加入黄色工会，举行罢工。22日，中共广东省委指示东江特委和潮安县委要积极领导这次斗争，推动铁路、轮渡、市政、瓷业工人的工作，以实现潮汕工人同盟罢工。并肯定了这次罢工斗争"在整个东江工作上有很大的意义"。这次罢工坚持了9天，结果取得胜利，5月间，广州、香港、汕头、海口、韶关等城市的工人在当地党组织的领导下，也相继爆发罢工斗争。

5月中旬 闽西革命根据地的红十二军分三路从永定县向大埔县出击，历时一个多月，打通了闽粤边境的永定、平和、大埔、饶平等红色区域。

6月11日 在中共中央政治局常委兼宣传部部长李立三主持下，中共中央政治局会议在上海召开。这次会议通过的《新的革命高潮与一省或几省的首先胜利》的决议，标志着以李立三为代表的"左"倾冒险主义错误在党中央占据统治地位。李立三等认为湖北、江西、广东三省更有早日实现胜利的可能。不久即制定以武汉为中心的全国总暴动和集中红军进攻中心城市的计划。为夺取广州，"实现广东的革命政权"，决定红十一军、红十二军以广州为目标，向惠州、广州发展；广西的红七军由柳州向小北江发展，再向广州前进；琼崖红军由海口向西北推进，威胁广州。随后，又将党、团、工会的各级领导机关合并为准备武装起义的各级行动委员会。15日，中共广东省委和中央军委南方办事处致函东江、惠属两特委和红十一军、红十二军军委，传达5月间中共中央召开的全国红军代表大会关于红军问题的决定，要求红十一军、红十二军以夺取广州为唯一目标，东江红军要在三个月内发展到5万人，并决定将红十一军编为两个师，彭桂任第一师师长，梁秉枢任第二师师长。东江的红十一军和闽西的红十二军共同组成一前委，以颜汉章为书记。并成立军团总指挥部，红十一军军长古大存任代总指挥，作为公开的指挥机关。接着，东江红军在敌强我弱之下，仍对潮安等城镇多次展开强攻，致使红军遭到很大损失。年底，中共东江特委机关迁到大南山后，八乡山根据地也随之丢失，东江革命根据地的领导中心遂由八乡山转移到大南山。

6月 根据中共广东省委的指示，在海丰、陆丰、惠阳、紫金四县革命委员会的基础上，成立东江苏维埃惠州十属特别委员会，在东江苏维埃政府的统一领导下，指导海陆惠紫以及博罗、龙川、河源、和平、连平、新丰等县的苏区工作。

8月5日 中共广东省委召开临时常委会，讨论省委书记罗登贤到中央开会后的省委组织问题，决定卢永炽、李富春、林道文为常委，黄庭、陈舜仪为候补常委，由卢永炽任书记，李富春任组织部部长，林道文任宣传部部长，黄甦任职委书记，陈舜仪任农委书记兼组织部副部长，杨剑英任军委书记，江惠芳、叶景芳、蔡畅任妇委。8日，省委就上述决定向中央作报告。

8月上旬 中共中央决定成立南方局，负责领导广东、广西、闽南等地党组织。12日，罗登贤从中央开会回到香港后，主持召开南方局第一次会议，宣布正式成立南方局，以罗登贤为书记兼工委书记，卢永炽为组织部部长、陈舜仪为副部长，林道文为宣传部部长兼农委书记，李富春为党报委员会主任、贺遵道为副主任，周秀珠为妇委书记，饶卫华为秘书长。

8月26日 广东省行动委员会给中共琼崖特委发出指示，命令琼崖特委必须在争取全岛地方暴动的前提下，全力夺取海口，迅速渡海向南路发展，配合广东省行动委员会夺取广州，并指责琼崖特委"严重右倾"。琼崖特委为此召开扩大会议，会议在不得不作出进攻海口计划的同时，强调要继续"巩固老区，发展新区"。9月28日，广东省行动委员会再次指令琼崖特委要马上夺取海口市，还要求琼崖特委在两个月内将红军扩大到4.5万人，赤卫队发展到10万人，在三个月内吸收党员1万人。在此情况下，琼崖特委只好命令红军独立师一部向海口进军，结果受挫。

8月 为要求增加工资，改善工作条件，香港工人代表会领导香港5万名建筑业工人举行大罢工。后被黄色工会欺骗，结果罢工斗争失败。九十月间，香港电灯、电气、汽车、印务、卫生等行业的工人也爆发罢工斗争。

9月下旬 中共中央在上海召开六届三中全会。会议在瞿秋白、周恩来主持下，纠正李立三的错误，结束了以李立三为代表的"左"倾冒险主义错误的统治。南方局罗登贤、周秀珠、李富春等出席了会议。罗登贤当选为中央政治局候补委员。会后，罗登贤、周秀珠留中央分配工作。随后，广东省各级行动委员会取消，恢复党、团和工会原有的组织系统，停止李立三"左"倾冒险主义计划在广东各地的执行，从而使根据地的工作又有了新的发展。据1931年春的统计，全省党员约1万人（主要在苏区）。

秋冬间 李一鸣调离北江，中共广东省委派彭叙为中共北江特委书记。

秋冬间 在周恩来亲自组织领导下，中共中央交通局开辟一条由上海—香港—汕头—大埔—福建永定，进入中央苏区的秘密交通线。这条交通线在南方局、广东省委的协助下，一直坚持使用到1934年10月中央红军长征。在此期间，由这条交通线进入中央苏区的重要领导干部共有200多人，其中有周恩来、刘少奇、叶剑英、邓小平、陈云、刘伯承、博古、瞿秋白、任弼时等党和红军的领导人以及共产国际驻中共中央军事顾问李德等。交通线还秘密地向中央苏区输送大量的军事、政治情报以及大批军用物资，有力地支援了红军和中央苏区建设。

10月底11月初 中共中央南方局派遣李富春（大盛）和邓发到东江大南山召开闽粤赣边第一次党代表会议。会议主要讨论把闽粤赣边区三省的根据地连成一片，使根据地巩固和发展的问题。会议决定成立中共闽粤赣边区特委，由邓发任书记；撤销中共东江特委和中共海陆惠紫特委，东江地区下设西南、西北分委，归边区特委领导。12月，邓发赴闽西后正式成立闽粤赣边区特委（后改称福建省委）。此后，东江地区的工作由原东江行动委员会主席颜汉章主持。

1931年

1月7日　根据共产国际的指示，中国共产党六届四中全会在上海召开。会上，陈绍禹（王明）等在共产国际代表米夫的支持下，提出一系列比李立三的冒险主义还要"左"的错误观点。他们通过这次会议取得了在中共中央的领导地位。29日，中华全国总工会派巡视员李振瀛来香港进行分裂党的活动。中共广东省委对此进行抵制，并立即报告中央，使这一分裂活动没有在广东造成不良后果。

1月15日　中共苏区中央局划定了闽粤赣边区革命根据地的范围包括"闽西、广东东北、赣东南一部"。4月4日，《中共中央给闽粤赣特委的信》进一步确认"闽粤赣是整个中央区的一部分"。

1月中旬　邓小平、张云逸、李明瑞率领红七军从广西经湖南进入广东，转战粤北的连山、连县、阳山、乳源、乐昌、仁化等县，占领连县县城连州外城。在乳源县梅花圩与国民党粤、湘军3个团进行激烈的战斗。2月上旬，红七军分别由仁化、乐昌进入江西中央苏区。

1月　由于中共广东省委妇委江惠芳和省委机关交通员莫叔宝（葆）先后被捕叛变，从14日起，广东省委各机关、中央驻香港特科机关及香港市委相继被破坏，省委负责人卢永炽、林道文、陈舜仪、杨剑英及机关工作人员共50多人被捕。16日，李富春等决定组织广东临时省委，以李富春、杨捷芳、袁策夷（袁仲贤）3人为常委，李富春为代理书记。并向中共中央报告广东省委、中央特科机关及香港市委被破坏的情况。随后，临时省委采取紧急措施，将进行活动有困难的人员调离香港。并要求中央派人到广东充实省委领导机构。2月6日，临时省委决定由李富春、杨捷芳、黄连奕、邓大理、徐德5人重新组织省委，以李富春为书记兼宣传部部长，杨捷芳为组织部部长，徐德为军委书记，邓大理为职委书记，邓拔奇（邓安伯）为秘书长。此后，中共广东临时省委机关逐步转入正常工作。

1月 中共北江特委书记彭叙到香港向广东省委汇报情况后留省委工作。随后，省委派黎凤翔主持北江特委。8月，黎凤翔在韶关被捕牺牲，北江特委停止活动。夏，彭叙从香港回到曲江，建立中共曲江县委（亦称"北江县委"或"北江工委"），领导北江各县工作。

2月12日 中共广东临时省委召开常委会议，传达讨论党的六届四中全会决议，作出《关于接受四中全会决议和反右倾斗争》的决议。15日，临时省委常委写报告给中央政治局，表示省委拥护四中全会领导全党深入反"立三路线"的斗争，同时对四中全会决议及组织问题向中央提出不同的看法，认为"四中全会的决议对目前革命的形势和目前党的中心任务，没有充分的指出"。并且明确提出王明"对于实际工作的经验确是相当缺乏，希望中央对他的工作分配加以注意"。3月7日，中央常委会通过了《关于广东党的工作决议案》。在决议案中，中央肯定了广东省委抵制右派分裂活动是对的，同时批评广东省委对王明的看法是"带有过去立三路线之派别观念的影响"。决议要求广东党组织要根据国际路线与四中全会决议，彻底揭发"立三路线"在广东各种工作中的影响，予以无情的打击；要加紧两条战线的斗争，集中火力反对右倾机会主义与右派分裂党的行动；等等。3月29日，广东省委通过了《接受中央对广东工作决议的决议》。

3月18日至26日 琼崖第三次工农兵代表大会在万宁县召开。大会讨论目前革命形势和苏维埃主要任务与策略路线、土地问题、工农武装问题、红军问题、经济政策、外交政策、群众组织与工作等问题；讨论和同意《中华苏维埃共和国宪法大纲草案》、中华苏维埃共和国《土地暂行法（修定）》、《劳动法令（草案）》等；并通过了琼崖各级苏维埃政府条例等，选举产生第三届琼崖苏维埃政府委员31人，常委9人，以符明经为委员长。苏维埃政权因而得到较快恢复和发展。到4月，琼崖根据地先后恢复和建立澄迈、定安、琼东、乐会、万宁、陵水6个县的苏维埃政府，琼山、文昌、临高3个县建立县苏维埃筹备委员会，建立区苏维埃政府、区苏维埃筹备委员会58个，乡苏维埃政府251个，乡苏维埃筹备委员会129个。

3月下旬 李富春到上海向中共中央汇报工作后回到香港。根据中央决定，成立由李富春、杨捷芳、章汉夫（谢启泰）、徐德、邓拔奇组成的中共两广省委，以李富春为书记。

3月下旬 中共两广省委决定恢复中共东江特委。5月，东江特委召开会议，根据两广省委的指示，决定取消西南、西北两分委，以徐国声为东江特委书记。

春 中共两广省委决定撤销湘粤边工委，恢复成立湘南特委，书记尹子韶（8月起由王涛接任）。湘南特委由两广省委领导，机关驻乐昌坪石（广东）。特委下辖郴县、桂阳、宜（章）乐（昌）、耒阳4个县委和宜章县工委。由于地理上的关系，到1933年4月止，湘南特委实际上受两广省委（两广工委）和湘赣省委的双重领导。

4月 中共广州市委再次被撤销，成立中共广州特支。

5月1日 中共琼崖特委在乐会县成立中国工农红军第二独

立师女子军特务连（后被誉为"红色娘子军"），以庞琼花为连长，王时香为指导员。女子军特务连下辖3个排，共100余人。不久，又扩建女子军特务连第二连。

海南岛红色根据地的女战士

5月15日　中共琼崖特委召开第三次扩大会议。会议总结1930年底在李立三"左"倾冒险主义错误指导下进攻海口失败的教训，重申党和红军必须坚持农村斗争，深入进行土地革命，巩固和发展农村根据地。到年底，琼崖红军发展到2000多人，根据地人口达100万人。除原有的琼崖军政学校外，还创办琼崖高级列宁学校，出版《琼崖红旗》《琼崖苏维埃》《布尔什维克的生活》《工农兵》等刊物。这是琼崖革命根据地的全盛时期。

5月　李富春调中共中央工作，由蔡和森任中共两广省委书记，章汉夫（谢启泰）任宣传部部长，凯丰（何克全）任团省委书记。6月10日，蔡和森被捕。19日，章汉夫向中央报告，已将一部分不便进行活动的同志送往苏区，由章汉夫任代书记，潘洪波代组织部部长，袁策夷（袁仲贤）代军委书记。蔡和森被引渡到广州后于8月4日遭杀害。

9月18日　日本帝国主义侵占中国沈阳，制造九一八事变。9月20日和22日，中共中央接连发表反对日本帝国主义侵略中国的宣言。中共两广省委也于20日和22日接连发表通告和宣言，反对日本帝国主义的侵略行径。22日，中山大学师生员工2000

多人召开反日大会，倡议全市各校召开反日大会，举行示威游行，开展广泛的抗日宣传，对日实行经济绝交。随后，广州各大中学校相继召开反日大会和成立抗日救国会。24日，

广州学生游行示威，抗议日本侵略中国东北

广州学生抗日运动联合会在中山大学成立。26日，该会组织全市各校学生2万多人在中山大学举行盛大集会。会后，举行示威游行。同日，广州市新闻界2000多人也举行抗日示威游行。30日，广州市各校实行停课，分赴市内各街道开展抗日宣传动员。与此同时，广州商界也宣布拒售日货，对日实行经济绝交。

　　秋　为贯彻中共中央和广东省委关于开展反"AB团"和社会民主党的指示，中共东江特委在根据地内全面开展"肃反"运动。接着，琼崖根据地于1932年1月也开展反"AB团"和社会民主党的斗争。由于在错误"肃反"中，混淆了敌我矛盾，轻信坏人和采取逼、供、信的错误做法，伤害了一大批党政军的领导干部和骨干分子，严重地削弱了党和红军的力量。在东江革命根据地，这场"肃反"运动虽曾受到部分地区党组织的抵制，但时断时起一直延续到1935年仍未完全停止，许多干部被错杀，其中包括原红十一军政委吴炳泰、参谋长龚楷，东江特委组织部部长颜汉章等领导人。原红十一军军长、东江苏维埃政府副委员长古大存也曾被扣押，致使党和革命力量受到严重摧残。到1932年秋，东江特委领导下只有6个边区县委，党员约3000人。根据地日趋缩小。

10月10日 "九一八"后，广州学生及人民群众抗日救亡和抵制日货情绪空前高涨。当日，中山大学附中学生抗日宣传队及部分群众在广州市永汉路（今北京路）制止奸商售卖日货时，惨遭当局武力镇压，死10余人，伤近100人，被捕100多人，制造震动全国的"双十惨案"（又称"永汉路惨案"）。翌日，中山大学学生及各界群众数千人携受害者血衣向广州国民政府请愿，强烈要求当局惩办镇压抗日运动凶手，抚恤被难者，保障抗日民众运动。12日开始，中山大学以及各大中学校实行罢课。在当局多方压制下，到10月下旬，广州各校才完全复课。

11月7日至20日 中华苏维埃第一次全国代表大会在江西瑞金召开，成立中华苏维埃共和国临时中央政府。东江苏维埃政府代表余登仁、琼崖苏维埃政府代表曾昌鸾等出席了大会。古大存被选为临时中央政府执行委员。

12月7日 广州全市50多间学校共2万多人在中山大学举行抗日示威运动大会。大会分别通电广州和南京国民政府，要求南、北政府一致对外，援助东北马占山抗日部队，实行对日宣战。会后，举行示威游行。17日，广州30多间大中学校学生万余人再次到广州国民政府请愿。

12月15日 为反对国民党汕头市当局压制学生参加抗日运动，汕头市数千名学生举行集会，要求政府出兵抗日，援助东北抗日将士，保障学生参加抗日运

广州学生举行抗日集会

动自由。并决定成立岭东学生抗日联合会。会后，举行示威游行。部分学生激于义愤，包围并捣毁压制学生参加抗日运动的国民党汕头市党部。

12月28日 由于中共广东省委代理书记章汉夫（谢启泰）被捕，省委常委召开紧急会议，决定由陆更夫、潘洪波等组织两广临时省委，由陆更夫任代书记，并兼任宣传、军委工作，潘洪波负责组织兼任秘书长（后由王兰英任秘书长），廖亦通（廖多汶）负责职工部。

1932年

1月9日 在"九一八"以后的全国抗日救亡浪潮的影响下，中山大学高中部学生李克筠、吴华（吴永年）、邓克强等人成立"中山大学抗日剧社"，其宗旨为团结广大学生致力抗日宣传。随后，剧社成员还组织"苏维埃之友会""新兴读书会"，其会员发展到广州其他学校。在此期间，中山大学抗日剧社得到在广州进行地下活动的中共秘密党员陈黄光的指导。

1月中旬 广州学生组成代表团奔赴南京请愿，向国民党政府提出准许军队开赴东北收复失地；惩处守土失职人员；准许民众爱国运动自由等9项要求，并与北平、天津、上海等地学生代表团举行联合大示威，捣毁国民党中央党部。

1月28日 日本侵略军进攻上海。国民党驻军第十九路军在蔡廷锴、蒋光鼐率领下，违抗蒋介石的命令，奋起抗战。蒋介石国民党屈服于日本帝国主义的压力，极力破坏淞沪抗战，镇压抗日运动。2月初，广州学生抗日运动联合会致电南京国民党政府，强烈要求当局对日宣战，收复东北失地，反对不抵抗主义。与此同时，广东各界人民纷纷向十九路军

在闸北驻防的十九路军战士英勇抗击日军

捐款捐物，激励其奋勇抗敌。

3月12日 国民党粤军陈济棠部张瑞贵师3个团与地方警卫队共4000余人，向东江革命根据地的中心地区、中共东江特委所在地大南山"围剿"。东江红军独立师第二团和地方赤卫队围歼敌军一个独立团，消灭敌副团长以下近百人，击溃100多人。4月18日，中共东江特委在大南山召开扩大会议，讨论冲破敌人"围剿"与发动春荒斗争等问题，并改组特委，选李茂崇为书记。此后，在反"围剿"斗争中，东江特委虽然在组织上进行了一些调整，但是，由于始终未能抵制"左"倾错误的影响，在强大敌人持久的残酷进攻下，从1933年初开始，东江革命根据地逐渐缩小。

3月16日 由于中共两广省委常委、省委驻香港特派员廖亦通被捕叛变，致使省委机关遭到重大破坏，中央巡视员翁泽生（翁定川）、两广省委书记陆更夫、省委秘书长王兰英（王文灿）、妇委余一梦、广州特支书记杨涨章等被捕。此后，由团中央巡视员唐洵和省委常委潘洪波等组织中共两广临时工作委员会。7月中旬，陆更夫从香港被引渡到广州杀害。

3月 赴香港向中共两广省委汇报工作的广西郁江特委书记詹恒（行）祥，因两广省委被破坏在香港被捕叛变，郁江特委及其所属各地党组织相继被破坏。此后，广西地区党组织与中央和广东失去联系，只有原郁江特委委员陈岸等一些党员在当地坚持斗争。

3月 中共广州特支被破坏。随后，广州党组织停止活动。

7月上旬 毛泽东、朱德、王稼祥率领中央红军主力一、三、五军团及闽西军区、江西军区红军，与国民党粤军陈济棠部主力余汉谋第一军19个团，蒋介石部陈诚第十八军2个师、第三十八军1个师激战于南雄水口、梅岭（梅关）及赣南池江、大庚等地。南雄党组织领导游击队和群众踊跃参加支前工作，积极配合红军作战。此役，红军击溃粤军10余个团，予敌以重创，红军方面也损失颇大，史称"南雄水口战役"。

8月 陈济棠派陈汉光率一个警卫旅及一个空军分队"围剿"琼崖革命根据地。8月上旬，敌军主力向根据地中心母瑞山进攻。由于中共琼崖特委在根据地内错误开展反"AB团"和社会民主党运动造成的消极影响，以及在强敌面前军事上的失策，红军主力在突围中遭到很大损失，独立师政委冯国卿、师长王文宇先后牺牲。各级党组织和苏维埃政权也遭受严重摧残。到1933年初，除冯白驹和符明经领导100多人在母瑞山继续坚持斗争以外，各地只有少数分散的党员和红军就地坚持活动。从此，琼崖党组织与广东省委和中央便中断了联系。

终与敌人激战弹尽粮绝被俘的红色女子军连战士

秋冬间 广州地区一批进步知识分子先后成立、创办一批文化团体和刊物，以文艺为武器开展左翼文化和抗日救亡运动。何干之(谭秀峰)、谭国标、温盛刚、郑挺秀、何仁棠等人成立"世界情势社"和"一般文化社"，出版《世界情势》《一般文化》；欧阳山等人成立"广州文艺社"，出版《广州文艺》；潘皮凡等人成立"一般艺术社"，出版《一般艺术》；欧阳予倩、袁文殊等人成立"前卫戏剧家同盟"，出版《万人周刊》；凌伯骥、赖寅倣等人成立"中山大学文艺研究会"，出版《新启蒙》；饶彰风（严蒲特）、杜埃等人创办《天王星》杂志。此外，一批进步青年和学生还组织许多各种类型的读书会，与上述社团一起开展左翼文化和抗日救亡运动。

9月27日 中共两广工作委员会召开会议，决定分工如下：书记潘洪波，组织部部长陈允材，组织干事陈均华（参加常委会），宣传部部长徐国声，军委书记钟鼎（刘均，后叛变）。

9月28日 中共中央给两广工委发出指示，认为广东党内"尤其严重的是右倾危险"，批评两广工委"自四中全会后没有坚决的有系统的领导党内的思想斗争"，指责两广工委没有进行中心城市的工作，"却拿了最大部分力量于东江和琼崖"；要省委加强党内两条路线的斗争和加强中心城市的工作。中共两广工委为贯彻中央"左"倾机会主义的错误指示，曾先后几次给东江特委、惠阳县委、曲江县委发出指示，批评他们右倾，并指令各特委、县委要无情地开展两条路线的斗争。

12月中旬 中共两广工委书记潘洪波被捕叛变，党、团两广工委和香港市委机关又一次遭到破坏，两广工委组织部部长陈允材、常委陈均华，团两广工委代理书记刘来（刘志远）等20多人被捕。

1933年

1月中旬 中共两广工委和香港市委机关被破坏后，团两广工委负责人赵任英和中共香港市委林德隆等人组织中共两广临时工作委员会。此时，两广临时工委与中央和各地党组织联系中断，在白色恐怖极端严重的情况下，遂先后派出赵任英、陈更生、李大章等到上海及江西中央苏区寻找与党中央的联系。

2月 东江红军在反"围剿"斗争中损失很大，继1932年冬中共东江特委秘书杨善南和白希（邓拔奇）等在大南山林樟乡与进攻之敌激战，壮烈牺牲之后，东江苏维埃政府委员长陈魁亚等在松柏林村与前来围捕之敌血战，10多人全部壮烈殉难。东江特委决定将红军独立二师和部分地方武装合编为东江工农红军第一、二路军，第一路军总指挥古大存，第二路军总指挥卢笃茂。10月间，东江特委再将红军改编为东江游击总队，由周友初任总队长，古大存任政委，卢笃茂任参谋长。

4月 由于中共两广临时工委部分领导人离开广东寻找中央联系，两广临时工委暂由林德隆和林超二人负责。随后，在两广临时工委难以正常开展工作的情况下，党、团两广临时工委和中共香港市委联合组成新的中共两广临时工作委员会，以陈应同为书记，蔡步墀（后叛变）为组织部部长，林德隆为宣传部部长，吕利（吕丽）为组织和宣传干事。年底，两广临时工委几经辗转，与中央重新取得联系，并同时与大部分下级党组织建立交通联系，重建被打散的香港各产业支部。两广临时工委的工作又重新开展起来。

4月 在中共两广临时工委领导下，香港文艺研究会成立，出版《前哨》。秋，改为"新兴读书会"。到1934年春，又成立4个分会，会员100多人，出版《新泉》。此外，还有"国语研究会"和"华仁书院文学研究会"，共有会员100多人，从事文化战线上的斗争。

4月 广州各左翼文化团体通过各种关系与上海"社联""左联"等文化团体取得联系，于4月底正式成立中国左翼文化总同盟广州分盟（简称广州"文总"），由何干之（谭秀峰）任分盟书记，温盛刚负责宣传工作，谭国标负责组织工作。广州"文总"下辖"中国社会科学家联盟广州分盟""中国左翼作家联盟广州

中国左翼文化界总同盟广州分盟集体被杀害于黄花岗七十二烈士墓旁的六烈士

分盟""中国戏剧家联盟广州分盟"。这些团体在中共的领导下，对团结进步青年，粉碎国民党的文化"围剿"，开展抗日救亡运动等方面起到积极的作用。1934年1月，广州"文总"及其下属组织遭到严重破坏，先后被捕60多人。5月，"中山大学抗日剧社"也被国民党当局查封而停止活动。8月，广州"文总"主要领导人温盛刚、谭国标、凌伯骥、郑挺秀、何仁棠、赖寅做等英勇牺牲。此后，广州"文总"停止活动。

4月 琼崖革命根据地反"围剿"失败后坚持在母瑞山斗争的中共琼崖特委书记冯白驹带领符明经（琼苏主席）、王业熹（琼苏秘书长）等25名干部战士突即下山，回到琼山县，与琼（山）文（昌）县委书记李黎明等会合，并充实琼崖特委领导机关。6月，中共琼崖特委召开会议，决定分头寻找分散在各地的党员，恢复党的组织，继续开展武装斗争。此后，琼崖根据地的工作又逐渐恢复。

1934年

1月22日至2月1日 中华苏维埃第二次全国代表大会在瑞金召开。东江苏区代表徐成、香港白区代表汪申以及南雄县代表出席大会。东江苏区的古大存、郑振芬被选为中华苏维埃共和国第二届中央执行委员会委员。

1月 中共两广临时工作委员会领导机构进行调整，书记郑怀昌，组织部部长黄昌，宣传部由林景春（林春）、陈光（陈华，原名吴敬业）负责。2月17日，两广临时工委召开会议，再次调整组织分工，由中央派来的钟仲衡指定郑怀昌为书记，黄昌、林德隆负责组织工作，陈光、林景春负责宣传工作。

1月 为粉碎国民党对中央苏区的第五次"围剿"，中共中央决定在敌人后方侧翼积极开展游击战争，在闽粤边成立中共闽粤边区特别委员会。闽粤边特委由中央直接领导，下辖原东江特委领导的潮（安）澄（海）饶（平）县委及原福建省委领导的饶（平）（平）和（大）埔县委、漳州中心县委，并由中共中央指定黄会聪为书记。8月，闽粤边特委召开第一次代表大会，正式成立闽粤边特委（驻闽），选举黄会聪为书记。此时，潮澄饶县委因未能与闽粤边特委取得联系，仍归东江特委领导。1935年9月，潮澄饶县委才与闽粤边特委取得联系，从此正式归其领导，并在当地坚持艰苦的游击战争，直至抗战全面爆发。

3月 中共两广临时工委派去中央苏区汇报工作的巫坤、林德隆先后回到香港，于3月21日召集会议，传达中共六届五中全会精神，及中共中央关于将两广临时工委改为香港工委以及派干部到中央苏区去学习等指示。遵照中央意见，中共两广临时工委改组为中共香港工作委员会，林德隆为书记，巫坤负责组织工作，陈光（吴敬业）负责宣传工作。郑怀昌等人则调中央学习。

8月 中共香港工委进行改组，由从中央学习回来的郑怀昌任书记，胡森任组织部部长，林德隆和陈光分别任组织干事和宣传干事。

9月中旬 中共香港工委机关遭到严重破坏，工委书记郑怀昌以及陈光等领导人先后被捕。接着，郑怀昌被杀害。中共在香港、广州等白区的组织被完全破坏。此后，作为广东省一级的党组织领导机构便被迫停止活动。

10月10日 中央红军从瑞金出发，开始长征。10月25日至11月14日，红一、红九军团等部突破国民党军队设在粤北的封锁线，经南雄、仁化、乐昌三县进入湖南宜章。红一、红九军团小股部队还曾进入连县，与敌发展战斗，于11月23日取道蓝山大桥进入江华地带与主力会合。红五军团三十四师在掩护主力通过湘江后，遭受重大伤亡，余部于12月下旬转入湘粤边的广东连县黄洞山、天光山及湖南临武县平溪洞等地开展游击战争。

12月 中共赣南省委决定成立中共信（丰）（南）康赣（县）（南）雄特委（1935年春改称"赣粤边特委"）和军分区（驻赣），领导广东的南雄和赣南的信丰、南康、赣县等县的工作，由李乐天任特委书记兼军分区司令员和政委，杨尚奎任特委副书记。1935年1月，李乐天等率领赣粤边特委机关和部队转移到南雄油山地区，与当地党组织和地方武装会合，建立油山游击根据地。1935年3月，苏区中央分局书记、中央军区司令员兼政委项英，中华苏维埃共和国中央政府办事处主任陈毅以及由蔡会文、陈丕显等率领的赣南省委和赣南军区机关先后从赣南突围到油山，与李乐天、杨尚奎等会合。此后，在南方三年游击战争期间，项英、陈毅直接领导以油山为中心的赣粤边根据地的游击战争，油山地区成为南方八省十几个游击区的重要区域。1936年1月下旬，李乐天在一次战斗中壮烈牺牲。

1935 年

1月15日至17日 中共中央政治局在遵义召开扩大会议。会议揭发和批评第五次反"围剿"和长征以来中共中央在军事领导上的错误，通过了中共中央《关于反对敌人五次"围剿"的总结决议》，纠正王明"左"倾冒险主义在军事上的错误，结束了王明"左"倾冒险主义在中央的统治，确立以毛泽东为代表的新的中央的正确领导，制定红军今后的任务和战略方针，从而在最危急的关头挽救了党和红军，是中国共产党历史上一个生死攸关的转折点，标志着中国共产党从幼年达到成熟。

4月 中央红军长征后，参加"围剿"中央苏区的广东军阀部队陆续返防广东，加紧对东江革命根据地的"围剿"，敌军以邓龙光一个师和地方反动武装重兵包围大南山。中共东江特委召开会议，讨论党的活动转入秘密工作的问题，决定分散突围，并选举李崇三为特委书记。五六月间，特委书记李崇三被捕叛变，在大南山地区周围活动的10多个游击小组也先后被破坏。至此，作为整体的东江革命根据地遂不复存在。古大存率领17名战士从大南山突围后，辗转于梅县、丰顺、大埔一带山区开展游击活动，坚持隐蔽斗争，直至抗战全面爆发。

5月 中共上海临时中央局派宣侠父到香港，与1933年底发动福建事变后来到香港的原福建人民政府领导人李济深、陈铭枢、蔡廷锴、蒋光鼐等取得联系，从事抗日民族统一战线工作。秋，在中国共产党的影响下，李济深、陈铭枢、蔡廷锴、蒋光鼐等在香港成立"中华民族革命大同盟"，并创办《大众日报》，宣传党的抗日救亡的方针政策。宣侠父、梅龚彬等共产党员加入中华民族革命大同盟后，在该团体内建立党的组织。中华民族革命大同盟的建立，对推动粤、桂两省的抗日民族统一战线工作和抗日救亡运动起到积极的作用。

1935年7月，王均予等在广州创立中国青年抗日同盟

7月 中共上海临时中央局机关相继被敌人破坏。原在临时中央局文委发行科工作的王均予从上海转移到广州，与勤勤大学学生麦蒲费（邱萃藻）取得联系，并在广州进步学生中积极开展抗日宣传和组织工作，团结一批进步青年，成立"中国青年同盟"（简称"中青"，后改称中国青年报日同盟），广泛开展抗日救亡运动。随后，在东莞、澳门、肇庆、中山、新会、江门、阳江、番禺等地也相继建立"中青"组织。在此期间，中山大学以及广州的其他学校的进步青年张直心、吴超炯、杜埃、李群杰、杨康华等人，在党的影响下也成立"突进社""马列主义行动团""反帝反法西斯大同盟"等各种秘密的进步青年组织；陈勉恕（陈儒森）、李守纯等在高明合水整顿和发展该地的"力社"，并把该组织扩展到高明、鹤山、高要、新兴四县边区；周楠、石辟澜、唐章等在香港成立"香港救国会"；原在香港海员工人中成立的，由赤色海员总工会领导的公开群众组织"余闲乐社"，也在海员工人中积极开展抗日救亡活动。上述社团的建立和发展，为重建和恢复广东党组织打下了基础。

8月 以谷子元为书记的中共湘粤边工委以及以李林为大队长、林长春（张春林）为政委的湘粤边游击大队在湘、粤两省边境地区坚持武装斗争。

广州青年学生举行抗日救国示威游行

12月 广东学生热烈支持和声援"一二·九"运动。11日，广州市学生联合会发出通电，声援北平学生抗日救国运动。12日，中山大学和附中学生以及部分教员共4000多人举行游行示威，发表告全国民众书。游行后组织宣传队、纠察队、联络队，加强与全市各校之间的联络，学生们分别在市区和到农村进行抗日宣传。31日，中山大学及附中等大中学校学生共4000多人，再次举行全市性的示威游行，向西南政务委员会请愿，要求政府抗日。以"中青""突进社"为骨干的进步学生，在钱兴、曾生、粟稔、罗宗煌（罗哲民）、吴超炯、李群杰等领导下与破坏学生抗日运动的反动分子进行针锋相对的斗争。广州各大中学校学生轰轰烈烈的抗日救亡运动，得到社会各界的支持。中山大学进步教授何思敬、邓初民等积极支持学生的爱国行动。

1936年

1月9日 中山大学以及广雅中学、执信中学等广州各大中学校学生近万人举行"一二·九"运动以后第三次抗日示威大游行。游行队伍汇集到长堤"新填地"广场，召开广州全市学生抗日大会，

中山大学、广雅中学、执信中学等校学生举行抗日示威游行

许多工人和市民也闻讯参加，与会者达8万余人。大会成立广州市学生抗日救国联合会，中山大学学生曾生（曾振声）被推选为主席。会后，学生继续游行。行经惠爱西路时，学生对国民党广东省教育厅一向压制和破坏抗日救亡运动十分愤慨，部分愤怒的学生捣毁教育厅。

1月13日 广州中山大学、国民大学等校学生近千人举行第四次抗日示威游行。当游行队伍行至荔湾桥时，国民党反动派派出的武装特务、流氓大打出手，打伤和逮捕学生数十人，制造"荔枝湾惨案"。当晚，国民党广东省当局宣告广州全市戒严，并派出大批军警到各校逮捕学生。中山大学学生纠察队队长冯道先被逮捕后惨遭秘密杀害。中山大学教授何思敬、邓初民以及学生运动领导人曾生、钱兴等遭通缉。至此，学生的抗

日救亡运动受到严重挫折，大规模的公开的抗日爱国运动被镇压下去。

3月底 为加强共产党对北方工作的领导，中共中央决定派刘少奇到天津主持北方局工作。北方局大力肃清党内"左"倾错误影响，正确地贯彻执行抗日民族统一战线政策。并采取隐蔽精干的方针，将党的秘密工作和群众的公开半公开活动既严格区分，又正确结合起来，使在国民党统治地区的白区工作得以恢复和取得新的发展。在此前后，为恢复南方中共组织，北方局派遣薛尚实（罗根）到香港，着手进行以广东为主的南方党组织的恢复和重建工作。

春 经过冯白驹等人的艰苦奋斗，中共琼崖特委恢复和新建立一批党组织，琼崖革命力量进一步发展。5月，琼崖特委在琼山县召开第五次扩大会议，选举冯白驹、王白伦、黄魂为常委，冯白驹为书记。并决定成立琼崖红军游击队司令部，由朱克平任司令，王白伦任政委。

5月31日 全国各界救国联合会在上海成立。何思敬、周楠、石辟澜等人参加了成立大会。会后，何思敬、陈汝棠、李章达等人在香港成立"全国各界救国联合会华南区总部"（简称"南总"或"华南救国会"），在粤、桂两省联合各抗日救亡团体，团结各界进步人士，进行抗日救亡运动。中共中央北方局派到南方恢复和建立党组织的薛尚实加入"南总"后，担任组织部部长，并首先通过"南总"在香港、广州、广西等地恢复和发展一批党员，建立共产党的组织。

6月 国民党两广实力派陈济棠、李宗仁、白崇禧等打起"北上抗日"旗帜，组织抗日救国军，于6月初出兵湖南，企图争夺南京国民党政权。7月，陈济棠因其部属倒戈而被迫下台。在蒋介石扶持下，由余汉谋取而代之。在此期间，中共中央、北方局、华南救国会分别派出云广英、王世英、薛尚实、何思敬等到广西。在中国共产党的影响和帮助下，李宗仁、白崇禧最终接受中国共产党建立抗日民族统一战线的主张，与蒋介石妥协，避免了内战的爆发。

1936年6月1日，陈济棠（右）宣誓就任"中华民国抗日救国军"总司令一职

夏秋间 在"一二·九"运动后，广州抗日救亡运动又迅速恢复。"中青""突进社"等组织得到进一步发展。与此同时，"广州民众歌咏团""广州艺术工作者协会"等一些公开的抗日救亡组织相继成立。随后，"中山大学抗日救亡协会"、"广州市学生联合会"（又称"地下学联"）也先后成立。以广州为中心的全省抗日救亡运动向着纵深发展。

7月 王均予与中共北方局取得联系后，恢复了党籍，并遵照北方局的指示，在广州重建中共组织。他首先以"中青"为基础，发展党员，建立党支部。接着，在中山大学、勷勤大学、广雅中学等广州大、中学校以及广州附近的东莞、中山、南海、新会、高要等县建立党组织。

9月 在广东各地抗日救亡运动蓬勃发展，一些地区的基层共产党组织先后恢复的基础上，薛尚实、饶彰风、莫西凡等在香港成立中共南方临时工作委员会（简称"南临委"），以薛尚实为负责人。随后，中共南临委创办机关刊物《大路》。中共南临委的成立，标志着中断了两年的中共广东省一级的领导机构已重新建立，广东和广西、福建、云南、贵州等省以及南洋党的组织活动开始恢复。

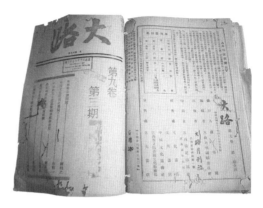

中共南临委机关刊物《大路》

10月 根据中共南临委的指示，中共高明第三小学支部改建为中共西江工作委员会，以刘曼凡为书记，继续在高明、鹤山、高要、新兴边区开展活动，并计划以此为基础，向整个西江地区发展。实际上，这个计划后来并未实现。

10月 中共南临委分别派李平、张直心到潮梅地区开展抗日救亡运动，恢复党的组织活动，重建党的领导机关。李平抵汕头市后，成立中国人民抗日义勇军大队部，由曾应之任大队长，李平任指导员。并恢复李碧山（即李班，越南人）的党籍。接着，李碧山在梅县也成立义勇军大队。张直心到达大埔后，也成立中共大埔县工作委员会，书记饶乃跃。

10月 中共南临委与厦门市工委书记尹林平取得联系，并通过厦门市工委与闽中特委（1937年2月被破坏后成立闽中工委）、闽粤边特委等闽西南党组织建立联系。此后，厦门市工委、闽中特委、闽粤边特委及其下属组织归中共南临委领导。同月，闽粤边特委书记黄会聪北上向党中央汇报工作，书记由何鸣代理。

11月上旬 广州文化界1000多人在中山大学附中举行追悼鲁迅逝世大会。中共南临委派饶彰风出席。大会表示要发扬鲁迅革命精神，为停止内战一致对外，扩大抗日救国联合战线而奋斗。

11月 中共香港工作委员会成立，南临委指定吴有恒任书记。1937年初，南临委在香港还成立文化特委，负责领导香港的《珠江日报》《大众日报》《香港日报》《工商日报》《超然》《民族战线》等报刊以及闽、粤、桂等省文教方面的党员和党组织，并与香港的华南通讯社、广西的民众通讯社、汕头的岭东通讯社、南洋星加坡的通讯社建立联系。

11月 中共南临委派李守纯到广西南宁，先后和已与上级党组织失去联系但仍坚持活动的中共郁江筹委会（1935年11月成立）和广西其他地区的党组织取得联系。11月间，在贵县召开中共广西省代表大会，成立中共广西省工委，以陈岸为书记兼组织部部长，彭懋桂为宣传部部长，滕雪心为妇女部部长。此后，广西地区的中共组织活动逐渐全面恢复。

12月 中共香港海员工作委员会成立，以丘金为书记，曾生负责组织工作。

12月 中共南临委决定，成立中共广州市委，由王均予任书记，罗范群为组织部部长，麦蒲费为宣传部部长，林振华为青年部部长，周明为职工部部长。随后，成立中共广州外县工作委员会，以麦蒲费为负责人。在中共广州外县工委领导下，先后成立以孙康为书记的中山县工作委员会，以谢阳光为书记的东莞县工作委员会。

曾生

1937年

1月　在潮梅地区党组织迅速恢复活动的基础上，经中共南临委批准，中共潮汕工作委员会在汕头市成立，由李碧山任书记，李平任组织部部长，曾应之任宣传部部长。在潮汕工委的领导下，汕头市工委和梅县工委也先后成立。此后，潮梅地区的党组织开始迅速发展。7月，中共潮汕工委改建为中共韩江工作委员会，李碧山为书记，李平为组织部部长，曾应之为宣传部部长，统一领导潮梅地区党组织。

3月5日　中共南临委发出给闽粤边特委的指示信，对有关建立抗日民族统一战线问题作出五点重要指示：一是为更快建立抗日统一战线，党中央已将"抗日反蒋"的口号改为"迫蒋抗日"。二是加紧向粤军官兵进行抗日宣传，促使和粤军谈判。三是在谈判中丝毫不能减弱我们扩大党与红军和组织。四是广泛开展抗日救国会工作，争取成千上万的群众到抗日行列中来。五是加强政治上、思想上教育，使党的组织、党员和干部提高建立统一战线的主动性和负责心。

4月　根据中共南临委指示，闽粤边特委决定与粤军一五七师黄涛部进行合作抗日的谈判，先派王祥（卢叨）与一五七师代表钟定天（具体负责谈判的是连长伍笃祺）在平和县举行首次谈判。双方各自阐明自己的观点和态度，由于一五七师缺乏诚意，未达成任何协议。

4月　闽西南军政委员会组织部部长方方，经汕头到香港，与中共南临委取得联系。接着，转赴延安，向中共中央报告和请示工作。

5月2日至14日　中共中央在延安召开党的全国代表会议（当时称为苏区代表会议）。毛泽东作《中国共产党在抗日时期的任务》和《为争取千百万群众进入抗日民族统一战线而斗争》的报告。会后，中共中央在延安召开党的白区工作会议，会议总结党在白区工作中的经验教训，批判"左"倾关门主义的错误，阐述党在白区工作中的基本方针和斗争策略。中共广州市委书记王均予参加了这次会议，并向中央汇报广州市和广东部分县党组织恢复与重建的情况以及在白区的斗争。中央肯定了广东党组织的工作。毛泽东的报告为广东党组织的发展和团结各界人士建立广泛的抗日民族统一战线指明了方向。

5月　中共南临委派李群杰到云南开展抗日救亡运动和发展党的组织。7月，在昆明市成立中共云南特别支部（即昆明支部），由李群杰任书记。与此同时，南临委与贵州一些已失去党组织联系的党员建立中共联系，并成立中共贵阳临时工作委员会，下辖7个支部。

夏　为推动抗日民族统一战线尽快建立，中共中央派张云逸到香港，向粤、桂国民党当局阐明中共坚持抗日民主的立场和建立广泛的抗日民族统一战线的主张，与粤、桂当局共商团结抗日大计。

夏　中共琼崖特委先后与中央和南临委取得联系，并在各县普遍建立党组织。在全琼13个县中，先后恢复和建立乐（会）万（宁）、文昌、琼（山）文（昌）、琼东、琼（山）澄（迈）、善集、琼（山）定（安）7个县委和海口市工委，临高、陵水县工委以及西南区临时工委，共有区委40个，共产党员600余人，共青团员100余人，红军游击队员约200人。中共琼崖特委自1932年遭受严重挫折后，坚持了五年艰苦卓绝的斗争，终于渡过难关，保住了革命红旗。

四、全民族抗日战争时期

（1937.7—1945.8）

1937年

7月7日　卢沟桥事变（又称七七事变）爆发。日本侵略军向北平郊区宛平县卢沟桥发动进攻，中国守军第二十九军一部奋起抵抗。从此，全民族抗日战争爆发。8日，中共中央发出通电，号召全国同胞、政府和军队团结起来，筑起民族统一战线的坚固长城，抵抗日本的侵略。卢沟桥事变的消息传到广东后，广东各界民众纷纷举行声援二十九军的活动。12日，广东八和粤剧协进会在广州海珠戏院演剧筹款劳军。15日，广州中山大学、省一中、市一中等学校爱国师生发表通电，声援二十九军的抗战壮举。

7月17日　广东各界民众举行御侮救亡大会。会上成立"广东民众御侮救亡会"，并发表通电。当天晚上，广州市各民众团体以及壮丁队、妇女队、少年先锋队、市民自卫队等共7万多人，手持火炬、旗帜，举行保卫广东的示威大游行。

7月25日　中共广东地方组织通过群众救亡团体，组织和发动广州市各界15万民众参加御侮救亡示威大游行。这是自七七事变以来

中共广东党组织通过抗日救亡团体组织和发动广州市各界民众约15万人举行御侮救亡示威大游行

广东规模最大的一次抗日救亡示威游行活动。

8月15日 在中共香港党组织的领导下，香港余闲乐社、崇义工会、叙兰别墅等60多个海员团体联合成立香港海员工会，宣布海员抗日救国十大纲领，会员发展到1万多人。接着，洋务、五金、煤炭、印刷等各行业工会相继成立。9月18日，香港海员和洋务工人集会，发表时局宣言，拥护中共中央提出的实行全民抗战的主张，号召全国海员团体大联合，团结抗日，争取胜利。以后，又发表《致美国海员工友书》，呼吁全世界海员携手战斗，制裁法西斯侵略。自全民族抗战爆发至年底，在香港的中国海员连续多次发动拒运物资去日本的罢工行动，离船参加罢工的海员达5000多人。香港码头工人积极配合海员的行动，先后发动4次较大规模的拒绝装卸日货的斗争。与此同时，工厂的工人也发起拒绝修理日本轮船、拒绝使用日本原料的斗争。由于香港海员工会连续发动大规模的罢工，并试图组织全港性的总工会，引起港英当局的恐慌。12月30日，港英当局封闭香港海员工会。

8月 中共琼崖特委为贯彻执行中共中央抗日民族统一战线的方针政策，派出代表与国民党琼崖当局谈判。由于国民党琼崖当局缺乏合作抗日的诚意，并于10月公然逮捕琼崖特委书记冯白驹，使谈判陷于停顿，后经中共中央和周恩来、叶剑英的交涉，以及琼崖各阶层人民、海外琼侨、港澳琼胞的强烈抗议，冯白驹于12月获释。1938年1月，琼崖国共双方继续举行谈判。

8月 在中共香港市委与中共香港海员工委的领导和支持下，香港惠阳青年回乡服务团第一批12人回到惠阳县的淡水、坑梓、稔山、平海、澳头等地开展抗日救亡工作。年底，全体团员回港总结经验，筹组第二批团员回乡。1938年1月，该团第二批团员18人由团长严尚民率领回到惠阳。工作团成立党支部。回乡后，工作团大力开展抗日救亡工作；大力发动组织群众，成立各种救亡团体；积极开展统战工作，争取当地驻军的支持，举办军事训练班，培养军事骨干；建立民众抗日武装。

9月22日 在中共香港党组织的影响和支持下，香港青年学生的抗日救亡团体——香港学生赈济会（简称香港"学赈会"）成立。先后有600多间大、中、小学的学生参加，实现了香港爱国学生的大团结。香港学生赈济会成立后，积极进行抗日爱国宣传和义卖募捐活动，成为香港救亡运动的一支生力军。在香港学生赈济会成立前后，青年记者学会、基督教青年会、惠阳青年会等香港青年爱国团体也纷纷成立。

10月2日 中国共产党同国民党谈判达成协议：将湘、赣、闽、粤、浙、鄂、豫、皖八省边界（广东琼崖地区除外）的红军和游击队改编为国民革命军陆军新编第四军（简称"新四军"）。随后，该军正式成立，叶挺任军长，项英任副军长，陆续开赴长江南北抗日前线。

10月9日 中共闽粤赣边临时代表会议在福建省龙岩县白沙乡南卓村召开。会议传达中共中央对闽西南边区党组织在抗日民族统一战线中必须坚持独立自主原则的指示，讨论边区党组织的基本任务。会议根据中共中央的决定，撤销闽西南军政委员会，成立中共闽粤赣边省委员会，以张鼎丞为书记，方方为组织部部长，邓子恢为宣传部部长，谭震林为军事部部长。会议决定出版机关刊物《前驱》。中共闽粤赣边省委下辖闽西、闽南的党组织和广东省潮梅地区的中共韩江工作委员会。

10月 张云逸奉中共中央指示到广州，会见国民党第四路军（后改为第十二集团军）总司令余汉谋，谈判关于建立八路军驻广州办事处等问题。经过谈判交涉，国民党广东当局同意建立八路军驻广州办事处。

10月 张文彬在香港主持召开中共广东党组织干部会议。根据中共中央的指示和"八一三"事变后的抗日形势，结合广东党组织的具体状况，会议决定：一是成立中共南方工作委员会，由张文彬任书记，薛尚实负责组织工作，饶彰风负责宣传工作，麦蒲费（后林平）负责外县工作委员会。中共南方工委由中共中央领导（12月后改由中共中央长江局领导），下辖广东境内的党组织和广西省工委。二是解决原中共南方临时工委和中共广州市委负责人之间的纠纷，要求全体党员吸取教训，加强团结，为党的事业共同奋斗。三是切实审查整顿各地党组织，建立健全支部生活；加紧党员的教育和培训工作，提高党员的政治素质和工作能力。四是反对群众运动中的"左"倾关门主义，广泛地深入地发动群众，团结一切抗日的力量，随时准备粉碎敌人对华南的进攻。会后至1937年12月，原南方临时工委属下的中共闽粤边特委、厦门工委、韩江工委、闽中工委先后划归中共闽粤赣边省委领导，中共贵州省工委、云南省昆明特别支部移交给中共中央长江局领导；南方工委属下的中共广州市委改组为中共广州市工委，罗范群为代理书记；中共香港市工委改为中共香港市委，书记吴有恒。

11月1日 中共南方工委党刊《抗战大学》（半月刊）正式出版发行。社址

统一战线刊物《救亡呼声》

初设在广州市广中路12号，后迁至德政北路381号四楼。《抗战大学》刊登大量的中共中央及其领导人的文章，大力宣传中共的抗日民族统一战线的方针政策，对华南的抗战起到积极的作用。在此前后，中共广东地方组织创办的《大路》《游击队》《救亡呼声》《新战线》等一批受中共影响的统一战线刊物，也陆续出版发行。

12月4日 广东文化界救亡协会成立，先后有20多个文化团体参加，有会员1000多人。在广东文化界救亡协会的推动和组织下，广东戏剧协会、广东文学会、华南绘画界救亡协会、歌咏团协会、国际协会、广东新闻界从业人员抗敌协会、社会科学抗战协会等文化团体也纷纷成立，形成广东文化界的抗日统一战线。1938年2月，广东文化界救亡协会改称为"广东文化界抗敌协会"。

12月9日 广州20多个学生、青年团体共5000多人，联合举行"一二·九"两周年纪念大会和示威大游行。参加大会的有郭沫若、章乃器和国民党省、市党部书记长等。中共南方工委青年委员会负责人吴华在会上作报告。大会还决定成立广州学生抗敌联合会，以统一领导广州学生的抗日救亡运动。

12月 郭沫若在广州主持召开广州市各学校联席会议，帮助建立广州学生运动统一组织"广州学生抗敌联合会"（简称"广州学联"）。参加

广州学生和社会各界青年在一二·九运动两周年纪念大会后举行示威游行

广州学联的有中山大学、勷勤大学、省一中、市一中、女中、教忠、金陵、禺山等30多间大中学校的学生组织。同月26日，郭沫若还接受广东省"救亡呼声社"的邀请，前往南海县西樵山的官山镇云瀛书院给青年学生和当地民众作抗战演讲，深受欢迎。

12月 在中共广州党组织的推动和帮助下，广东妇女团体联席会议成立。参加联席会议的有省、市妇女抗敌同志会以及省女界联合会、市妇女会、女权大同盟、车衣女工会、中山大学女同学会等。联席会议成立后，协调各妇女团体的行动，在抗日宣传、募捐献金、医护慰劳、救济收容等方面做了大量的工作。

12月 香港会宁回乡服务团14人回到四会、广宁开展抗日救亡工作。1938年3月，该团全体人员回香港整训。经整训和扩充人员后，香港会宁回乡服务团改名为"会宁华侨回乡服务团"。同年4月，会宁华侨回乡服务团30多人回乡投入抗日救国斗争。他们回乡后，开展抗日宣传，动员群众参加抗日救亡运动；进行赈济工作，帮助群众解决生产和生活上的困难，争取群众的信任和支持，积极参加抗日救亡运动；抓紧进行建党工作，恢复和发展会宁两地党的组织；组织民众武装，进行抗日武装斗争的准备。该团内成立抗日战争时期西江地区最早的中共党组织——中共特别支部，孔令淦任书记。服务团特支经过两年努力，恢复和发展120多名党员，成为会宁地区抗日救亡运动的中坚力量。

冬 中共东莞中心支部经争取获得东莞国民党驻军一五三师的支持，在当地举办军事训练班。先后举办两期，中心支部动员党员和进步青年共200多人参加。学员结业后被派往各乡组织抗日自卫队。1938年1月，该支部还派党员参加当地的民众抗日自卫团统率委员会工作，组织两个政治工作队，到各乡开展宣传活动，并组织抗日自卫队。

1938年

1月1日 以郭沫若为社长、夏衍为总编辑的《救亡日报》在广州复刊。《救亡日报》（广州版）坚持团结抗战、反对投降的宗旨，不但报道全国的抗日形势，还发表大量的文章配合中共广东地方组织的各项工作。该报在广州共出版10个月。直至1938年10月广州沦陷前夕才被迫停刊。

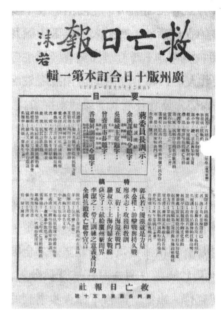

《救亡日报》（广州版）十日合订本第一辑

1月1日 在中共南方工委的领导下，中山大学青年抗日先锋队、中山大学附中青年抗日先锋队、广州市学生抗敌救亡会、青年群社、救亡呼声社、青年抗日先锋团、平津同学会、留东同学抗敌后援会8个团体联合发起成立广东青年抗日先锋队（简

"抗先"队员冒着生命危险在日机轰炸的废墟中抢救伤员

称"抗先"），发表《广东青年抗日先锋队发起宣言》和《广东青年抗日先锋队组织大纲草案》，成立抗先临时工作委员会，统一领导广州地区各界青年的抗日救亡运动。2月，岭东青年抗敌同志会通讯处在汕头成立，统一领导潮汕、兴梅地区的青年抗敌同志会工作。在此前后，粤中、珠江、西江、琼崖、南路、东江、北江等地区的学生、青年、工人、农民、妇女抗日救亡团体也逐步建立起来，形成全省范围的抗日救亡运动高潮。

1月中旬 中共中央长江局派巡视员黄文杰到广东巡视，帮助指导中共广东地方组织开展工作。3月，黄文杰、张文彬、薛尚实举行会议。会议认为中共广东地方组织经过审查整顿和培训教育后，巩固了组织，加强了团结，对党在国民党统治区内的工作任务及其策略方法有较深刻的理解。随着华南的抗日形势迅猛发展，中共中央、长江局已先后调派李大林、梁广、黄松坚、张越霞等一批干部到广东，以加强中共广东组织的领导，成立中共广东省委员会的条件已经成熟。会议讨论省委的机构设置，强调今后的省委要改变以前分片负责的工作方法，实行按战线分工，并要大力培训提拔年轻干部。

1月 八路军驻香港办事处和八路军驻广州办事处先后建立，由廖承志、云广英分别负责。八路军驻香港办事处和驻广州办事处以公开合法名义协助中共广东地方党组织开展抗日救亡运动；动员和推动各界爱国人士、广大人民群众参加抗战；向海外

八路军驻广州办事处旧址

侨胞、港澳同胞以及国际友人宣传党的抗日民族统一战线的方针政策和八路军、新四军的抗战功绩，接收他们捐助的款项、物资、药品转送给八路军和新四军，组织大批海外侨胞和港澳同胞回国回乡参加战地服务；先后介绍1000多名工人、青年、学生和海外侨胞、港澳同胞到延安学习或参加八路军、新四军；中共广东党组织先后通过八路军驻广州办事处向国民党当局交涉，争取无条件释放

云广英

关在国民党监狱中的共产党员和进步人士共300多人。广州沦陷后，八路军驻广州办事处迁往韶关。

1月 广州发生关于抗日民族统一战线问题的论战。11日，国民党广东省党部的机关报《中山日报》发表题为《建立统一的三民主义的思想武器》的文章，诬蔑中共"收买群众"，"离间民族团结"，叫嚷要将中共排斥出抗战阵营。随后，反共分子又在《中山日报》连续发表文章，鼓吹中国只有"一个政府、一个领袖、一个主义"。中共党员杨康华（虞焕章）、李仲才、龙世雄等人分别撰文，对上述反共分裂言论进行有力的驳斥。论战发生后，中共南方工委和中共中央长江局巡视员黄文杰很重视事态的发展，经过研究，决定在这场论战中，一要坚决为巩固抗日民族统一战线而斗争，不因少数反共分子的攻击挑衅而动摇我们的信心；二要从下面阐明我们对抗日民族统一战线的立场和态度，把注意力集中到如何巩固抗日民族统一战线这个大局上；三要注意掌握有理、有利、有节的斗争策略，对于一些无关紧要的问

题可作让步，团结更多的同盟者，孤立反共分子。中共南方工委还在党内刊物《大路》上发表文章，表明中共对巩固抗日民族统一战线的主张和诚意。社会各方对于中共的"大党风度"给予好评，表示论战不应继续下去。论战因而停止，一小撮反共分子的分裂阴谋遭到失败。

2月　中共闽粤赣边省委在福建省龙岩县白土乡后田村举行执委扩大会议。会议根据张鼎丞、邓子恢、谭震林即将率领新四军第二支队北上抗日的情况，决定组建新的领导班子，将中共闽粤赣边省委改称为中共闽西南潮梅特委，方方任书记，谢育才任副书记兼组织部部长，李碧山任宣传部部长，范乐春任妇女部部长，伍洪祥任青年部部长。中共闽粤赣边省委改称为中共闽西南潮梅特

谢育才

委后，其管辖范围不变，潮梅地区党的领导机关韩江工委撤销，分别成立中共潮汕中心县委和梅县中心县委。

3月　中共南方工委派黄松坚回广西，改组中共广西省工委，黄松坚任书记兼组织部部长，陈岸任宣传部部长；整顿原省工委领导机构及其下辖的党组织，重新登记党员。5月，黄松坚被国民党逮捕，由陈岸代理书记。1939年4月，中共广西省工委改由中共中央南方局桂林办事处领导。

3月　在中共香港市委的领导和支持下，香港海陆丰同乡会回乡救亡工作团30多人，在团长吴禄的率领下回到海陆丰开展抗日救亡活动。

4月18日　中共南方工委干部扩大会议在广州召开。会议根据中共中央、长江局的指示，撤销中共南方工委，选举产生中共广东省委员会，张文彬、薛尚实、梁广、尹林平为常委，李大林、张越霞、罗范群、冯白驹、吴有恒为委员，饶彰风、曾生、麦蒲费、孙康为候补委员。张文彬任书记，薛尚实（后李大林）任组织部部长，饶彰风任宣传部部长，尹林平任军委书记，梁广任职委书记，张越霞任妇委书记，麦蒲费（后吴华）任青委书记。中共广东省委随即召开第一次执委扩大会议，会议总结中共南方工委期间的党组织审查整顿、群众运动等各项工作，讨论中共中央《关于大量发展党员的决议》和中共中央长江局要求广东党组织发展五倍党员的指示。会议根据广东的抗日形势和中共广东党组织的力量还比较薄弱的状况，研究制定中共广东党组织的工作总方针：埋头苦干，积聚力量，切实地建立起强大的群众性的党的实力，准备着在敌人进攻华南与持久战进入最后阶段时，能有力量积极参加保卫华南的战争。会议还确定中共广东党组织当前的工作任务：一是以建党为中心，切实做好建党工作。由点到线到面地发展，使中共广东党组织发展成为强大的群众性的党。二是大力开展群众运动，争取群众团体的合法地位或派人到以当局名义组织的群众团体中去任职，以便有利于开展抗日工作和掩护党的发展。三是利用广东当局部分上层人士比较开明的有利条件，以谌小岑、钟天心、余汉谋为主要对象，积极开展广东抗日民族统一战线工作。四是积极参加自卫团，领导地方群众抗日武装。

4月　《新华日报》广州分馆成立。馆址设在广州市西湖路的一座三层楼房里（今西湖路2号）。《新华日报》广州分馆除了向华南、港澳地区以及海外翻印和发行《新华日报》之外，还开设图书门市部，销售进步的书籍和报刊，开展抗日文化宣传活动。

4月 中共广东省委主持召开中共广州党组织积极分子会议。会议决定撤销中共广州市工委,选举产生中共广州市委员会,李大林任书记。8月,李大林调任中共广东省委组织部部长,罗范群接任中共广州市委书记。

5月2日 叶剑英在广州中山大学作题为《目前抗战中的几个问题》的长篇演讲,对抗日战争的局势、国共关系、中苏关系作精辟的分析,对八路军的近况作详尽的介绍。叶剑英号召广东人民进行总动员、总武装,准备粉碎日本帝国主义的进攻。5日,叶剑英又在广雅中学作题为《把握住抗战胜利的基本条件》的演讲。叶剑英在粤活动期间,还曾会见广东当局要员,商讨广东抗日方略。并指导中共广东省委的工作,和张文彬、潘汉年、廖承志讨论海南岛的抗日形势,决定派林李明到中共琼崖特委担任领导职务,以加强琼崖地方党组织的领导力量。

5月31日 日军飞机疯狂轰炸广州,广州市民死伤惨重。以后日机多次空袭广州。中共广东省委指示在敌机轰炸期间的中心工作是:防空救护,慰问抚恤,捉拿汉奸,帮助群众疏散。为适应战时工作需要,建立青年、文化、妇女等各界战时服务团,并成立战时工作联席会议等统一战线领导机关,统

广州市立第六十四小学遭日机轰炸

一指挥各项防空抢救工作。

5月 中共广东省委召开第二次执委扩大会议，讨论中共中央长江局关于加强党内教育的指示。会议决定由省、市委宣传部组成教育工作委员会，专门负责党员的教育培训工作。至1938年10月广州沦陷时，省委共举办6期训练班，受训党员80多人。党员受训后派往外县，担任县委、区委干部，加速全省建党工作的开展。在这期间，中共广州市委、香港市委、香港海员工委也举办训练班，香港受训的党员有30多人，广州受训的党员在280人以上。

6月 广东青年抗日先锋队工作委员会根据中共广东省委关于暑假工作的指示精神，组织32个战时工作队，分赴20多个县进行抗日宣传动员工作，推动了广东各地的抗日救亡运动的发展，同时也建立一批党的基层组织。

6月 宋庆龄在香港组织"保卫中国同盟"，向国际友人和华侨宣传抗日救国，募集医药物资，介绍国际友人组织的医疗队到敌后抗日根据地参加战时救护工作。1939年间，通过宋庆龄转交给东江人民抗日游击队的海外捐款，一次就达港币20万元。以后又多次送回捐献的资金和被服、军鞋、药品等大批物资，支持广东地区的抗日武装斗争。

宋庆龄组织的"保卫中国同盟"为支援中国抗日战争发挥了重要作用，图为廖承志、宋庆龄与国际友人合影

7月 中共潮汕党组织在揭阳县牛石埔创办革命学校西山公

学 (同年9月改称为南侨中学)，并在学校中秘密成立中共总支部。至1939年初，又先后在揭阳县水流埔和潮阳县和平乡建立南侨二分校和南侨三分校，同时还在各分校周围的农村开办数十间夜校，免费吸收农民参加学习。该校创办两年多，共培养抗日青年1000多人，发展大批党员。1940年8月，南侨中学被国民党当局强令解散。

8月13日 在中共广东党组织的推动下，全省开展"八一三"抗日救亡献金运动。广州、香港两地献金运动最热烈，前后进行了10天。在广州，八路军驻广州办事处

流动献金车上的工作人员动员市民献金抗日

与《新华日报》广州分馆在西濠口联合举行献金会，有2000多名群众参加。与会群众慷慨解囊，踊跃献金，并热情高呼"中国共产党万岁"的口号；在香港，广大爱国同胞也积极捐献，取得献金百万的巨大成绩，得到"无产阶级领导富人献金救国"的好评。

8月21日 中共广东省委召开第三次执委扩大会议，总结省委成立4个月来的工作经验和教训。会议充分肯定了中共广东省委在贯彻党中央的政治路线，开展抗战文化宣传活动，积极领导群众运动，努力发展党组织，使党的组织向全省范围内发展等方面所取得的成绩，同时提出"发展一万个新党员"，"建立强大的群众性的广东党"的任务。会议根据广东抗日形势的发展，制定党的建设、宣传工作、群众运动、武装工作等工作方

针。强调要把武装工作放在第一位。这次会议后，全省各地更进一步加强党的组织建设工作。广东党组织又有了很大的发展，至10月，共有党员7500余人（其中琼崖地区党员5000余人）。此时，隶属中共中央长江局的中共闽西南潮梅特委辖下的广东潮梅地区，党员也发展到2000余人。

8月 在广东党组织的推动下，国民党广州市当局举办劳工干部训练班。中共广东省委把一批党员军事干部派进劳工干部训练班担任教员、队长，并把党组织掌握的榨油、印刷、轮渡、铁路、邮务等行业的工会及劳工训练班工友会的负责人和大批工人派进劳工干部训练班训练，培养一批工人抗日骨干。

8月 中共广东省委组织部部长李大林和省委军委书记尹林平在广州召开军事工作会议，研究如何贯彻省委的军事工作方针问题。东莞、增城、南海、顺德、从化、花县、三水等广州外围几个县党的负责人参加会议。会议决定各地党组织的军事工作要以地方群众自卫队工作为中心，要利用各种合法形式组织群众抗日武装，各地党组织要派党员参加国民党当局成立的各种自卫队。会议要求全体党员努力学习军事，积极响应省委"党员军事化"的号召。在此前后，各地的党组织在东莞、增城、宝安、从化、惠阳等地建立群众性抗日武装，为后来中国共产党领导广东人民开展敌后抗日武装斗争打下了基础。

9月初 根据中共广东省委的决定，廖承志以《新华日报》广州分馆名义，在广州哥伦布酒店主持召开各界人士招待会，有800多人参加。廖承志针对国民党顽固派无理解散武汉青年救国团、民族解放先锋队、蚁社3个救亡团体，封闭《新华日报》广州分馆等反共活动，作出严正声明，公开揭露国民党顽固派的反共叫器及其破坏团结抗战的阴谋，重申中共维护国共合作、团结抗战的主张和诚意。会议一致通过慰问《新华日报》广州分馆和武汉三团体的快邮代电。会后，中共广东省委又派廖承志、云广英向国民党广东当局解释和交涉，结果广东当局被迫允许《新华日报》在广东继续翻印发行，释放被捕的民族解放先锋队到广东活动的代表。

9月下旬 中共广东省委书记张文彬赴延安参加中共六届六中全会，由省委组织部部长李大林代理书记。会议期间，张文彬请求党中央调派一批干部，特别是军事干部到广东工作，以加强广东党组织的领导力量。并请求将中共赣南特别委员会划归中共广东省委领导，以便在粤北一旦沦陷时，广东省委能统一指挥五岭地区的抗日游击战争。党中央同意了张文彬的请求。12月，张文彬和党中央调派的涂振农、李振亚、梁鸿钧、饶卫华、王均予等10多位干部离开延安南下广东。1939年1月，遵照中共中央指示，原属中共江西省委领导的中共赣南特委及其管辖的龙南、全南、定南、上犹、崇义、信丰、大余、南康等地的党组织划归中共广东省委领导。

10月12日 日军南支那派遣军7万人在飞机的配合下，在惠阳县大亚湾登陆。国民党军队一触即溃，日军于10月13日占领惠州。当日军进攻惠阳县坝岗、淡水、坑梓、

1938年10月12日，日军在大亚湾登陆

常柏田、新圩等地时，遭到中共地方组织领导的群众抗日自卫武装的袭击。17日，增城县党组织领导的增城县第三区常备壮丁队在仙村圩竹园涌击沉日军橡皮艇1只，击毙日军10多人。

20日，中共东莞县委领导的东莞县常备壮丁队和模范壮丁队也在石龙镇峡口阻击渡河日军。

10月18日 面对广州即将沦陷的严峻形势，中共广东省委代理书记李大林、长江局巡视员黄文杰主持召开省委紧急会议。决定：保存干部，撤离广州，分散各地，开展党的工作和群众工作，省委机关迁往粤北；成立中共西南特别委员会、中共东江特别委员会和中共东南特别委员会，在全省范围发展党的组织，开展前线和沦陷区的抗日游击工作；省委领导人分赴各地加强领导。中共广州市委组织部部长陆新奉命留在广州进行地下工作（陆新在日军入城数天后撤出广州）。

10月20日 中共广东党组织领导的各个群众团体根据中共广东省委的指示，开始撤离广州。21日凌晨，广东青年抗日先锋队400多人从广州徒步沿广（州）三（水）铁路向西撤退。27日，广东青年抗日先锋队在四会县凤翔山举行临时代表大会，成立抗先总队部。选举邓明达为总队长，梁嘉、陈恩为副总队长。会议决定抗先部分成员加入第四战区战时民众动员委员会工作队，并得到中共广东省委的同意，抗先和其他群众团体共组成40多个工作队，奔赴东江、北江、西江、粤中广大农村和前线，开展抗日宣传和战地服务工作。12月11日，抗先总队部召开全体委员会议，决定设立东江办事处、北江办事处、会宁特派员、四邑特派员，加强总队部对各地抗先队的联系和领导。

10月21日 日军占据广州。接着，广州外围的南海、顺德、番禺、从化、花县、三水等地也相继沦陷。10月22日，吴勤在佛山市郊区发起成立抗日义勇队。义勇队成立后，在南海县平洲夏滘河面伏击日军2艘运输船，击毙日军10多人。接着又袭击广三铁路小塘车站，破坏日军交通线。11月初，国民党广州市市长兼西江八属游击总指挥曾养甫将抗日义勇队改编为广州市区游击第二支队（简称"广游二支队"），任命吴勤为司令。

日军占领广州市政府行署大楼

10月22日 琼崖国共双方经过一年多的谈判，终于达成合作抗日的协议，琼崖抗日民族统一战线正式形成。12月5日，根据达成的协议，琼崖红军游击队在琼山县云龙圩改编为广东省民众抗日自卫团第十四区独立队，冯白驹任队长。

10月24日 中共东南特委在香港成立[①]，以梁广为书记，管辖香港、澳门、顺德、番禺、中山、东莞、惠阳、宝安等地的党组织。中共东南特委成立后，中共香港市委随之撤销，分别设立香港、九龙两个区委，以领导香港地区党的工作。

10月下旬 廖承志在香港召集中共香港市委、香港海员工委和有关方面负责人会议，研究组织敌后抗日武装问题。会议决定派出曾生、周伯明、谢鹤筹等人到惠阳县坪山组织人民抗日武装。12月2日，惠（阳）宝（安）人民抗日游击总队成立，总队长曾生。12月7日，惠宝人民抗日游击总队收复淡水镇，建

---

① 中共东南特委成立的时间，历史文件记载是1938年11月24日。根据东南特委书记梁广、宣传部部长杨康华的回忆，认为文件有笔误，应是1938年10月24日。

立东江地区第一个抗日民主政权——惠阳县第二区行政委员会。1939年元旦，东（莞）宝（安）惠（阳）边人民抗日游击大队成立，大队长王作尧。

惠宝人民抗日游击总队成立旧址——周田村育英楼

10月底 中共西南特委在开平县赤坎正式成立，罗范群任书记，冯燊任副书记。中共西南特委管辖珠江三角洲以西、西江以南各县的党组织。

10月 香港"学赈会"回国服务团第一团14人开赴宝安抗日前线，随军进行部队的政治思想和战地服务工作。不久撤回香港。同年12月，该团经充实和短期训练，应原十九路军爱国抗日将领张炎的邀请，开赴南路地区开展抗日救亡工作。从1938年12月至1940年2月，香港"学赈会"先后组织4个回国服务团共200多人，回到广东的东江、珠江、西江、北江、南路和潮汕地区开展抗日救国斗争。在日军占领香港之后，香港"学赈会"的部分成员在港九地区坚持抗日斗争；还有不少香港"学赈会"的成员以个人或小批的方式，回到东江游击区及广东各地参加抗日斗争。

11月1日 中共中央组织部电示中共广东省委，指出广州沦陷后广东党组织的工作任务：一是在广州及其他敌占区进行秘密工作。二是在广州及其他敌占区组织游击队，开展游击战争。要利用国民党政府的命令广泛组织自卫军，并在游击战术及政治工作上帮助友军开展游击战争。三是在东江、海陆丰等地建立抗日根据地。电报对广东党的统战工作、群众工作、教育工作等方面也作出具体指示。

11月 澳门四界救灾会回国服务团第一队11人，由团长廖锦涛率领回广东西江地区开展抗日救亡工作。从1938年11月至1940年上半年，该服务团先后共派出11个队共160多人回到广东的西江、东江、北江和珠江三角洲

澳门四界救灾会回国服务团第一队出发前合影

等地，接受中共广东党组织的领导，积极开展抗日救国斗争。

1939年

1月1日　中共广东省委在韶关召开第四次执委扩大会议。会议由张文彬主持，博古代表中共中央南方局出席指导。会议历时7天，由博古传达中共六届六中全会决议，到会者进行了热烈的讨论。会议根据中共六届六中全会精神，总结省委成立以来的工作和分析当前广东的抗日战争形势，制定广东党组织工作的基本方针：在战争的过程中积极积蓄力量，准备在抗战最后阶段起决定性作用。从这一方针出发，会议确定了广东党组织的四大任务：一是广泛发展敌后游击战争，配合正规军打击敌人；二是扩大动员组织群众；三是建立统一战线精诚团结的范例；四是建立强大的党的基础。会议明确规定把工作中心放在东江、琼崖两地区，作为支持长期抗战的重要根据地。会议根据中共中央指示，改组了中共广东省委，由张文彬、李大林、涂振农、古大存、张越霞任常委，廖承志、黄文杰、冯白驹、林李明、吴有恒、尹林平、梁广、罗范群、区梦觉、吴华为委员，饶彰风、曾生、孙康为候补委员，书记张文彬，组织部部长李大林，宣传部部长涂振农，统战部部长古大存，妇女部部长张越霞（后宋维静、区梦觉），抗战动员部部长张文彬（兼），青年部部长吴华，秘书长张越霞（兼，后为王均予）。会议还要求建立和健全各地特委机关。

1月13日　中共中央批准在重庆成立中共中央南方局，周恩来、秦邦宪（博古）、凯丰、吴克坚、叶剑英、董必武6人为常委，周恩来为书记。中共中央南方局成立后，中共广东党组织划归南方局领导。中共广东省委书记张文彬为南方局委员。

1月21日至25日 中共闽西南潮梅特委在龙岩县白土乡后田村召开第五次执委扩大会议。到会者有闽西南潮梅特委全体执委和潮汕、兴梅、漳州及闽西各县党的主要干部共36人。会上，由特委书记方方作《为实现六届六中全会决议而奋斗》的政治报告。报告根据闽粤边的政治形势及工作情况，提出今后工作任务。会议提出"一切为着准备游击战争"的口号，决定今后工作是积极参加领导抗战动员与社会运动，加强与巩固已建立起来的各种群众团体，加强群众工作、武装工作，继续审查与登记党员，壮大党的力量，加强建立强有力的地方领导机关，以担负起领导抗日战争的重大历史责任。

1月 东江华侨回乡服务团（简称"东团"）成立。该团是在八路军香港办事处、中共香港市委及中共香港海员工委的组织发动和祖国抗战形势的感召下，由香港、南洋等地回乡支援祖国抗战的华侨、港澳同胞和东江地区的爱国青年组成的，团长叶锋，副团长刘宣。全团人数达500多人，在惠阳、紫金、海丰、陆丰、博罗、河源、龙门、增城、东莞、宝安、和平11个县的范围内进行抗日救亡活动，推动了东江地区抗日救亡运动和敌后游击战争的发展。在此前后，会宁华侨回乡服务团、香港学生赈济会回国服务团、澳门四界救灾会回国服务团、澳门中国青年回乡服务团等华侨、港澳回乡服务团的队员1000多人先后回到广东，分派到东江、珠江、中区、北江、南路、潮汕等地

东江华侨回乡服务团团长叶锋

区参加抗日宣传和战地服务。

1月 中共西江临时工作委员会成立。中共西江临时工委管辖新兴、广宁、四会、德庆、罗定、云浮、郁南、高要、高明、三水、封川、开建等地的党组织，书记李守纯。与此同时，中共西南特委改称中共中区特委，管辖新会、开平、恩平、鹤山、台山、阳春、阳江等地的党组织，仍由罗范群任书记。

1月 原第八集团军司令张发奎赴韶关就任第四战区司令，集团军战地服务队也随张发奎入粤。战地服务队内建立有中共特别支部，负责人左洪涛，隶属中共中央南方局领导。中共特别支部在运用抗日民族统一战线策略，推动第四战区将领张发奎、蒋光鼐、张文、李章达等人坚持团结抗日，遏制反共投降逆流方面做了大量的工作，取得了相当的成效。特别支部成员利用第四战区司令长官部工作人员身份，支持、配合中共广东省委建立抗战文化团体和创办抗战报刊。特别支部负责人左洪涛还领导在粤活动的国民政府军事委员会政治部抗敌演剧宣传队第七队、抗敌演剧第一队和广州儿童剧团等进步团体，开展抗日救亡宣传活动。

2月10日 日军进攻海南岛，国民党军队仓皇溃逃，海口沦陷。当天，中共琼崖特委领导的独立队在潭口阻击日军，揭开了琼崖人民抗日战争的序幕。独立队由于坚持团结抗日方针，得到广大群众的支持和拥护，队伍很快发展到1000

日军在海口登陆

人。8月，独立队扩编为独立总队，冯白驹任总队长。

2月 中共广东省委根据中共中央"最普遍地推动友军友党进步"的方针，动员800多名青年（其中党员200多名）参加国民党第十二集团军政工总队，接受军事训练。政工总队内建立中共工作委员会，以廖锦涛为书记。中共工作委员会向进入该队的全体党员提出"努力学习掌握军事知识，改造旧军队"的口号。10月，政工总队训练结束后，除一部分留在第十二集团军政治特派员室组成的政工大队外，大部分派到各师、旅做政治宣传工作。

2月 中共东江特别委员会在紫金县古竹成立，尹林平任书记，管辖增城、龙门、博罗、海丰、陆丰、紫金、河源、五华、连平、和平、龙川、新丰等县的党组织。

3月9日 广东省新生活运动促进会妇女工作委员会成立。中共广东省委先后选派、动员区白霜（区梦觉）、杨衡芬（杨行）等100多名女党员和进步女青年进入该会工作。她们以公开合法身份积极开展抗日宣传，举办妇女干部训练班、识字班，组织妇女战时工作队、妇女生产团，以及到前线抢救难童、妇女，建立保育院，积极推动妇女参加抗日运动。

3月15日 中共广东省委青年委员会在韶关召开扩大会议，由青委书记吴华传达中共六届六中全会精神和中央青年工作会议的决议。会议决定加强党对青年工作的领导，提出广东青年运动的主要任务是：动员组织和武装青年积极参战，推动帮助军队保卫华南，在敌后开展游击战争；联系团结广大青年群众，改善青年生活，巩固广东青年统一战线；发展战时文化；等等。

3月 中共西江临工委被撤销，成立中共西江特别委员会，书记王均予（后刘田夫、冯燊），管辖范围不变。

3月 中共高（州）雷（州）工作委员会成立，书记周楠。中共高雷工委管辖广东南路的茂名、信宜、电白、化县、廉江、吴川、遂溪、海康、徐闻、广州湾（今湛江）和梅菉等县（市）的党组织。

4月1日 中共广东省委以统一战线名义、经过合法登记的公开的理论刊物《新华南》在韶关创刊。《新华南》根据抗日形势和党的任务，确定每期的主要内容，以反映广东地方内容为主，发表大量关于广东政治问题、群众抗日救亡运动、战局评论以及反汪反投降的社论文章，是中共在华南地区影响较大的重要刊物。

《新华南》在鲁迅逝世四周年刊登其文章局部版面

4月16日 琼崖华侨回乡服务团第一批渡海抵琼。至同年秋，服务团共240多人全部抵琼。他们接受中共琼崖特委领导，奔赴文昌、琼山、万宁、乐会、琼东、定安、澄迈等县敌后前线地区，开展抗日宣传和战地服务等活动。

王作尧

4月 根据中共广东省委的指示精神，通过统战工作，中共领导的东江人民抗日武装先后取得国民党当局的合法番号。东（莞）宝（安）惠（阳）边人民抗日游击大队改编为"第四战区东江游击指挥所第四游击纵队直辖第二大队",大队长王作尧。5月,惠(阳)宝(安)人民抗日游击总队改编为"第四战区东江游击指挥所第三游击纵队新编大队",大队长曾生。从此,东江人民抗日武装在公开合法名义下开展抗日游击战争。同时,中共广东省委建立东江军事委员会,主席梁鸿钧,书记梁广,加强对东江两支人民抗日武装的统一领导。

4月 国民党广东当局贯彻国民党五届五中全会的反共方针,排挤打击在第四战区政治部及政治部第三组的中共党员和进步分子,限制、打击进步群众抗日团体。

5月中旬 中共广东省委召开执委会议,讨论中共中央关于反逆流的指示和中共中央南方局的《秘密工作指示》,研究广东反逆流斗争的有关问题。7月上旬,省委再次就反逆流斗争召开执委会议。会议决定:将逆流情况向全体党员传达,提高全体党员的警惕性;党的工作转入以巩固组织为中心,清查党员成分,转移暴露的党员干部,加强阶级教育和党的教育,严守秘密工作纪律;巩固现有群众团体,坚定信心,坚持工作,但活动方式要进行大转变,由集中到分散,由高级到低级,由政治化到经济化、福利化,由国民党外转到国民党内;继续加强统一战线工作;通过报刊,加强反逆流斗争的政治宣传。

5月23日 中共合浦中心县委因政治思想麻痹,没有利用社会职业进行掩护和遵守地下党秘密工作纪律,致使中心县委机关被国民党顽固派破坏。这是广东党组织领导机关重建以来县一级组织第一次遭受破坏。事后,中共广东省委派温焯华调查处理这一事件。温焯华到合浦召开党员骨干会议,总结教训,要求党员严守党的秘密,警惕国民党顽固派掀起的反共逆流,将党的工作重点转移到农村去,并恢复成立新的县工委领导机关。

6月21日 日军进攻潮汕。22日,汕头被日军占领。紧接

在汕头登陆的日军

着不到一个月，潮安、澄海相继沦陷。在这危急关头，中共潮汕中心县委于7月7日成立潮汕青年抗日游击大队。8月，经过与国民党当局的谈判，该队在坚持党的领导和独立自主原则下，接受"国民革命军陆军独立第九旅游击队"番号，取得公开合法地位，随后开赴敌后前线开展抗日游击战争。中共闽西南潮梅特委先后派李碧山、伍洪祥等到潮汕前线，指导潮汕党组织开展抗日游击战争。由于日寇入侵，潮汕地区的形势发生变化，为便于地下党组织的领导和抗日武装斗争的开展，中共闽西南潮梅特委决定把潮汕地区党组织划为潮汕中心县委（后改为潮澄饶中心县委）和潮（阳）普（宁）惠（来）揭（阳）中心县委。1940年，根据抗日形势的发展又再划为潮（安）揭（阳）丰（顺）中心县委、潮（安）澄（海）饶（平）中心县委和潮（阳）普（宁）惠（来）中心县委。

6月 中共广东省委成立粤北地区党的文化领导小组，石辟澜任组长，负责领导该地区党的文化工作，贯彻执行党的抗战文化宣传的方针政策，直接领导的单位有《新华南》杂志社、中国青年记者学

《广东妇女》杂志

会粤北分会、中华全国文艺界抗敌协会粤北分会、《广东妇女》杂志社、留东同学会等。

7月7日 中共中央发表《为抗战两周年纪念对时局宣言》，提出"今后抗战形势中的两种最大危险，即中途妥协与内部分裂的危险"。向全国军民提出"坚持抗战到底，反对中途妥协；巩固国共团结，反对内部分裂；力求全国进步，反对向后倒退"三大政治口号。中共广东党组织坚决贯彻执行中共中央的指示，针对汪精卫到广州宣扬局部和平，向广东国民党当局进行诱降活动，在各地发动广泛的反汪反投降运动。潮汕地区党组织领导青年抗敌同志会等团体进行反投降宣传和声势浩大的讨汪运动；中山、台山等地有上千人参加反汪反投降的签名运动；香港汪派《天演日报》《南华日报》《自由日报》的工人在中共香港党组织的领导下坚持反汪反投降罢工，并组织反汪回国服务团，途经东江、韶关、桂林、重庆等地，沿途进行反汪反投降宣传。中共广东省委和第四战区中共特别支部通过统一战线的形式，在《新华南》《新建设》《新军》上发表大量反对分裂投降的文章，有力地打击汉奸汪精卫和国民党顽固派在广东掀起的反共投降逆流。

7月24日 日军数百人乘铁拖、汽艇，在飞机和炮火的掩护下，进犯中山县横门口，中共中山县委以县"抗先"队的名义，以县、区两级党组织领导成员为骨干，成立横门前线指挥部，县委书记孙康任指挥部主任，组织地方武装、"抗先"队员和广大民众共同抗敌，经过持续7天阻击战终于退敌。是役，毙伤日军近百人，1艘日军运输艇触雷沉没。9月7日，日军千余人再次进犯横门口。中山县委领导的抗日武装和中山县守备队共同抗敌，经几次激烈战斗后主动撤离横门，尔后又在张家边、小隐地区反击日军，迫使大部分日军退到海上。

7月下旬 中共中央南方局发出秘密工作条例，要求各地党组织从半公开形式转到基本是秘密形式，实行与地下党相适应的工作方法；建立完全的秘密机关，严禁无直接工作关系的同志进入这些机关；采用个别接头与单线联系；党员被捕后不得轻易承认是共产党员，在万不得已的情况下被迫承认时，也绝对不能暴露党的任何秘密和组织情况，绝对不能供出其他同志。广东各级党组织认真贯彻执行，加强对党员遵守秘密工作条例的教育。

7月 中共北江特别委员会成立，书记黄松坚。中共北江特委管辖曲江、乐昌、乳源、南雄、始兴、英德、翁源、阳山、连县、连山、清远、佛冈等县以及从化、花县、三水部分地区的党组织。

7月 中共广东省委先后举办了几期县委干部、特委干部的训练班和学习班。训练班除了学习马列主义的基础知识、游击战争、群众工作、支部工作、秘密工作等课程外，还增加党的纲领、党的纪律、革命气节等课程，提高了受训党员的政治思想水平和阶级觉悟，加强了组织纪律性。暴露了的干部经训练后，则分派到新区工作。至1939年底，广东省委训练的党员有200人以上，其中县委干部116人，特委干部7人。此外，中共中央和广东省委还派李崇（振亚）和邬强到惠阳坪山，主持省委举办的游击训练班，为抗日游击队培养近百名军事干部；各地特委也培训区委、支部干部达591人。

7月 在中共广东南路党组织的推动下，国民党第四战区南路特别守备区学生总队成立。学生总队有队员约800人，由国民党抗日将领、第四战区南路特别守备区副司令张炎任总队长。中共南路党组织派遣一批党员和进步青年参加，并从中起领导骨干作用。学生总队除学习抗日理论外，还进行军事训练，并且分赴信宜、茂名、化县、电白、吴川等地开展抗日宣传活动，发动群众组织抗日团体，推动了南路地区抗日救亡运动走向高潮。

11月7日 中共广东省委召开第五次执委扩大会议。会议讨论并通过了政治、组织、宣传、文化、武装、统战、群众运动等工作报告，学习中共中央提出的"坚持抗战，反对投降；坚持团结，反对分裂；坚持进步，反对倒退"三大政治口号和中共中央《关于巩固党的决定》，分析全国和广东的政治局势变化的情况，认为广东党组织在严密组织、转变工作作风方面仍做得不够。因此，会议决定仍以巩固党的组织为当前的中心任务，做好防止和应付突然事变的准备，要求半年内完成对党员的审查、教育工作；健全组织生活，巩固基层组织；加强敌后武装斗争，以敌后武装斗争保护已暴露的党员干部。会议选出参加中国共产党第七次全国代表大会代表，其中广东代表古大存、区梦觉、唐初、方华、朱荣，香港代表吴有恒、何潮、周材、钟明、周小鼎，赣南代表杨尚奎，琼崖代表林李明、李黎明。

11月上旬 中共闽西南潮梅特委召开第六次执委扩大会议。方方在会上作政治报告和工作总结，谢育才作整顿巩固党组织的报告。会议学习讨论了中共中央《关于巩固党的决定》和隐蔽待机的方针，决定集中力量自上而下开展整党审干，加强党员教育，做好严密巩固党组织的工作。会议选举叶剑英、边章伍、方方、苏惠、伍洪祥、王维、谢南石为出席中国共产党第七次全国代表大会代表。方向明、林鲥鰍为候补代表。

11月 中共广东省委组织部向中共中央报告：中共广东省委所属下的党员发展到17445人（其中琼崖特委党员9000人，赣南特委党员3000人），较广州沦陷时增加了一倍。其中工人党员占7%，农民党员占50%，学生、知识分子党员占40%，其他成分的党员占3%。广东省委已辖有7个特委，1个特委级工委，6个中心县委，2个中心县委级的临工委，44个县委、县工委，一大批区委、支部。只有12个边远的县未建立党组织。此时，中共闽西南潮梅特委也已发展党员8576人，其中潮梅地区的党员5658人（潮汕为3838人，梅埔为1820人）。

12月 中共琼崖特委召开第八次扩大会议，冯白驹在会上作《当前形势与我们的任务》的报告。会议提出琼崖党组织的斗争方针：坚决贯彻中共中央制定的抗日民族统一战线的总方针、总策略，继续坚持团结抗战，反对投降分裂；开展独立自主的敌后游击战争，建立与巩固游击根据地，发展琼崖抗战形势。会议就创建敌后抗日根据地问题进行专题讨论，决定向岛西南山地发展。翌年1月，第一、第二大队留在琼（山）文（昌）坚持敌后游击战，特委和总队部在特务大队和第三期军政干部训练班保卫下西迁。2月，在琼（山）临（高）澄（迈）交界地区创建美合根据地。

12月 广东各地党组织贯彻执行省委第五次执委扩大会议关于"巩固党的组织是当前中心任务"的决定，进行为期半年的审查党员、整顿党组织的工作。将少数动摇、腐败分子清除出党，撤换不可信任的领导干部，将暴露的党员干部转移到新区或游击区去。加强党员的阶级教育和革命气节教育，加强支部组织生活，严密基层组织。在此期间，广东省委还举办特委干部训练班和县委干部训练班，提高了领导干部的政治思想觉悟。经过半年的努力，各地党组织基本达到纯洁和巩固的目的。在工作过程中，个别党组织也发生了一些过左的倾向，开除了一些不应开除的党员，但很快被省委发现并加以纠正。

1940年

1月9日 国民政府军事委员会政治部主任陈诚在广东韶关发表反共演说，污蔑八路军"游而不击"，"延安无一伤兵"，叫嚷"严防共党活动"。为此，中共广东省委印制朱德、彭德怀等八路军将领给国民党当局的通电全文，分发给各地党组织，利用通电上所列举的八路军艰苦抗敌的光辉战绩和国民党顽固派消极抗日、积极反共的罪行，教育全体党员提高警惕，做好准备，以应付国民党掀起的反共逆流。并采取各种方式将通电向各阶层群众散发，揭露国民党顽固派分裂倒退的阴谋。

1月26日 中共中央指示广东省委：对于琼崖工作的方针应与广东大陆的做法有所区别，在广东大陆应谨慎地干，在琼崖应放手干，要以全岛为对象，广泛发展党，发展武装，发展民运，设法争取各县政权，不顾国民党的任何阻碍，坚决组织全岛人民的抗日战争。同时，还要求琼崖独立总队应在年内至少扩大至1万人枪，要把琼崖创造为争取900万南洋华侨的中心根据地，创造为党在南方发展扩大影响的根据地。

1月下旬 国民党东江当局悍然逮捕东江华侨回乡服务团博罗队队长李翼（杨德元）以及队员23人。"东团"总团部闻讯即派代表向国民党当局交涉，并呼吁社会各界和海外侨胞营救。中共广东省委、东江特委和八路军香港办事处组织和指导营救工作。经宋庆龄、何香凝、史良、邹韬奋等国内著名爱国人士和陈嘉庚、黄伯才、官文森等海外著名爱国侨领同国民党当局交涉、斗争后，至7月下旬被捕人员全部获释。

2月 中共高（州）雷（州）工委被撤销，原属高雷工委管辖地区的党组织与合浦、灵山、钦县、防城的党组织合并，成立中共南路特别委员会，仍由周楠任书记。

3月9日 广东国民党当局纠集3000余兵力，围攻东江抗日前线的曾生、王作尧领导的人民抗日武装。曾、王部队突围后向海陆丰转移，沿途遗顽军拦截追击，部队损失严重，处境困难。5月8日，中共中央给曾、王部队发来电报。电报正确分析了形势，指示曾、王部应回东（莞）宝（安）惠（阳）敌后抗日前线地区，在日本侵略者与国民党之间，大胆坚持抗日，不怕打磨擦仗。并指出曾、王两部决不可在我后方停留，顽军必以扰其抗日后方为借口对我进行军事围攻并将牵动当地灰色武装的暴露，这在政治上是绝对错误的，军事上也必归失败。电报还具体指示如何做好返回抗日前线的工作。党中央的指示，给曾、王部队指明了斗争的方向。8月，曾、王部队100多人回到惠宝前线，又开始新的战斗。

3月 中共广东省委书记张文彬赴重庆向中共中央南方局汇报工作。4月，张文彬又从重庆赴延安，就广东党的建设、军事工作、统战工作、群众运动等方面情况以及广东的军事、政治形势向中共中央作了全面的汇报。在

曾、王两部应回防东宝惠并注意行动事项

粤委小廖并转梁广、梁鸿钧、林平并发南方局：

（一）目前全国尚是拖的局面，现易整个投降分裂，也不易好转。当局尚在保持抗日面目，同时进行反共准备投降中，但地方突变随时可能。在此局势下，我们必须大胆坚持在敌后抗日游击战，同时不怕磨擦，才能生存发展。

（二）曾、王两部仍应回到东宝惠地区，在日本与国民党之间，政治上与优良条件下，大胆坚持抗日与打磨擦仗，曾、王两部决不可在我后方停留，不向敌进攻而向我后方行动的政策，在政治上是绝对错误的，军事上也必失败，国民党会把我们当土匪剿灭，很少发展可能。前去潮梅，（1）人地生疏，（2）顽固派仍可以扰抗日后方号召打我，（3）将牵动当地灰色武装的暴露，不然不能存在。

（三）回防前应注意：

1. 在适当地区切实整顿内部，加强团结，进行打日本的政治动员。

2. 沿途严防受袭损失，在有利有胜利把握的条件下，对阻击的顽固力量坚决消灭之，以达到回东宝惠地区之目的。

3. 慎重取得地方党之帮助，到东宝惠时应努力进行各方统战工作。

4. ……应互相团结，不应自起纠纷，内部不团结就是失败之道。

5. 庄振风即日去琼，李崇仍回报工作。

6. 文彬即日回粤。

中央书记处
1940年5月8日

中央"五八"指示全文

延安期间，张文彬请求中央调派干部支持广东省委的工作，并建议将广东省合浦、灵山、钦县、防城的党组织与相毗连的桂南地区党组织合并，共同开展桂南沦陷区的抗日武装斗争。中共中央为加强华南敌后抗日游击战争的领导，调派庄田、谢立全、谢斌等一批军事政治干部到广东工作。此时，中共琼崖特委书记李明（林李明）作为中共第七次全国代表大会代表已到达延安，由于代表大会推迟召开，中共中央决定派李明重返琼崖，加强领导力量。5月，张文彬、谢立全、谢斌离开延安南下广东。9月，庄田、李明到达琼崖。

春 应国民党第四战区北江挺进纵队司令莫雄的请求，中共北江特委先后派中共党员饶华、邝达、何俊才等60多人到该纵队，建立中共特别支部，邓达任书记，饶华任特派员。他们与莫雄团结合作，逐步将部队改造成为抗日的骨干队伍。

春 潮梅地区的党组织根据中共闽西南潮梅特委《关于加强巩固组织工作的指示》，开始自上而下逐级开展整党审干工作。对个别有政治历史问题的干部作了处理，一些政治不纯、品质不良的分子开除出党并放弃了一些表现不好的党员的组织关系。在此期间，潮梅地区各个中心县委都举办训练班，对党员干部进行形势教育、阶级教育、气节教育和秘密工作教育。经过整党审干和训练教育，纯洁了队伍，严密与巩固了党的组织，提高了应变的能力。但也出现了一些"左"的偏差，将一批可以留在党内继续培养教育的党员放弃了，甚至整个支部都被放弃。在潮汕地区，党员从4000人下降到约2000人。

4月 国民党广东当局强行解散广东"抗先"和南路学生总队，5月解散东江华侨回国服务团，非法逮捕留守"东团"总部坚持反迫害斗争的黄志强、严英等10名"东团"队员。接着，下令通缉"东团"团长叶锋，非法逮捕"东团"惠阳队曾文、刘玉珍等20名"东团"队员。在此前后，全省大多数的群众救亡团体和华侨、港澳同胞回国回乡服务团陆续被解散。各地党组织针对国民党顽固派掀起的反共逆流，领导各抗日救亡团体向顽固派进行有理、有利、有节的斗争。根据中共中央指示精神和形势的恶化，广东省委指示各地抗日救亡团体在进行坚决的政治反击后，应及时从组织形式上和活动方式上实行大转变，在原有团体被解散后，即加入到其他合法名义的群众团体中去，隐蔽自己，积蓄力量，等待时机。部分同志则转移到前线和敌后，发展党组织，开展游击战争。广东轰轰烈烈的公开合法的抗日救亡运动从此转入秘密活动。

4月 中共合浦中心县委得悉国民党当局准备武力镇压合浦县白石水地区群众开展的反汪、反奸商运米资敌的斗争，决定组织群众武装自卫。从同年6月至翌年8月，国民党保安军警千余人先后3次到白石水地区镇压抗日群众，均被群众自卫武装所击溃。中共南路特委书记周楠向广东省委汇报白石水群众斗争的这一情况。广东省委认为在国民党统治区搞武装斗争，既不利于团结抗战的总目标，又会暴露地方党组织，不符合中共中央隐蔽待机的方针，要求把武装斗争转变为政治斗争，撤退转移已暴露的党员干部。后来南路特委贯彻执行广东省委这一指示，转变斗争方式。9月，国民党保安军警再次"清乡""扫荡"，大批党员群众遭受摧残。

5月 日军第二次进攻粤北。在此之前，1939年12月17日，日军向粤北发动第一次进攻。在第十二集团军等中国军队的坚决打击下，日军遭受损失，退回原阵地。这次日军第二次进攻粤北，又被第七战区（1940年初，第四战区司令长官部移驻广西柳州，在广东另设第七战区，余汉谋任司令长官）所部打退。自此以后至1944年8月，广东地区的中日正面战场处于相持状态。在此期间，日军加强了对敌后游击区的"扫荡"。

6月19日 琼崖华侨回乡服务团总团在琼山县树德乡正式成立。总团长符克，副总团长陈琴、梁文墀，人数有200多人。该团继续在中

1939年、1940年后两次粤北会战缴获的战利品

共琼崖特委的领导下，进行抗日宣传和战地服务工作。同年秋，符克等团员被国民党琼崖当局杀害。1941年底，太平洋战争爆发，侨援断绝，遂决定保留服务团的名义，服务团成员则转移到新的工作岗位，继续进行抗日斗争。

6月 中共广东省委为加强珠江三角洲武装斗争的领导，从中区特委划出南海、番禺、中山、顺德等地的党组织，设立中共南（海）番（禺）中（山）顺（德）中心县委，书记罗范群，直属省委领导。9月，中共南番中顺中心县委召开会议，决定以中共南（海）顺（德）工委领导的抗日游击队为基础，抽调各县党员，编为广州市区游击第

1940年11月，林锵云率领独立第一中队，配合广游二支队第二大队，在番禺沙湾涌和石涌两村英勇击退伪军的多次进攻，图为沙湾涌边战斗遗址

二支队独立第一中队（中队长林锵云），作为改造该支队的骨干力量。10月，该支队进行沙湾保卫战，打退伪军进攻后，转移到顺德县西海进行军政整训，逐步建立以西海为中心的南（海）顺（德）抗日根据地。

6月 中共赣南特委青年部部长朱平被捕叛变，使赣南特委所辖党组织不断遭受破坏。1941年2月，特委书记严重调任粤北省委秘书长，粤北省委指定特委组织部部长刘建华负责特委工作。至8月，赣南地区党组织几乎全遭破坏，刘建华带领8位党内外同志转移到粤北省委，赣南特委结束。

6月 中共广东省委在南雄召开执委会议，总结东江人民抗日武装东移海陆丰的教训，确定广东党组织的工作重点放在敌后和前线，要放手发动群众，开展独立自主的敌后游击战争，建立敌后抗日根据地。会议决定撤销东江军事委员会，将东江人民抗日武装移交给中共东江特委领导，尹林平任东江两支人民抗日武装的政委。会上，张文彬传达中共中央的指示：要将党组织管辖的范围划小，这既有利于加强党的领导和加强武装斗争的开展，也防止在发生突然事变时受到过大的牵连。中共中央要求将广东省委划分为粤北省委和粤南省委，并指定梁广任粤南省委书记。

7月 "东团"总团部派刘宣、何鼎华赴南洋各埠向南洋惠侨救乡会和广大华侨汇报"东团"的全部工作。控诉国民党顽固派无理解散"东团"，迫害华侨回乡服务团队员的罪行，动员广大侨胞继续支持祖国抗战。

7月 琼崖纵队创办以中国人民抗日军政大学为楷模的"琼崖抗日公学"，培养部队的战斗骨干、党群干部和各地抗日青年，提高了党和军队干部的政治素质和军事素质。

8月 中共广东党组织系统开始进行较大的调整：从南路特

委划出合浦、灵山、钦县、防城四县党组织，另成立中共粤桂边工委，拟与中共桂南地区党组织合并，共同开辟桂南地区抗日游击战争，由周楠任工委书记，梁嘉接任南路特委书记。秋，撤销北江特委，处于敌后前线的清远、英德、佛冈、翁源、从化、花县等地的党组织设立中共前北江特委，书记黄松坚；处于国民党统治区的曲江、仁化、乳源、乐昌、连山、阳山、连县、南雄、始兴等地的党组织设立中共后北江特委，书记陈祥（后李守纯）。从东江特委划出惠阳、东莞、宝安、海丰、陆丰、增城、龙门、博罗等地的党组织另设立中共前东江特委，由尹林平兼任书记。

9月中旬　中共东江特委在宝安县上下坪村召开东江两支人民抗日武装的干部会议，由尹林平主持。会议认真学习讨论中共中央"五八"指示，总结东移海陆丰的教训，确定深入敌后打击日寇，积极发展独立自主的游击战争，建立敌后根据地的基本方针。会议一致认为要坚持抗日民族统一战线，要坚持又联合又斗争，以斗争求团结的方针；对国民党顽固派的军事进攻，实行"人不犯我，我不犯人；人若犯我，我必犯人"的自卫原则。会议决定将东江人民抗日武装改称为广东人民抗日游击队，下设第三、第五两个大队。尹林平兼任两个大队政治委员，梁鸿钧负责军事指挥，王作尧任第五大队大队长，曾生任第三大队大队长。这次会议使部队指战员统一了思想，明确了方向，加强了团结，提高了信心，为坚持和发展敌后游击战，

上下坪会议（油画）

建立抗日根据地打下了基础。会后，第三大队挺进东莞县大岭山区，第五大队挺进宝安县阳台山区，开展打击日寇，创建了大岭山抗日根据地和阳台山抗日根据地。

11月7日 鉴于琼崖地区反共逆流高涨，有发生突然事变的可能，中共中央书记处电示琼崖特委：琼崖逆流与全国反共新高潮有关，必须随时警惕反共顽固派的武装袭击，动员一切力量给反共进攻以坚决打击，并在民众中发动反对内战、要求团结抗日的运动。23日，毛泽东、朱德、王稼祥也给冯白驹发来指示：顽军有向你们进攻的可能，你们应从军事上、政治上加强准备粉碎其进攻，方法是待其进攻时，集中主力打其一部，各个击破之。

11月16日 文昌县抗日民主政府成立。这是中共琼崖特委根据中共中央关于"委派县长、建立区乡政权"的指示，在文昌县陆续建立了一批区乡抗日民主政权的基础上建立起来的，也是广东敌后建立的第一个县级抗日民主政权。在文昌县抗日民主政府的影响和推动下，琼山县抗日民主政府、琼东县抗日民主政府、乐（会）万（宁）联县抗日民主政府也相继成立。

11月 中共南方工作委员会成立。南方工作委员会由方方、张文彬、郭潜、涂振农、王涛[1]组成，

南委成立和机关地址之一——大埔县大溪背蕝业楼

---

[1] 1940年10月已牺牲，当时不清楚。

方方任书记，张文彬任副书记，郭潜任组织部部长，涂振农任宣传部部长。下辖中共江西省委、中共广东省委、中共广西省工委、中共闽西南潮梅特委、中共湘南特委。

12月15日 琼崖地区国民党顽固派命令其保安第七团和县反动游击队3000余人突然袭击琼崖美合根据地。由于顽军力量强大和琼崖特委、总队部对国民党顽固派集中兵力进攻美合根据地的严重性估计不足，加上兵力部署分散，一时难以集中兵力歼其一路，独立总队经过激战，毙伤顽军百余人后，被迫撤出美合。28日，针对美合事变，中共中央书记处电示琼崖特委：对国民党顽固派的武装进攻必须给予坚决回击。向琼崖各界及侨胞作深入广泛的宣传工作和统战工作，列举我部英勇抗战顾全大局之各种事实，揭露国民党反动派破坏抗战、破坏团结之具体材料，争取对我同情，使顽固派政治上孤立。琼崖特委和总队部认真讨论中共中央的指示，认为美合地区已缺乏回旋余地，应该东返琼（山）文（昌）敌后，坚持独立自主的游击战争。翌年春节前夕，琼崖特委、总队部率部队冲破顽军封锁，东返琼（山）文（昌）抗日根据地。

12月 中共广东省委撤销，中共粤北省委和中共粤南省委正式成立，均隶属中共南方工委。中共粤北省委委员李大林、饶卫华、黄康、尹林平、冯燊，候补委员黄松坚、陈能兴，由李大林任书记，饶卫华任组织部部长，黄康任宣传部部长，饶彰风任统战部部长，陈能兴任青年部部长，朱瑞瑶任妇女部部长。下辖西江特委、前北江特委、后北江特委、前东江特委、东江特委[1] 和赣南特委[2]。中共粤南省委委员梁广、王均予、石

---

[1] 1941年2月，东江特委改称为后东江特委。
[2] 赣南特委至1941年8月结束。

辟澜，由梁广任书记，王均予任组织部部长，石辟澜任宣传部部长，邓戈明任妇女部部长。下辖中共香港市委、香港海员工委、南路特委、中区特委、南番中顺中心县委、粤桂边工委。1941年1月，因桂南地区的日军已撤往越南，所以撤销粤桂边工委，其下辖组织复归南路特委领导，周楠复任南路特委书记。中共琼崖特委由中共南方工委直接领导。

12月 中共闽西南潮梅特委撤销，分别成立中共闽西特委、中共闽南特委、中共潮梅临时特委，均直接隶属中共南方工委。中共潮梅临时特委管辖饶平、潮阳、潮安、澄海、丰顺、普宁、惠来、揭阳、梅县、兴宁、平远、蕉岭、汕头等地的党组织，书记姚铎。同时撤销潮（安）揭（阳）丰（顺）、潮（安）澄（海）饶（平）、潮（阳）普（宁）惠（来）和梅县4个中心县委。1941年7月，潮梅临时特委改为潮梅特委，书记李平。

1941年

1月 皖南事变发生。国民党掀起了第二次反共高潮，皖南事变后，国民党加紧文化专制，逮捕、迫害中共党员和进步文化人。为了保存文化界抗日队伍，周恩来主持召开中共中央南方局紧急会议，决定将国民党统治区的大部分进步文化人有计划地撤退到香港，在香港建立新的文化宣传阵地，并待机往南洋地区开展工作。从1月下旬至5月，桂林、重庆、昆明、上海等地大批著名文化人陆续抵达香港，香港的抗战文化活动顿时活跃起来，呈现出繁荣的景象。

2月15日 中共琼崖特委召开第三次执委会议。李明在会上传达中共中央和毛泽东对琼崖工作的指示：要加强军事工作，抗日武装要发展到1万人；必须建立根据地，建立抗日民主政权；在统一战线工作中要发展进步力量，争取中间力量，打击顽固派；要争取华侨的同情和帮助；要大力培养干部。冯白驹就军事

1941年，活跃在香港的部分文化名人及知名人士陈歌辛、瞿白音、夏衍、丁聪、何香凝、洪道、廖梦醒、欧阳予倩（从左至右）合影

工作的重要性和发展军队、建设军队作报告。会议根据中共中央指示，决定由冯白驹任特委书记，李明任副书记；并决定成立中共琼崖特委军事委员会，冯白驹兼任军委主席，李明、庄田为军委委员。会议对美合事变进行认真总结，分析顽军虽然在政治上陷于孤立，但亡我之心不死，仍将继续进行内战。因此，决定集中主力歼其一部，以粉碎国民党在琼崖的反共高潮。会后，琼崖独立总队积极寻找战机，主动迎战，多次在琼（山）文（昌）地区重创敌军，保卫和发展了琼文抗日根据地。

4月8日　在中共广东党组织的支持和帮助下，中共在香港用商界人士名义登记创办的、以统一战线形式出现的报纸《华商报》创刊。《华商报》由香港商界名人邓文田任总经理，邓文钊任副总经理，范长江主持社务，胡仲持任总编辑，张友渔任总主笔，夏衍和张友渔分管文艺版和时事理论版。该报发表各种形式的文章和美术作品，宣传抗日民族统一战线的方针、政策，和坚持抗战、团结、进步，反对投降、分裂、倒退的政治主张，宣传八路军、新四军、华南游击队的抗战功绩，揭露日本帝国主义的侵华罪行和瓜分世界的阴谋。该报发行到内地和南洋地区，对华侨、港澳同胞以及国际进步力量产生了较大的影响。后因

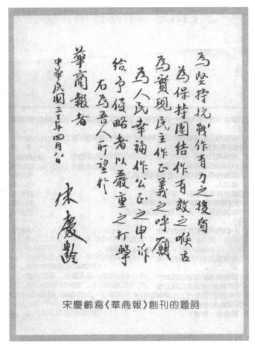

宋庆龄为《华商报》创刊的题词

太平洋战争爆发，该报于 12 月 12 日停刊。

5月 在中共中央南方局的领导下，成立中共香港文化工作委员会，由廖承志、夏衍、潘汉年、胡绳、张友渔 5 人组成。香港文化工委下设文艺、学术、新闻 3 个小组，小组之下又组织有文艺、戏剧、学术、新闻、国际问题和妇女等座谈会。香港文化工委通过这些座谈会广泛联系、推动文化界开展抗日文化工作。

6月10日 日军联同伪军共 600 余人分两路袭击东莞大岭山根据地中心地区百花洞，妄图一举消灭广东人民抗日游击队第三大队主力，摧毁大岭山抗日根据地。第三大队在抗日自卫队和民众的协助下奋起反击，经两昼夜激战，毙伤敌长濑大队长以下五六十人，粉碎了敌人的进攻。"百花洞战斗"的胜利，沉重打击了日军的侵略气焰，鼓舞了东江军民抗战必胜的信心。与此同时，日军又对宝安的阳台山根据地进行"扫荡"。从 6 月中旬至 8 月中旬，日军先后出动 1000 多人，多次"扫荡"阳台山根据地，第五大队连续作战，毙伤日军 70 余人，取得反"扫荡"斗争的胜利。大岭山根据地和阳台山根据地得到了巩固，部队也发展到 1500 多人。

6月13日 第二次反共高潮波及广东。第十二集团军逮捕了在政工总队部工作的政工队员廖锦涛（中共总支部书记）、王珠、邝清辉，并将廖锦涛、王珠迫害致死。接着逮捕何小静。随后又拘捕一批各师、旅的政工队员，反共恐怖气氛笼罩着整个第十二集团军。中共粤北省委根据形势的变化，为保存革命力量，决定除能秘密坚持的党员继续留下外，其余大多数的党员和政工队员迅速转移，一部分转移到地方党组织做地下工作；一部分继续升学，秘密从事学生运动；一部分撤退到东江、珠江敌后游击区，参加抗日游击战争。

6月 南（海）番（禺）中（山）顺（德）中心县委决定举办军政干部训练班。从1941年7月至1944年12月，共办了8期训练班，学员共约300人。珠江纵队小队长以上干部92%以上都参加过训练班的学习。通过举办军政干部训练班，大大提高了军政干部的素质。

7月1日 琼崖抗日军事政治学校正式开办。到1942年11月止的一年多时间，先后举办了两期，每期5个月，学员共100多人。学员三分之二来自部队，三分之一是地方党政干部和民众抗日团体骨干。该校为琼崖的部队和地方党政培养和输送一大批干部，加强和充实了党政军的骨干力量。

7月 广游二支队第一大队在南（海）番（禺）中（山）顺（德）中心县委的领导下，及时采取果断措施，粉碎了国民党顽固派企图篡夺该大队领导权的阴谋。并接受支队司令部命令，分别从中山、番禺调回顺德县西海，与独立第一中队合编。广游二支队从此成为中国共产党直接指挥的抗日武装，队伍扩展到300多人。

9月19日 中共南方工作委员会对粤南省委发出指示：为适应长期斗争，积蓄力量，等待时机，组织工作仍以巩固发展、稳扎稳打为主。对已被破坏及暴露的地区，应坚持执行周恩来指示，割断一切已暴露的关系和组织，坚决建立自上而下的平行组织，甚至建立平行特委，绝不发生联系。在此前后，粤北省委所辖各特委和潮梅特委根据南方工作委员会关于改变体制，从集体领导的委员制，改为个人负责的特派员制，实行单线联系，缩小目标，避免牵连，确保安全的指示，相继改为特派员制。西江特派员冯燊，副特派员张华；前北江特派员黄松坚，副特派员邓楚白；后北江特派员李守纯；潮梅特派员林美南，副特派员李平；后东江特派员梁威林，副特派员饶璜湘。

9月下旬 国民党保安第八团及地方武装2000余人向东莞县大岭山根据地进攻。广东人民抗日游击队第三大队在民兵和群众的配合下，进行顽强的抗击。数天后，第三大队主力撤离大岭山，与宝安的第五大队会合，打击国民党军后方。但因兵力分散，未能牵制顽固派的进攻，使大岭山区的地方武装及地方党组织受到较大的损失。

10月17日 伪军第四十旅8个团和护沙总队共2000余人进攻顺德县西海抗日游击基地。广游二支队在民兵的支援配合下，给伪军以沉重打击，击毙伪军前线代理总指挥、副团长祁保林以下200余人，俘虏110余人，还有100余人溺死于江中；而广游二支队仅伤亡各1人，创造了华南抗日游击战中以少胜多的出色战例。22日，日军一个联队1000多人向西海进行报复性的"扫荡"，广游二支队事前组织群众疏散隐蔽，并于是日展开阻击战后转移。日军侵占西海，烧毁民房百余间，于傍晚撤退。

11月初 日军在广九铁路线和宝太线集结3万余兵力，准备进攻香港。广东人民抗日游击队本着建立国际反法西斯阵线的方针，经中共中央同意，与港英当局进行谈判，要求港英当局开放民主，发动群众，并供给广东人民抗日游击队一个团的武器装备，以便袭击牵制进攻香港的日军。英守军司令曾表示同意，但港英总督杨慕奇却拖延未签字，最后谈判无结果。

11月10日 在中共琼崖特委领导下，琼崖东北区人民代表大会在琼山县树德乡召开。大会认为：文昌、琼山、琼东、乐（会）万（宁）等县一级的民主政府已经建立，一些县也建立了区一级的民主政府，迫切需要建立一个集中统一的民主政权，以适应抗日形势的发展。因此，大会决定成立海南岛人民的最高行政机关——琼崖东北区抗日民主政府，选举冯白驹为主席，颁布《施政纲领》《救国公粮征收法》《危害抗战紧急治罪法》《暂行土地条例》《婚姻条例》等各项法令、条例。从 12 月 25 日起，琼崖抗日根据地还先后建立了昌江、澄迈、临高等县抗日民主政府，并在其他县也建立了区、乡抗日民主政权。后来根

日机进攻香港，轰炸香港的情形

据地人口发展到 100 万人以上。琼崖东北区抗日民主政府实际上成为全岛性的抗日民主政权。

12 月 8 日　太平洋战争爆发。当天上午，日机空袭香港，日军分两路进入新界。12 日，日军占领九龙。19 日，日军分三路向香港本岛强攻，在鲤鱼门、筲箕湾、太古船坞及北角铜锣湾一带登陆。25 日，港英总督杨慕奇宣布无条件投降，香港沦陷。日军占领香港后，中共粤南省委为保护党的力量，将香港党组织的干部、党员 600 多人陆续疏散回内地，其中大部分转移到广东人民抗日游击队和广州市区游击第二支队，加强了华南敌后战场的党政军骨干力量。

大营救的主要组织者、中共中央南方局委员、八路军驻香港办事处负责人廖承志

12 月中旬　根据中共中央、周恩来关于营救困留在香港的民主人士、文化界人士的指示，八路军驻香港办事处主任廖承志、中共南方工委副书记张文彬在香港、宝安、惠阳先后召集中共香港和

广东党组织及广东人民抗日游击队领导人尹林平、梁广、梁鸿钧、连贯、曾生、王作尧、杨康华等对抢救工作进行研究和部署。经过5个多月的紧张战斗，抢救出民主人士、文化界人士何香凝、柳亚子、邹韬奋、茅盾、戈宝权、胡绳、胡愈之、张友渔、韩幽桐、黎澍、胡风、廖沫沙、沈志远、周钢鸣、千家驹、张铁生、叶以群、蔡楚生、司徒慧敏、金山、章泯、郁风、叶浅予、夏

英军上校赖特（前排中）在广东人民抗日游击队帮助下，从九龙深水埗集中营逃回大后方后合影

衍、范长江、金仲华、陈汝棠、梁漱溟、邓文田、邓文钊、李伯球、高士其等800多人，安全护送到大后方。被抢救脱险的，还有国民党第七战区司令余汉谋夫人上官贤德等10余人。并抢救赖特上校、京中校等一批英、美、荷、比、印国际友人。还接应2000多名回乡参加抗战的爱国青年，出色地完成了中共中央和中共中央南方局交给的任务。

12月下旬 中共

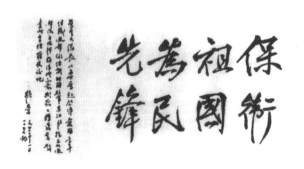

在文化名人大营救期间，邹韬奋赠送给曾生的题词

南方工委派梁广带领一批党员留在香港，开展香港、澳门、广州等敌占区城市的工作。从1942年起，粤南省委、前北江特委、广东人民抗日游击总队、广州市区游击第二支队也曾先后派党员到广州市进行地下活动，建立交通站和联络站。

1942年

1月17日　国民党琼崖守备区少将副司令兼保安第七团团长李春浓亲自率领一个营和两个连的兵力绕道琼文根据地边缘向锦山海边进发，接运武器装备，被琼崖独立总队包围于琼山县三江乡斗门村，李春浓被击毙。顽军突围后，集结6个连从锦山取得武器装备返回途中，又被独立总队包围于咸来乡大水村，独立总队在上万名民众支援下，与顽军激战5天，双方死伤数百人。琼崖国民党的反共高潮至此基本被打退。

1月　中共南方工委副书记张文彬到东江视察广东人民抗日游击队。视察期间，张文彬在宝安县白石龙村主持召开干部会议。会议肯定了三年来开展武装斗争的成绩，总结东莞大岭山事件的教训，明确要坚持敌后游击战，灵活运用游击战术，避敌锋芒，攻敌弱点，避免打硬仗和消耗仗。会议对当前的斗争形势作了全面的分析，指出只要依靠党，依靠群众，定能冲破敌、伪、顽的夹击，迎来更大的胜利。会议决定成立东江军政委员会①，统一领导东江下游地区和珠江三角洲的党政军工作，以尹林平为主任，梁鸿钧、曾生、王作尧、杨康华、林锵云、罗范群及黄宇（1942年8月起任，1943年2月离任）等为委员；还决定成立广东人民抗日游击总队，设立总队部和政治部，梁鸿钧任总队长，尹林平任政委。健全部队的建制后，整

---

① 中央文件称东江军政委员会。过去老同志回忆称广东军政委员会。

编了队伍，成立5个大队。

2月 中共南方工委决定撤销中共粤北省委和中共粤南省委，粤南省委所辖的南（海）番（禺）中（山）顺（德）中心县委及其抗日武装和粤

广东人民抗日游击总队部分战士合影

北省委所辖的前东江特委及其抗日武装均交给东江军政委员会领导，其余的党组织则合并重组广东省委。后由于粤北省委遭到破坏，重组广东省委之事未能实现。7月后，由东江军政委员会领导广东大陆和港澳地区党的工作，粤南省委的活动结束。

2月 广东人民抗日游击队成立国际统一战线部，以营救被香港日军囚禁集中营中的国际友人作为一项重要任务。8月间，经秘密疏通联络，英军少校祁德尊、英警司谭臣等从香港日军集中营逃出，均为广东人民抗日游击队接洽并护送至安全地区。

3月 广东人民抗日游击总队港九大队成立。港九大队根据港九地区的特点，以分散活动为主，开展打日军、除汉奸、炸桥梁、炸仓库、袭击日军海上运输船等活动，取得很大战果，鼓舞了港澳同胞，扩大了国际影响。至1942年12月底，港九大队由成立时的六七十人发展到400多人，下辖6个中队。

5月7日 国民党第三挺进纵队执行第七战区司令长官部的密令，勾结伪军在顺德县陈村水枝花河面暗杀了广游二支队司令吴勤。广游二支队全体官兵立即通电第七战区司令长官部、广东省政府、国民党广东省党部，并发出《告各界同胞书》，揭露国民党顽固派的卑鄙行径，一致推举林锵云为广游二支队代

司令，并在林头等地给予顽军沉重打击，从政治上、军事上反击国民党顽固派的进攻。

5月 被捕叛变的中共南方工委组织部部长郭潜，引领国民党特务破坏粤北省委机关，先后逮捕了省委书记李大林、组织部部长饶卫华和八路军驻香港办事处主任廖承志等人。6月上旬，国民党特务又前往大埔县，企图破坏设在该地的南方工委机关。由于南方工委事前获得情报，已经部署分路撤退，敌人破坏工委机关的阴谋未能得逞，但南方工委副书记张文彬、宣传部部长涂振农及交通员在撤退途中与国民党特务相遇而被

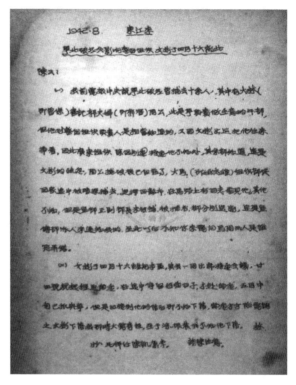

尹林平向中央报告粤北省委由于叛徒出卖组织令省委被破坏情况

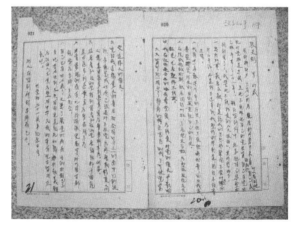

张文彬在狱中不叛党的"八大根据"

捕。粤北省委和南方工委及时向党中央报告了有关情况。

6月1日 鉴于日军对琼文根据地进行蚕食、"扫荡"的严酷局势，中共琼崖特委发出《对于目前琼崖局势的指示》，指出目前形势的严重性和克服危机的有利条件，号召根据地党政军民动员起来，冲破一切困难，争取时局好转。独立总队根据特委的指示，开展广泛的袭击战，到处攻打敌军的据点和伏击行动中的敌军，并深入敌后袭扰敌军的后方，动员群众破坏敌军的通讯交通。9月17日，独立总队在文昌县竹峎桥和琼山县大桥伏击日军，击毁军车9辆，毙伤日军近百名。日伪的蚕食、"扫荡"被根据地的军民协同作战所粉碎。

6月 周恩来和中共中央南方局连续电示广东党组织：为避免受粤北省委事件牵连，防止事态扩大，除沦陷区党组织照常活动外，国民党统治区的党组织一律停止活动，割断与暴露地区的组织关系，已暴露的干部立即撤往游击区，其余干部应找社会职业做掩护，进行"勤业、勤学、勤交友"的"三勤"活动，执行"隐蔽精干，长期埋伏，积蓄力量，以待时机"的方针。指示下达后，东江军政委员会和原粤北省委秘书长严重立即分别派人向各地党组织传达贯彻，潮梅地区党组织由林美南、李平负责传达贯彻。靠近粤北省委驻地韶关和南方工委驻地大埔县的北江地区党组织和潮梅地区的国统区党组织暂时停止活动。稍远的西江地区党组织、后东江和前东江地区处在国民党统治区内的党组织也暂时停止活动，但采取单线联系。原隶属粤南省委的南路特委、中区特委则继续活动。而琼崖特委、南（海）番（禺）中（山）顺（德）中心县委及前东江地区的部分党组织均处在敌后或前线地区，因此照常活动。撤销前东江特委，成立中共东（莞）宝（安）工作委员会，领导前东江地区敌后前线的党组织。与此同时，东江军政委员会撤销设在江门、广州湾的粤北省委与粤南省委之间的两个交通站，切断了国民党特务破坏粤南省委下属组织的渠道。由于广东党组织认真贯彻落实上级的指示，做好善后工作，圆满完成党组织的撤退转移任务，避免了事态的恶化，保护了各级党组织和广大党员干部。

7月 英国驻桂林的英军服务团在广东惠州设立英军服务团前方办事处，开展对被困在香港的英军战俘、港英政府官员的救护和情报收集工作。广东人民抗日游击队在极为艰险的情况下，有效地帮助英军服务团建立情报站、营救英军被俘人员和布置秘密交通路线，并且还负担了与英军服务团合作过程中的全部费用。

9月6日至27日 中共琼崖特委召开第九次扩大会议。会议分析国内外和海南形势，充分肯定了琼崖特委在军事斗争和政权建设方面所取得的成绩，同时提出琼崖党组织的奋斗总方针和具体任务。总方针是：一切为着实施反攻，争取明年打败日本，建设新琼崖。具体任务是：积极发展进步力量，争取以中共为主体的琼崖统一战线的实现；实施民主政治，巩固和扩大现有政权；进一步开展游击战争，创建更多的根据地，为争取抗战胜利而奋斗。

秋 中共南路特委接到东江军政委员会传达周恩来和中共中央南方局关于国民党统治区内的党组织停止活动的通知后，认为南路特委与粤北省委没有直接的组织联系，粤北省委事件对南路党组织没有大的影响，因此决定南路地区党组织采取单线联系，继续活动。特委内设立特派员，分片管理。特委书记周楠，雷州特派员陈恩，高州特派员温焯华，钦（州）廉（州）四属特派员杨甫。

10月上旬 由于国民党第三挺进纵队2000余人，配合日军一部、伪军第四十五师向顺德县西海游击基地进攻，林头、北滔、广教被敌占领，形势不利。南（海）番（禺）中（山）顺（德）中心县委召开会议，商讨对策。会议认为，珠江三角洲敌后只有一个西海游击基地，回旋余地小。在强敌进攻的情况下，如坚守西海，反使我主力受到损失。会议决定除小部分兵力留守西海外，大部分兵力转移各地，经营番禺，发展中山，开辟南（海）三（水），扩大抗日游击区。

10月 日军第十六警备队纠集大批伪军，在飞机、坦克的配合下，再次对琼文根据地进行"蚕食""扫荡"，实行"三光"（烧光、杀光、抢光）政策，被杀害的群众数以万计。日伪深入根据地，建立或加强日军据点，并组成几股"讨伐军"，在根据地内横冲直撞，寻找独立总队主力决战。10月17日，中共琼崖特委作出《粉碎敌顽蚕食政策的决议》。11月间，中共琼崖特委再次发出反"蚕食"斗争的指示，要求党政军民实行坚壁清野，肃特锄奸，破坏敌人交通情报网，保卫民主政权，军事上以分散对敌集中，组成精干游击小组，机动灵活袭击敌人。当日军转变为以分散对分散、以游击对游击时，独立总队又采取相对集中的办法来对付，组成有相当火力的小分队，伏击分散游动的日军。当日军转变为深夜埋伏，企图攻我不备、变被动为主动时，独立总队则提早于傍晚出动，先发制人，挫败敌人的阴谋。从10月至1943年1月，共毙伤日伪顽军1200多人，而根据地军民也付出了很大的代价。

1943年

1月7日　中共琼崖特委发出《关于反蚕食斗争的再三指示》，要求各地党政军加强政治攻势，揭穿敌人劝降、诱降、迫降的阴谋。8月18日，琼崖特委又发出《关于反蚕食斗争的新指示》，决定留少数部队继续在内线与敌周旋，主力则突出外线作战，配合内线，创建新区。独立总队从1月开始派出第一支队一部西进，派出第二支队一部南进。西进部队连战皆捷，开辟儒万山、六芹山区根据地。南进部队进至琼东、定安县境，与活动于该地的挺进队合编为第五支队，一度开辟了内洞山中心根据地。

1月　遵照中共中央指示，中共广东省临时委员会（简称"广东省临委"）成立，委员有尹林平、梁广、连贯，以尹林平为书记，梁广负责城市工作，连贯负责联系国民党统治区内的党组织和统战工作。中共广东省临委机关设在东江抗日游击区内。

2月16日　日军第四十八师团之山田联队和小岛海军陆战队一部共4000余人在飞机、军舰的掩护下，于雷州半岛的下岚、通明两港登陆，占领海康县。19日，再占遂溪县。21日，该股日军与另一股从西营登陆的日军相配合，占领广州湾。雷州半岛沦陷。中共南路特委号召党员深入农村，发动群众，组织各种形式的抗日武装，坚持敌后斗争。南路地区党组织陆续建立界炮乡抗日联防自卫队、深泥塘村民众抗日自卫队卜巢山中队、遂溪中区游击中队、遂溪东区游击中队等抗日武装，积极打击日伪军，发展敌后抗日游击战争。

2月　中共广东省临委决定：东江、西江、北江等地区党组织仍停止活动，坚持个别联系；广州外围与珠江三角洲、前东江地区以及广州、香港、澳门、广州湾四大城市采取单线形式继续工作；中区、南路则候各地负责人来商讨后再行决定；潮梅方面拟设法与石辟澜取得联络，了解情况再决定整顿办法。

2月 中共广东省临委和东江军政委员会在九龙乌蛟腾村召开联席会议。会上，尹林平传达了周恩来的电报指示："国民党顽固派对我势在必打，志在消灭"，不能对国民党存在任何幻想，要以积极行动和国民党顽固派展开针锋相对的斗争。来电还指出：全国处在困难之中，蒋、日、伪相互勾结，实行军事上的"围剿"、政治上的造谣和经济上的封锁。我们要艰苦奋斗，克服困难，粉碎敌人的"围剿"封锁，以争取胜利。会议认真学习了周恩来的指示，检查了一年来在反"围剿"斗争中，由于采取消极防御，加上严重粮荒，致使部队处处被动，一度减员，陷于不利地位的教训。决定在全军开展政治教育，干部进行整风学习，清除对国民党的幻想，对国民党的进攻坚持针锋相对和坚决还击的方针；精兵简政，以精干小分队为战斗单位；军政委员会成员分别到各部队加强领导。会议还决定成立南（海）番（禺）中（山）

乌蛟腾联席会议旧址（位于香港新界沙头角的乌蛟腾村一角）

顺（德）游击区指挥部，统一领导珠江三角洲地区的武装斗争。

3月 中共广东省临委指出，由于敌伪加紧对东江、珠江地区"扫荡"和"清剿"，今后的斗争将愈益艰苦，因此一切工作布置须从长远打算，各级党组织力求隐蔽精干，准备在最艰苦环境下继续坚持独立工作。东江党组织的重点放在巩固方面，珠江地区党组织力量薄弱，且全处敌后，应着重发展。广东省临委还决定成立东江前线临时工作委员会和南（海）番（禺）中（山）顺（德）临时工作委员会，前东江、南番中顺的部队与地方党组织要严格分开；地方党组织除临工委外，县市党组织也要改设特派员，采取单线联系，不发生横的关系。要完成严格的审查工作，干部要职业化，勤职交友，积蓄力量，渡过难关。同时要加强对外围武装的统战工作。

3月 根据中共广东省临委决定，撤销东（莞）宝（安）工委，成立东江前线临时工作委员会，领导原前东江特委下辖的党组织。东江前线临工委书记黄宇，副书记郑重。同月，撤销南（海）番（禺）中（山）顺（德）中心县委，成立南（海）番（禺）中（山）顺（德）临时工作委员会，书记罗范群，副书记陈翔南。12月，广东省临委又撤销南（海）番（禺）中（山）顺（德）临工委，成立中共珠江特别委员会，书记梁嘉。

南番中顺游击区指挥部（田心村）旧址

4月 南（海）番（禺）中（山）顺（德）游击区指挥部正式成立。指挥林锵云，政治委员罗范群，副指挥谢立全、谢斌（兼参谋长），政治部主任刘向东（同年8月，刘田夫调任主任，刘向东改任副主任）。南番中顺游击区指挥部领导南海、番禺、中山、顺德诸县人民抗日武装开展抗日武装斗争。

8月中旬 琼崖白沙县的2万多名黎族、苗族人民不堪国民党反动派的残酷压迫、劳役和戮杀，在王国兴、王玉锦率领下举行求生存、求解放的武装起义。起义群众将国民党白沙县政府和军队赶出了白沙县境。9月下旬，国民党顽军1000多人分三路向白沙反扑。起义队伍在国民党的恐怖、分化和镇压下遭到失败。王国兴、王玉锦率领部分起义队伍撤至鹦哥岭、什寒山继续坚持斗争，并先后派人去找共产党。他们历尽艰险，终于在1944年初找到中共琼崖特委。琼崖特委支持黎族、苗族人民的解放斗争，于1944年2月间成立黎苗民族工作委员会，并命令第二、第四支队向白沙发展，为创立五指山中心根据地打下了基础。

秋 日军又转向琼崖乐（会）万（宁）地区六连岭根据地进行"蚕食""扫荡"。独立总队第三支队和根据地群众一起，开展艰苦的反"蚕食"反"扫荡"斗争，沉重打击日军，并派出主力部队挺出外线。挺进的部队团结吊罗山区的苗族同胞，开展琼南地区抗日游击战争，建立陵（水）保（亭）崖（县）乐（东）抗日根据地。

11月11日 日军开始向广九铁路沿线发动进攻，国民党军队闻风逃遁。日军在打通广九铁路后，于18日派出日军第五十七师团两个联队和伪军第三十师等合共9000余人对东莞县大岭山根据地实行"铁壁合围"。广东人民抗日游击总队第三大队、珠江队分三路夜间突围，敌人扑空。11月22日和12月4日，日军共出动1000余人两次进攻宝安县阳台山根据地。广东人民抗日游击总队宝安大队、珠江队先后在坂田、石坳山、大水坑、岗头仔、黄田等地截击敌人，杀伤大量日军，粉碎了日军的"扫荡"，保卫了东（莞）宝（安）抗日根据地。

11月 根据中共广东省临委的指示，中共中区特委将委员制改为特派员制，特派员李国霖，副特派员周天行、郑锦波。特派员实行分片管理，下辖的党组织采取单线联系，继续活动。

12月2日 广东人民抗日游击队东江纵队成立。根据中共中央指示，公开发表由司令员曾生、政委尹林平、副司令员兼参谋长王作尧、政治部主任杨康华署名的《东江纵队成立宣言》，庄严宣告：东江纵队是东江人民的子弟兵，团结在抗日建国的共同目标之下，拥护中国共产党的政治主张，接受中国共产党的领导，为打败日本、建立新中国而奋斗。12日，东江纵队号召全军趁日军败退、伪军立足未稳之机，扩大游击区，壮大

广东人民抗日游击总队在坪山改编为广东人民抗日游击队东江纵队，图为东江纵队成立大会

广东人民抗日游击队东江纵队胸章

力量，并采取"统一指挥、分散经营"的策略，展开持续半年的杀敌扩军竞赛，部队迅速发展到6000多人。

冬 中共琼崖特委决定成立东区、西区和南区3个军政委员会，代表琼崖特委、琼崖东北区抗日民主政府、独立总队，分别对各地实行党政军一元化领导。东区军政委员会主任庄田、副主任符哥洛，西区军政委员会主任王伯伦、副主任李振亚，南区军政委员会主任黄魂、副主任符荣鼎。与此同时，琼崖特委决定由第一支队接管第二支队的活动地区，第二支队向昌（江）感（恩）地区转移，开展琼西南的抗日斗争。至1944年初，日军的"蚕食""扫荡"被琼崖抗日根据地军民的英勇斗争所粉碎。

1944年

1月1日 南（海）番（禺）中（山）顺（德）游击区指挥部决定在中山县抗日游击大队的基础上成立中山人民抗日义勇大队。中山人民抗日义勇大队成立后和五桂山根据地的其他抗日武装一起，积极对日伪作战，于18日出击翠微的伪军，俘虏伪护沙队120多人。31日，日军纠集伪四十三师、三十师和5个护沙中队8000多人向五桂山根据地发动"十路围攻"。根据地军民分头伏击敌人，大量杀伤日伪军，并乘虚袭击石歧，敌军被迫回师救援，"十路围攻"只5天时间就被粉碎了。2月15日，根据地的抗日武装渡海夜袭横门岛敌海军基地，俘虏伪中校主任以下100多人。7月4日，根据地军民再次粉碎了日军1000余人的四路围攻，毙敌少佐以下七八十人，巩固了五桂山根据地。

3月25日 东江纵队政治部发出《关于在全队进行整顿三风运动的指示》，决定在部队中进行整风学习运动。根据中共中央《关于在全党进行整顿三风学习运动的指示》精神，从1943年开始，广东省临委、东江军政委员会先后举办各级干部整风学习班，印发中央规定的整风学习文件。1944年1月，广东省临委、东江军政委员会派黄康到珠江三角洲，指导该地区党政军的整风学习。随着整风学习的深入开展，全体党员进一步克服了主观主义、宗派主义，进一步发扬理论联系实际的作风，增强了党性，加强了团结，提高了战斗力。

3月 中共香港海员工委书记符镜洲被日军宪兵逮捕后叛变，供出香港海员工委的机关驻地，香港海员工委因此遭受破坏。

5月 中共南路特委书记周楠到达重庆，向南方局汇报工作。中共中央南方局指示：日军将要打通湘桂线，南路地区会变成敌后，南路地区党组织必须加强党的思想建设，宣传群众，团结人民，建立中共直接领导的独立自主的武装，大力开展抗日游击战争。并决定南路特委暂由中共中央南方局直接领导。曾一度与广东省临委失去联系的南路特委，又与上级党组织恢复了联系。7月，周楠返回南路传达中共中央南方局的指示，加紧建设抗日武装。至1944年12月，成立了雷州人民抗日游击队第一、第二、第三大队，在廉江、遂溪、海康、徐闻等沦陷区普遍发动抗日游击战争。

6月20日 广游二支队夜袭番禺县新造，毙俘伪区长以下200余人。26日，夜袭伪四十旅司令部所在地番禺县市桥，歼敌百余人。7月26日，日军一个联队偷袭驻番禺县植地庄的广游二支队新编第二大队。战斗一整天，第二大队毙伤日军70余人，第二大队大队长卫国尧以下48人牺牲，22人重伤。当天日军撤离。

6月 曲江（韶关）樟脑工业合作社内的中共组织被国民党特务破坏，后北江特派员李守纯受牵连被捕。9月，李守纯牺牲于狱中。

7月1日 遵照中共中央1月31日关于"建立东江抗日民主政权的原则"的指示，路西东（莞）宝（安）行政督导处正式成立，主任谭天度。路西东宝行政督导处统一领导东莞、宝安两县的广九铁路以西的解放区，共下辖10个行政区，人口约40万人。1945年4月，路东行政区召开首届参议会，正式选举产生由49名参议员组成的路东参议会和由9个行政委员组成的路东行政委员会。彭海东当选为参议长，叶锋为行政委员会主席。全区人口58万人，下辖行政6个区和1个特别区（包括港九一带）。与此同时，惠东行政督导处也随之成立，练铁为主任。先后成立5

个区民主政府和1个相当于区的乡民主政府，全区人口约45万人。7月，博罗县民主政府成立，韩继元当选县长，管辖1个区、14个乡，人口约14万人。同月，成立北江东岸抗日动员委员会，陈清畿当选主任委员，全区人口20余万人。7月，海丰县民主政府成立，县长吴棣伍，下辖3个区，全区人口20万人。此外，还在增城县成立永和区人民政府。抗日民主政权成立后，普遍组织农会、民兵等抗日群众团体，开展减租减息运动，发展生产，支援前线。从1944年7月至1945年7月，东江纵队先后在东江和北江地区建立6个县级和1个区级的抗日民主政权，根据地和游击区总面积6万余平方公里，人口450万人以上。

7月6日　古大存、张鼎丞、方方在延安向中共中央递交《关于开展南方游击战争的意见》，建议华南敌后抗日武装不要局限于平原地区，应乘敌移动之机，派出一部向粤北推进，创建粤北抗日根据地，另派出一部挺进中区，谋求发展。

7月20日　中共中央、中央军委给东江纵队和琼崖独立总队全体指战员发来电报。电文指出："你们在华南沦陷区组织和发展了敌后抗战的人民军队和民主政权，至今已成为广东人民解放的旗帜，使我党在华南政治影响和作用日益提高，并成为敌后三大战场之一。""拯救华南人民的责任，不能希望国民党，而要依靠我党及华南广大民众。……为此必须亲密团结自己的队伍，加紧整风，打通干部思想，坚持统战工作，加强与根据地人民的血肉联系，坚持原阵地，并力求继续发展，扩大武装部队，建立广大的坚固的根据地"。中共中央、中央军委的表彰和指示，给全体指战员以极大的鼓舞。

7月25日　由于华南日军北上、西进，配合南下日军企图打通粤汉线、湘桂线，广东面临全面沦陷的危险，中共中央电示广东省临委和东江军政委员会：凡敌向北侵占之地，应即派出得力干部或武装小队到该区与当地党组织取得联系，大力发展抗日武装斗争。珠江三角洲及其以西地区，亦有可能扩大现有武装。要把武装扩大一倍，并提高战斗力。但国民党军队所在地区，我地下党仍坚持隐蔽待机之方针勿变。

7月 东江纵队遵照中共中央指示，在宝安县大鹏开办军政干部学校，王作尧兼任校长，李东明任政委，为部队培养军事、政治干部。8月，东江纵队政治部又开办青年干部训练班，由黄文俞、张江明等负责，为部队和地方培养青年骨干。

8月初 中共广东省临委、东江军政委员会及各地区负责人在大鹏半岛土洋村举行联席会议，传达贯彻中共中央指示。会议决定放手发动群众，开展全省抗日游击战争，明确武装斗争是当前的中心工作。东江纵队创立罗浮山以北，翁源以南，东江、北江之间的根据地。并向东江、韩江之间展开，然后伸展至粤闽边、粤赣湘边、粤桂湘边。中区则求普遍发展，然后向西江、粤桂边及南路推进。东、西两方面配合，取得对广州包围之势。主要的打击方向是日伪军，歼灭伪军中最坏最弱的部分，稳固和扩大原有的抗日根据地。会议要求抗日民主政权的建立，要适应某一军事战略单位，有利于抗日游击战争发展的需要。会议制定抗日公粮征收办法，人口税、营

土洋会议旧址

业税的累进税率，发展经济，保障军需。会议还决定定期举行党政军联席会议，使三方面取得抗日工作上的密切配合。这次会议对全面开展广东抗日武装斗争具有重大的意义。

8月 根据中共广东省临委、东江军政委员会"土洋会议"的精神，东江纵队组成抗日先遣队，开赴增城，会合独立第二大队，跟踪北上的日军，向粤北挺进。先遣队打破顽军的拦截，经花县、从化，西渡北江进入清远，截击日军一〇四师团的后续部队，一度解放清远县城，后发现敌军向粤北佯攻，实为挥师西向，遂退回增城，待机再进。日军在进行广西战役的同时，从29日起出动藤本大队700人，伪军四十五师、三十师2300多人向东江解放区"扫荡"，根据地军民数天内连续痛击敌军，至9月3日，粉碎了敌军的"扫荡"，毙伤日伪团长以下200余人，俘伪军中尉以下40余人。

秋 遵照中共中央的指示，广东琼崖人民抗日游击队独立纵队成立，司令员兼政委冯白驹，副司令庄田，参谋长李振亚，政治部主任王伯伦、副主任陈石。下辖4个支队4000多人。琼崖特委和纵队司令部决定：以建立白沙根据地为中心，发展全琼的抗日斗争。第一支队留少数兵力坚持琼文地区斗争，用主力巩固琼（山）澄（迈）临（高）根据地。第二支队从西南方向逐步向白沙发展。第三支队继续开展琼南地区的抗敌斗争。第四支队继续开展澄

原琼崖抗日游击队独立第一总队改编为广东琼崖人民抗日游击队独立纵队（琼崖纵队），图为琼崖纵队的女战士

（迈）临（高）儋（县）地区的抗敌斗争，并派出主力巩固白沙县阜龙根据地，逐步向白沙腹地发展。

10月1日 广东人民抗日游击队中区纵队在内部宣布成立，司令员林锵云，政委罗范群，副司令员谢立全，参谋长谢斌，政治部主任刘田夫、副主任刘向东。中区纵队下辖第一支队、第二支队、主力大队，中山县八区大队、新鹤大队、南三大队等，共2700多人。为实现广东省临委制定的开展粤桂边境勾漏山脉抗日根据地的战略部署，中区纵队领导机关和主力大队500余人于20日从五桂山根据地出发，挺进中区，会合中区人民抗日武装新鹤人民抗日游击第二大队、高明人民抗日游击第三大队、台山人民抗日游击第四大队，建立皂幕山、古兜山根据地，作为西进的立足点，然后逐步向粤桂边推进。

10月2日 中共广东省临委、东江军政委员会召开联席会议，研究贯彻中共中央关于城市工作的指示。会议决定建立专门机构，领导城市工作，物色与伪政府、军警、商务有关系的党员和干部加以训练，派去工作，同时展开城市周围的军事行动以配合城市工作的开展。1944年12月，广东省临委将梁广调离广州，转入东江游击区加强武装斗争的领导之后，广州城市工作由陈翔南、余美庆、麦任负责。翌年初，广东省临委决定将在广州活动的各系统的党组织及交通站、联络站统一起来，加强广州城市工作的领导，便于城市工作的开展。

10月11日 台山县第三区抗日联防大队联合友军赵仕农、钟炎如等部进攻台山县城，击退约800名日伪军，收复了县城。12日，联防大队和赵仕农部乘胜追击日伪军，国民党广阳守备区指挥部却派部队跟踪联防大队，企图联合日伪军将其消灭。联防大队被迫撤回新会、台山交界的古兜山区。

10月23日 中共广东省临委召开会议，总结省临委成立以来的组织建设工作。会议认为，自粤北省委、南方工委事件之后，广东党组织基本上执行了中共中央关于隐蔽待机的十六字方针，撤退了暴露的党员干部，保存了组织。虽个别地区计有10余人被捕，但均与粤北省委、南方工委事件无关。党员都已职业化，分布到工农商学各界中，丰富了社会经验，增强了独立工作的能力。党员已初步审查，组织较为纯洁。这些都为广东党组织的新发展准备了基础。但广东党组织自停止活动以来，由于无法过组织生活，教育不深入，以致形成党内的自由散漫现象，党的发展和党的工作均受到一定程度的影响。这些都是与当前广东局势的大变化不相适应的。为了党组织能更好地配合和领导抗日武装斗争，担负起解放华南的重大责任，广东省临委决定广东党组织全面恢复活动，抽调一批党员、干部到部队工作，加强部队的建设，并抽调大批党员、干部到部队加以军事训练，然后派往各地发动抗日游击战争。

10月 鉴于抗日战争形势的发展，原中共潮梅特派员林美南派出代表到东江游击区，与广东省临委、东江军政委员会联系，并通过省临委负责人尹林平向中共中央汇报潮梅地区党组织自南方工委事件后停止活动情况和当前潮梅地区的抗日形势。提出潮梅地区恢复党组织活动和开展抗日武装斗争的建议。经同意后，11月，潮汕党组织在积极准备的基础上全面恢复活动，逐级审查、恢复党员的组织关系。至同年底，已恢复组织关系的党员700多人，先后建立中共潮（安）澄（海）饶（平）县委和中共潮（阳）普（宁）惠（来）县委，并着手筹建人民抗日武装队伍，开展抗日游击战争。

10月 南（海）番（禺）中（山）顺（德）游击指挥部在中山县抗日游击区召开各区乡代表大会，选举成立中山县行政督导处，主任叶向荣。1945年3月，成立番（禺）顺（德）行政督导处，主任徐云；同年5月，南（海）三（水）乡政建设委员会成立，主任高云（高天柱）。到1945年上半年，珠江三角洲抗日游击根据地先后成立3个县级和一批区乡的抗日民主政权，人口约40万人。

11月11日 广东省临委和东江军政委员会召开联席会议，讨论和贯彻中共中央关于"广东游击战争应以向西发展为目前主要方向"的指示。会议决定：为加强各地武装的领导和建设，增加梁嘉、刘田夫为东江军政委员会委员，设立东江军政委员会珠江分委和中区分委。派梁鸿钧到中区，周伯明到珠江三角洲，两个营级干部往南路，同时继续选拔营、连、排级干部前往，迅速发展西江和南路的武装斗争，并派军事干部支援潮汕地区的抗日游击战争，派代表与琼崖特委联络。中共中央于14日电示广东省临委和东江军政委员会，再次强调华南敌后抗日武装主要向广西和南路方向发展，要求琼崖独立纵队占领全岛，并派出得力部队向南路发展，务求两方面打通联系。

11月12日 中共潮梅党组织根据中共中央南方局的指示，将叛变投敌，并受国民党特务机关派遣潜回揭阳县进行反革命活动的原南方工委秘书长姚铎处决，保护了潮梅党组织的安全，扫除了恢复党的组织活动和开展武装斗争的障碍。

11月25日 广东省临委为发动群众奋起抗日和扩大中共和人民抗日武装的影响，公开发表《为挽救广东全面陷落危机，坚持对敌斗争》的宣言。宣言号召：今天国民党统治者已无能挽救我们了，全省同胞不分阶层，不分党派，立即武装起来，依靠自己的力量，与中国共产党及一切抗战力量结合，打开广东抗日的新局面，挽救全面沦陷的危机。

冬 根据十月广东省临委会议的决定，广东省临委所辖各地党组织全面恢复活动，并在组织体制方面有一系列的变动：

1944年11月，撤销西江特派员，成立中共西江临时工作委员会，以王炎光为书记。12月，撤销前北江特派员和后北江特派员，前北江地区的党组织与后北江地区的党组织合并，重组中共北江特别委员会，以黄松坚为书记。1945年1月，撤销前东江临工委，成立中共东江前线特别委员会，以黄宇为书记。同时撤销中区特派员，成立中共中区特别委员会，以谢创为书记。2月，后东江地区党组织设立特委工作机构，仍采用特派员制，以梁威林为特派员。8月，撤销西江临工委，成立中共广宁中心县委和中共三罗中心县委，分别以王炎光、潘祖岳为书记。

1945年

1月14日　中共南路特委发动吴（川）化（县）廉（江）梅（菉）抗日武装起义。1月底，发动茂（名）电（白）信（宜）抗日武装起义。2月3日，发动钦（州）廉（州）四属抗日武装起义。在中共南路特委的推动和帮助下，国民党抗日将领张炎也于1月14日率所属700多人在吴川举行抗日起义，在中共抗日武装的配合下攻入吴川县城塘㙍，成立高雷人民抗日军，自任军长，詹式邦任副军长，宣布在共产党领导下抗日。此时，南路特委领导的抗日武装也迅速发展，并与张炎所部控制了吴川县全境。为加强对武装斗争的领导，南路特委决定成立南路人民抗日解放军，周楠任司令员兼政委，李筱锋任参谋长，温焯华任政治部主任，领导南路各地党组织全面发动武装起义。南路人民抗日解放军和高雷人民抗日军成立后，决定向粤桂边转移，开辟廉（江）化（县）陆（川）博（白）抗日根据地。2月1日，高雷人民抗日军在国民党顽军的突然袭击下溃散。张炎在撤往广西途中被捕后受害。2月4日，南路人民抗日解放军向西转移途中，在廉江县木高山遭到1000多名顽军的攻击，牺牲大队长林林以下数十人。5日，南路特委召开紧急会议，决定由李筱锋率主力800人西进合浦县白石水地区，开辟根据地，其余部队返回雷州半岛前线敌后。西进部队到达白石水地区后，与当地起义武装配合，转战于合浦、灵山两县之间。后因国民党第一五五师四六五团纠集地方团队进行围攻堵截，起义队伍的活动范围日益缩小，处境不利，遂决定留下部分武装在当地坚持斗争，其余部队从4月起陆续返回雷州半岛敌后。

1月15日 广东人民抗日游击队珠江纵队发表成立宣言。宣言指出：本纵队乃是珠江三角洲人民的子弟兵，我们坚持敌后抗战，支撑起三角洲敌后抗日的局面。从艰苦的抗日自卫斗争中，我们一致认清中国共产党是中国人民的救星，我们热诚接受和拥护中国共产党的领导，与兄弟部队一起，为解放华南同胞而奋斗。珠江纵队司令员林锵云，政委梁嘉，副司令员谢斌，参谋长周伯明，政治部主任刘向东。纵队下辖两个支队和一个独立大队，共有1000多人。

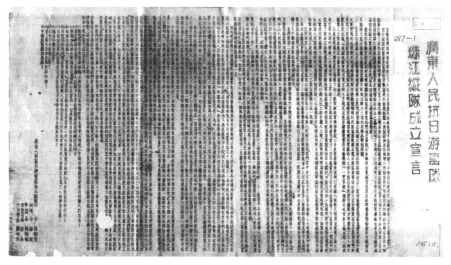

《广东人民抗日游击队珠江纵队成立宣言》全文

1月20日 中区纵队的西进部队与粤中地区的人民武装合编为广东人民抗日解放军，发表成立通电。通电指出：本军乃广东人民子弟兵，痛桑梓之沦亡，哀同胞之惨苦，爰举抗日义旗，竭诚与各抗日友军合作，共同肩负起收复失地之责任。广东人民抗日解放军司令员梁鸿钧，政委罗范群，参谋长谢立全，政治部主任刘田夫。部队发展到6个团，有1000多人。部队成立后，主力立即出击，解放高明县城。1月底，部队奔袭驻高明县凤凰山太洞村的国民党顽军第四七三团，因顽军有准备，抗日解放军被迫突围撤出战斗。此役，抗日解放军牺牲10余人，副团长秦炳南以下10余人被俘。2月下旬，抗日解放军司令部、政治部率部队400余人继续西进，拟奔袭新兴县国民党顽军第一五八师后方，然后转进两阳，开辟云雾山根据地。因敌情变化，临时决定放弃奔袭新兴，改向两阳进发。途中，部队驻军于新兴县蕉山，被顽军第四七三团突然袭击，牺牲司令员梁鸿钧以下70余人，被俘70余人。部队受到损失。

1月24日 日军攻占韶关，打通粤汉线前段。与此同时，日军为防止盟军登陆，在珠江三角洲和东江沿海地区增兵8万余人，广东全面沦陷。

1月28日 中共中央指示琼崖特委，要抓紧根据地的经济建设和发展武工队，建立海上武装，发展城市工作，并表扬琼崖党组织和军队"坚持二十年红旗不倒"的顽强革命精神。

1月 中共广东省临委为加强党和军队的统一领导，适应抗日游击战争的迅速发展，决定撤销珠江特委。其下辖的党组织由珠江纵队党委及珠江纵队第一支队、第二支队、独立大队党委分别领导。

2月10日 中共广东省临委根据广东全面沦陷的形势，对广东抗日武装斗争作出如下决定：西北支队打开清远、英德局面后，再向连阳及湘桂边推进；北江支队打开英德、翁源局面后，向曲江、南雄及湘赣边推进；以中区为基础，向沿海两阳发展，打通南路，然后向粤桂边推进；以罗浮山为基础，开辟增（城）龙（门）博（罗）根据地，进一步建立南昆山根据地；以惠阳为基础，向惠东、揭阳推进，开展潮汕及闽粤边的游击战争；在南海、番禺、顺德、中山、三水、东莞、宝安的基础上，构成包围广州的形势。3月16日，中共中央复电同意广东省临委的部署，指出现在粤西北最为空虚，华南抗日武装斗争应从小北江入手，以湘粤桂边为主要发展方向。

2月13日 闽粤赣边区的大埔、梅县、平远、蕉岭、平和、武平、寻邬、上杭等县党组织，在李碧山的领导下恢复了活动，并于是日建立抗日游击队韩江（梅埔）纵队。韩江（梅埔）纵队根据中共中央关于"梅埔国民党统治区，应劝导一部分城市党员转入乡村工作，同时积极开展新的战略据点"的指示，决定在明山嶂、九龙嶂、八乡山、铜鼓嶂建立秘密农村武装据点。首先每隔二三十里建立一个农村武装据点，然后由点到线，由线到面地发展。经过艰苦细致的努力，至抗日战争胜利，在几个县的范围内，开辟近200个据点村，队伍发展到180多人，打通了与潮汕游击区、闽西南游击区的联系。

2月23日 中共西江临时工作委员会发动广宁、四会抗日武装起义，成立西江人民抗日义勇队，队长陈瑞琼，政委欧新。4月下旬，起义部队联络封建团体"神打"的近千名群众，打退了国民党顽军的进攻。5月19日，起义部队与珠江纵队挺进西江的部队会师。珠江纵队到达广宁后，立足未稳，就遭到顽军连续的围追堵截，加上部队未能适应山区环境，补给缺乏，伤病减员等，局势不利。6月30日，部队行进中在高要县金坑迳遭顽军伏击，牺牲失散30多人。此时，广东省临委派梁广到西江巡视。7月1日，由梁广主持，在广宁县黄坑村召开珠江纵队和广宁中心县委联席会议，纠正了集中兵力作战的做法，决定加强部队的思想政治教育，整顿组织纪律，发动群众。军事上分兵隐蔽活动，缩小目标，捕捉战机，袭击敌人。会后，部队主力转移至五指山区，利用有利地形，打退了顽军的多次进攻，扭转了被动局面，进而开辟广（宁）清（远）边、广（宁）四（会）

边、广（宁）高（要）边、广（宁）德（庆）怀（集）边4个游击区。

2月 中共南路特委召开领导干部会议，总结南路武装起义的经验教训。会议认为南路特委对形势估计过分乐观，不区别情况，要求全部党员一律参加武装起义，造成挫折和暴露。会议决定未起义的停止起义，已起义的进行整顿，组成小型武工队返回原地，依靠当地群众，分散活动，坚持斗争；恢复情报、交通联络和统战工作；在敌占区内则继续加强抗日武装斗争。此后，南路斗争形势逐步好转，武装力量不断发展壮大，先后建立遂溪西北区抗日民主政府以及遂溪北区抗日联防区、大塘抗日联防区、海康第一联防区、海康第二联防区等抗日民主政权，形成了遂（溪）廉（江）化（县）抗日根据地。

2月 日军占领海陆丰。东江纵队第六、第七支队向东推进，开展海（丰）陆（丰）惠（阳）紫（金）地区的抗日游击战争。3月，第三支队北渡东江，与江北的第四、第五支队配合，开辟罗浮山根据地。从4月起，为巩固沿海防区和解决军粮，日军纠集伪军数千人对江南抗日根据地进行"扫荡"和抢粮。第一、第二支队和根据地的群众、民兵进行了持续两个月的反"扫荡"、反抢粮的斗争，打退了敌军，保卫了人民的生命财产，东江抗日根据地获得了巩固和发展。5月，广东省临委、东江军政委员会、东江纵队司令部先后移驻罗浮山。

3月6日 中共中央致电广东省临委：潮梅和闽西南之沦陷区和可能沦陷区均应恢复党组织活动。潮（阳）普（宁）惠（来）揭（阳）由林美南负责，潮（安）澄（海）饶（平）由周礼平负责，梅（县）蕉（岭）上（杭）武（平）边由李碧山负责，闽南由卢叨、乌鳅负责，闽西由朱曼平负责；设法开展各种抗日反蒋武装的统战工作；敌后游击小组可集中行动，并求发展。8月9日，潮汕人民抗日游击队成立，林美南为党代表，王武为队长，曾广为政委。潮汕人民抗日游击队成立后，坚决执行中共中央的指示，深入敌后，积极打击伪军和汉奸。与此同时，坚持战斗在韩江三角洲的潮（安）澄（海）饶（平）敌后游击队，也公开打出潮汕人民抗日游击队旗帜，开展抗日反奸斗争。

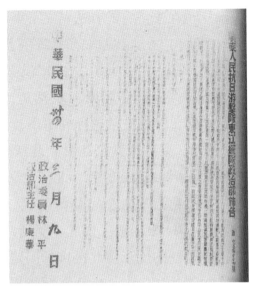

东江纵队政治部颁布的《减租减息暂行条例》

3月9日　东江纵队政治部正式颁布《减租减息暂行条例》。减租减息运动随即在东江抗日根据地普遍开展，农民群众获得切身利益，大大提高了生产劳动和对敌斗争的积极性。

3月30日　东江解放区召开路东（即广九铁路以东之东莞、宝安、惠阳诸区）各界人士国事座谈会，与会者有该地区各界名流绅士和工人、农民、渔民代表共277人，会议共开3天。会议一致通过决议，拥护中国共产党对于时局的主张，要求国民党结束一党专政，成立联合政府。

3月　根据中共中央关于支持西南民主力量敌后抗日活动的指示，广东省临委派李嘉人以东江纵队代表名义到罗定会见李济深，向他表明中共支持西南民主力量的方针和合作抗日的诚意。广东省临委还要求中共西江党组织认真执行中共中央和广东省临委的指示。此后，广东党组织在政治、军事、经济方面对李济深给予热诚的支持，积极推动西南民主力量的抗日斗争。同时，西江党组织所领导的抗日武装——郁南抗日民众武力指挥部，也在李济深的合法名义下得到迅速发展。

3月 广东人民抗日解放军召开领导干部会议，纠正过去集中兵力作战，打击面过宽的错误做法，决定精简机关，加强基层领导，发动组织群众，灵活运用统战政策，批判自由主义，团结全军，开展政治整训和军事整训。

3月 梁广率领东江纵队北江支队、西北支队从增城出发，兼程北上。到达英德后，北江支队就地活动，会合北江特委掌握的国民党第二挺进纵队第四大队，共同开辟英（德）佛（冈）新（丰）翁（源）根据地。西北支队则西渡北江，进入清远，会合北江特委领导的广东西北区抗日同盟军大队，共同开辟清（远）英（德）根据地。7月，在英佛新翁根据地内，建立了抗日民主政权——北江东岸抗日动员委员会。

春 东（莞）宝（安）行政督导处为培养一批革命知识青年，日后参加区、乡政权工作和加速解放区文化教育事业的发展而创办的东宝中学正式开学。校址设在宝安县公明圩水贝村，由何思明任校长，全校教职员工有20多人。学生多来自东宝两县或东江其他县份，大部分由抗日民主区、乡政府保送或介绍投考，个别通过地下党推荐投考。该校先后招收两届8个班约130人。学校按中国人民抗日军政大学的办学方针办校，培养了一批优秀的党政领导干部。同年10月，学校停办。

4月10日 东（莞）宝（安）行政督导处召开路西国事座谈会。出席会议的有解放区党政军民代表、宗教界代表、国民党统治区代表以及国际友人共249人。会议听取了广东省临委代表黄康所作的《政治形势报告》，东宝行政督导处主任谭天度所作的《惠东宝形势和政府工作报告》，讨论并通过了《东宝行政督导处施政纲领》。

4月23日 东江抗日根据地的路东区召开各党派人士、无党派人士和工农商学各界代表会议。会议讨论通过了《路东行政委员会施政纲领》和东江纵队政治部颁布的《土地租佃条例》《减租减息暂行条例》，同时还通电全国要求实行民主政治、拥护中共中央关于建立联合政府的主张。

4月23日 中共第七次全国代表大会在延安举行。会议制定"放手发动群众，壮大人民力量，在我党的领导下，打败日本侵略者，解放全国人民，建立一个新民主主义的中国"的总路线。广东地区党组织出席中共七大的代表由三部分组成，一是广东代表团：古大存、区梦觉、唐初、方华、朱荣、李黎明、云广英等；二是闽粤赣边区代表团：方方、王维、伍洪祥、苏惠等；三是香港代表团：吴有恒、何潮、周材、周小鼎、钟明等。5月31日，古大存在大会上作题为《广东党在开展武装斗争中的经验教训》的发言。6月12日，广东省临委发出《纪念"七·一"与庆祝"七大"胜利完成》的指示，号召全体党员要认真学习中共七大文件，深刻认识中国共产党的发展壮大和成熟的战斗历程，拥护党中央关于建立联合政府的英明主张；要增强党性，增强组织观念；发扬先烈们英勇奋斗的精神和崇高的革命气节；整顿党的组织，大量发展党员。

中共七大会议现场

4月 广东西北区人民抗日同盟军大队成立。中共北江特委在对国民党第七战区第二挺进纵队司令莫雄进行长期统战工作，对其部队进行逐步改造的基础上，决定将其掌握的第二挺进纵队第五、第九两个中队，在清远合编为广东西北区人民抗日同盟军大队，公开宣布接受中国共产党的领导。北江特委还利用第二挺进纵队名义，在英德成立第四大队。在此前后，北江特委所属的党组织，相继组成滃江三乡抗日自卫大队和始兴人民风度抗日自卫大队等抗日武装。北江特委所领导的这些武装与东江纵队、珠江纵队北上的部队配合，迅速开展粤北地区的抗日武装斗争。

5月10日 根据广东省临委的指示，珠江纵队从第二支队和独立大队抽调400多人，组成挺进大队，由梁嘉、谢斌、刘向东率领，挺进西江，支援广宁、四会人民抗日武装起义，进而向粤桂湘边推进。

5月 中共南路特委召开领导干部会议。会议决定巩固敌后抗日根据地，发展武装。并以根据地为依托，主力部队和群众工作相结合，有步骤地向外围扩展。会后，南路人民抗日解放军整编为5个团，健全部队领导机构，进行政治整训和练兵运动，打退了日、伪、顽军的多次进攻。

6月16日 中共中央指示广东省临委：要利用目前有利形势，建立以湘粤赣边为中心的华南战略根据地。为实现这一战略方针，党中央已派王震、王首道率领八路军南下部队从鄂南沿粤汉线向华南地区挺进，广东省临委必须派出有力部队，由负责干部带领开赴粤北坪石、南雄一带，打开局面，迎接南下大军。

6月17日 在华南游击区投诚、被俘的日军台湾籍士兵成立"台湾人民解放同盟"。25日，投诚、被俘的日军日本籍士兵成立"日本人民反战同盟华南支部"。30日，投诚、被俘的日军朝鲜籍士兵成立"朝鲜人民独立同盟华南支部"。日本共产党总书记岗野进致电东江纵队，对反战团体的成立表示祝贺。日本宣布投降后，这些团体自愿开赴前线，进行瓦解敌军的工作。

6月20日　根据中共中央关于国民党反动派继续坚持反动、反民主的立场，琼崖党组织须在最短时间内集中力量扫荡一切反民主势力，加强扩军建军，以达到控制全岛的指示精神，琼崖特委决定：集中一切民主力量，从军事、宣传、政权、民运各方面对全岛各地的反民主势力进行同时的总打击，独立纵队及各县地方武装必须按时完成扩军2600人、扩枪1600支的任务。加速扩大解放区，随时准备配合盟军登陆反攻，打通与南路的联系，进而向两广敌后发展。琼崖特委号召全岛党政军民开展扩军扩枪和扫荡反民主势力的大竞赛。7月初，独立纵队根据中共中央关于向山地发展，建立战略根据地的指示，组建挺进支队，由李振亚、符荣鼎等率领，深入五指山区，于白沙县细水乡罗任村围歼国民党守备第二团一部，击溃全部，控制了白沙县全境，成立白沙县抗日民主政府。8月下旬，挺进支队于鹦哥岭下毛贵乡什统黑村围歼国民党保安第六团一部，与东路第三支队会师，占领五指山腹地。此时，独立纵队发展到5个支队，共有7700多人。

6月20日　中共琼崖特委发出指示：抗日民主政权几年来在支持敌后艰苦斗争中显示出它的巨大力量，现已由东北一隅发展到16个县。为适应新局面，急需产生全岛性的民主政权，故由东北区政府颁布选举条例，实行全岛选举人民代表，中共党员在代表中只能占三分之一。7月10日，琼崖特委又指示：各级党委对政权的领导主要是方针、路线、政策的领导，要密切党政关系，防止党委对政权工作的干涉和代替。此时，全岛解放区人口达100多万人。

6月下旬　广东人民抗日游击队韩江纵队成立，公开宣布接受中国共产党领导。林美南任司令员兼政委，谢育才任军事顾问，下辖8个支队，近2000人。7月16日，韩江纵队第二支队攻打揭阳县棉湖镇，毙俘顽军百余名，并策动国民党揭阳县后备队两个中队起义加入韩江纵队。7月24日，成立普宁县流沙区抗日民主政府。8月4日，国民党普宁县国民兵团和第七战区第一挺进纵队向流沙发动进攻，第二支队痛击顽军之后，撤往大南山坚持山区游击战争。第三支队于7月30日袭击揭阳县灰寨乡溪背村，俘揭阳县政警第一中队110多人之后，国民党第一八六师五五七团一个营尾随而至，寻机报复。8月14日，双方发生遭遇战，第三支队打退顽军的进攻后，转移到大南山。8月17日，国民党第一八六师五五七团一个营和第七战区第一挺进纵队、饶澄湖自卫总队一部向驻扎在潮安县田东乡居西溜村的第一支队进攻。第一支队奋起反击之后撤出战斗。此役第一支队牺牲支队长兼政委周礼平以下10人，负伤10多人。第一支队经过整编后开上凤凰山。

7月6日　遵照中共中央3月6日关于建立中共广东区委员会的指示，广东省临委在罗浮山召开干部扩大会议，历时17天。出席会议的有广东省临委委员、东江军政委员会委员、各特委和部队的领导，以及东江纵队各支队等代表。会议的主要内容：一是深入讨论和研究贯彻党的七大决议；二是总结抗战以来的经验教训；三是建立广东党的统一领导机构。会上，尹林平代表广东省临委、东江军政委员会作《目前形势与斗争任务》的报告。会议撤销广东省临委和东江军政委员会，成立中共广东区委员会（又称"广东区党委"）。尹林平、梁广、曾生、王作尧、杨康华、林锵云、梁鸿钧①、刘田夫、罗范群、周楠、黄松坚、连贯、梁嘉、黄康、饶彰风等为委员。书记尹林平，组织部部

---

①　当时梁鸿钧已牺牲，但会议未获得确切报告。

长梁广，宣传部部长兼新华分社社长饶彰风，统战部部长连贯，城市工作部部长黄康。会议决定由东江纵队司令部负责研究与指导全省军事工作，政治部负责研究与指导全省军队政治工作。并决定成立江南、后东、西北、北江地委，中区与南路合并统一领导（后未实行），江北地区暂由广东区党委直接领导，等条件成熟时建立地委。潮汕、闽粤赣边、闽西南、港九设特派员，广州设工委。会议还要求各地大力发展党的组织，扩大主力部队，巩固民主政权，积极领导人民开展武装斗争，同时做好发展华南民主运动，争取中间势力的工作。最后，尹林平代表广东区党委作题为《为创造强大巩固的抗日民主根据地而斗争》的总结报告。报告中提出广东党组织今后在解放区、敌占区、国民党统治区的工作任务，要求全体党员在"一年内创造一个进退有据的战略性根据地"，使之成为"华南敌后战斗的中心"，成为"粉碎全国内战的一翼"。

7月15日　中共中央军委指示广东区党委，再次强调6月16日关于建立湘粤赣边根据地的战略决策，要求广东区党委以极大的注意力执行北上任务，兵力、干部越多越好，并要有强的党政军领导人前往。8月4日和10日，中共中央连续指示广东区党委要"以最大的主力用极大的速度向粤北发展"。

8月8日　苏联正式对日宣战。9日，毛泽东主席发表《对日寇的最后一战》的声明。号召全国一切抗日力量，举行全国规模的大反攻。10日，朱德总司令命令各解放区人民抗日武装部队，向其附近城镇的日伪军发出最后通牒，限期投降缴械。命令华南日军向曾生将军投降。11日，东江纵队向各部发出紧急命令："动员全体军民，开入附近敌伪据点，解除日伪武装……千金一刻，不得稍有疏忽。"此时，东江纵队下辖7个支队，队伍发展到1.2万人。

8月9日　中共中央致电闽粤赣边党组织：闽粤赣边党的工作方针，应以党的政治口号来放手发动群众，坚持与发展各地武装据点，实行人民武装自卫的斗争，并领导群众实行革命的两面政策，掩护党的工作发展和保护群众利益，以达到树立华南革命根据地的右翼基础的目的。同时指示潮（阳）普（宁）惠（来）大队除巩固南山工作外，应加强南阳山梅林一带工作，以便取得与海陆丰支队联系，并向潮（安）揭（阳）丰（顺）边发展；潮（安）澄（海）敌后小组应向莲花山发展，以便配合闽南和饶（平）（平）和（大）埔工作。这些地区的工作打下基础后，在大规模内战时，就能起到华南一翼的牵制作用。

8月15日　日本天皇裕仁以广播《终战诏书》的形式宣布日本无条件投降。朱德总司令命令南京日军最高指挥官冈村宁次及其所属一切部队，停止一切军事行动，听候中国八路军、新四军及华南抗日纵队的命令，向中国共产党领导的军队投降（被国民党军队包围之日军在外）。该命令指出：在广东的日军，应接受曾生将军的命令。在此前后，中共中央、南方局多次向广东区党委发出指示：日本帝国主义已投降，抗日战争即将全面胜利，各级党组织要迅速做好动员工作和组织工作，扩大武装人员，解放中小城市，建立革命政权，接受日军投降。据此，广东区党委发出紧急指示，命令全军

日本裕仁天皇通过无线电台向日本全国宣读《终战诏书》

坚决执行朱德总司令的命令，集中主力，动员民兵，向敌伪进行全面反攻，切断敌人的交通，包围敌占的据点，解除敌伪武装和收缴其物资。东江纵队司令部、政治部立即进行紧急动员，集结主力向东江两岸、粤汉路、广九路沿线和沿海的敌伪据点推进。先后攻克宝安县城及无数大小村镇。琼崖独立纵队也在不到一个月的时间内，接管或控制了琼山、澄迈、临高、儋县、昌江、感恩、崖县等县的100多座圩镇和据点。广大人民群众纷纷召开祝捷大会，掀起劳军运动，拥护中国共产党和人民军队受降及和平民主建设的主张。

8月15日 为迎接王震、王首道领导的八路军南下部队，创建五岭根据地，由林锵云、王作尧、杨康华率领的东江纵队第五支队和军政干校两个中队、鲁迅艺术宣传队、民运工作队等直属单位的干部及文艺工作者共1200余人从博罗出发，经龙门、新丰、英德、翁源挺进粤北，于8月底到达始兴，与周健夫、吴新民领导的始兴风度抗日自卫大队会合。8月下旬，珠江纵队独立第三大队由郑少康和梅易辰率领从三水出发，取道花县、清远向粤北挺进。9月初到达英德倒洞时，又与东江纵队北江支队、西北支队会合，合编成北挺临时联合支队，继续北上。9月下旬到达始兴，先后在汤湖和东八岭遭到国民党军队袭击，损失很大。12月上旬辗转到达江西省大余县的天井洞，与东江纵队第五支队会师。12月中旬，北上部队合编为东江纵队粤北支队，刘培任支队长，黄业任政委，郑少康任副支队长。挺进粤北的部队成立粤北指挥部，负责人林锵云、王作尧、杨康华。还成立粤北党政军临时委员会，杨康华任书记。

9月16日 侵粤日军投降签字仪式在广州中山纪念堂举行。日军南支那派遣军司令田中久一中将在投降书上签字，广东人民抗日战争从此结束。广东党组织领导全省人民对日本侵略者进行艰苦卓绝的斗争，取得伟大的胜利。人民抗日武装发展至近3万人。据不完全统计，广东人民抗日武装共作战3000余次，毙伤日伪军1万名以上，俘虏（包括投诚）5000多名，缴获枪炮弹

侵华日军华南派遣司令田中久一在投降书上签字

药物资一大批，创建了拥有600万人口以上的抗日根据地和游击区。

五、全国解放战争时期

（1945.8—1949.10）

1945年

8月13日　毛泽东在延安干部会议上作《抗日战争胜利后的时局和我们的方针》的报告，科学地分析抗日战争胜利后的形势，指出美国企图把中国变成它的附庸，蒋介石则完全依靠美国以维持其反动统治，加紧发动内战。鉴于此，毛泽东在报告中强调必须自力更生，明确提出中国共产党关于争取和平和准备革命战争的方针。

8月25日　中共中央发表《对目前时局的宣言》，提出和平、民主、团结三大口号，阐明中国共产党争取和平民主、反对内战独裁的方针，向全国人民提出和平建设新时期的重大任务。

8月26日　中共中央发出《关于同国民党进行和平谈判的通知》，向全党说明，毛泽东将应蒋介石邀请赴重庆同国民党当局谈判，全党不要因为谈判而放松对蒋介石的警惕和斗争。该通知指出：在广东等地的我党力量比华北、江淮所处的地位较为困难，中央对这些地方的同志们深为关怀。但是国民党空隙甚多，地区甚广，只要同志们对于军事政策（行动和作战）和团结人民的政策，不犯大的错误，谦虚谨慎，不骄不躁，是完全有办法的。除中央给予必要的指示外，这些地方的同志必须独立地分析环境，解决问题，冲破困难，获得生存和发展。28日，毛泽东、周恩来、王若飞到达重庆。经过43天的谈判，于10月10日签订《政府与中共代表会谈纪要》（即双十协定）。国民党当局被迫接受和平建国的基本方针，允诺召开有各党派参加的政治协商会议，但拒不承认解放区的人民政权。中国共产党在不损害人民基本利益的前提下作出让步，同意将广东、浙江、苏南、皖南等8个省区的根据地的人民抗日武装撤退到陇海路以北及苏北、皖北集中。

9月7日　中共中央军委致电曾生、王作尧、尹林平，告知因时局变化，王震、王首道率领的八路军南下支队已北返，执行新的任务。10日，中共中央根据八路军南下支队北返、创建五岭根据地已不可能的情况，指示东江纵队分散坚持、保存干部，迅速讨论确定分散坚持的办法。16日，广东区党委为贯彻党中央的指示，决定坚持长期斗争的方针：一方面，坚持斗争，保存武装，保存干部；另一方面，作长期打算，准备将来的合法民主斗争。广东区党委决定分散领导，中心暂时仍在江南。全省分11个地区进行军事活动，要加强兵力，建立海（丰）陆（丰）惠（阳）紫（金）五（华）根据地。有部队活动的地区，党政军统一领导。派干部回城市开展工作，城市工作分半公开和秘密两个工作系统。以香港为中心，向华侨和港澳同胞开展宣传统一战线等党的各项政策。领导分工是：梁广、黄康（黄会斋）、连贯、饶彰风（蒲特）分别负责秘密组织系统和半公开系统的城市工作；尹林平、曾生在东江；林锵云、王作尧、杨康华、黄松坚在粤北；梁嘉在西江；罗范群、刘田夫（刘铁山）在中区；周楠、温焯华在南路；魏金水、朱曼平、林美南、李碧山分别在闽粤边、闽粤赣边、潮汕等地领导革命斗争。19日，党中央复电，同意广东区党委的工作部署。20日，广东区党委正式向各地党组织发出《对广东长期坚持斗争的工作布置》的指示。

9月18日　广东区党委在抗日战争时期各游击区派驻广州联络站和交通站的基础上，建立中共广州市工委，由陈能兴、陈翔南、余美庆组成，陈能兴任书记①。党组织还从东江、北江等游击区陆续抽调300至500名党员到广州市工作。12月，随着各大中学校迁回广州，外地回市复学的中共地下党员都自觉按党组织的指示，团结同学，开展斗争。中山大学学生选出代表请愿，要求新一军撤出中山大学，随后又开展保障学生生活的斗争，并成立中山大学学生临时工作委员会。在中共广州市工委成立的同时，广东区党委成立了港九工委，由冯燊、黄施民、潘柱、李沛群、杨职组成，冯燊为书记。

9月19日 中共中央发出指示，人民解放军在全国的战略方针是"向北发展，向南防御"，主要任务是打击和阻止国民党军北进，继续大力消灭日伪军，完全控制热河、察哈尔两省，发展和控制东北。

9月中旬 粤北指挥部在始兴宝峰一带活动，遭到国民党军第一六○师的袭击，即向仁化县扶溪转移，将30多名伤员留在始兴奇心洞养伤，遭到国民党军队的突然袭击，10多名保卫人员奋起抵抗，因寡不敌众全部牺牲，30多名伤员惨遭杀害。

9月下旬 南路人民抗日解放军第一团（惯称"老一团"）执行中共南路特委决定，分两批从遂溪出发，突围西进十万大山，其他团分别返回各县坚持斗争。老一团第一批西进队伍于10月16日袭击遂溪风朗飞机场，全歼守敌100余人，打破敌军"围剿"计划。第二批西进队伍乘胜绕过敌军封锁线，越过遂溪、廉江边境，按计划于10月下旬到达广西博白县马子嶂，与第一批突围队伍会合，然后继续西进。经两个多月行军、作战，胜利抵达十万大山，开辟了十万大山游击根据地，后奉命转入越南整训。

---

① 广东区党委罗浮山会议决定组成的广州市工委，麦光（麦刚、麦任）为成员之一，但成立时麦光正在病中，故没有参加广州市工委的工作。

9月 琼崖独立纵队第二支队第八中队60多名指战员和一部分干部进驻感恩①县城，准备接收日军武器装备。国民党琼崖当局调集军队数百人勾结日军向第八中队驻地进攻，杀害第八中队指战员和地方干部80多人，制造震惊全琼的"感恩事件"。国民党军队还用武力强夺人民武装已解放的南坤、新兴、旺商、福来、南保、和舍、新州、长坡、木棠、铺前等圩镇。

10月18日 蒋介石密电各战区司令长官，命令遵照他的《剿匪手本》，"督励所属"，对共产党和抗日的人民军队"努力进剿"，"有功者必得膺赏"，"其迟滞贻误者，必执法以罪"。抗战胜利后，国民党从西南后方急调四十六军、六十四军、新一军进入广东"接收"，抢夺抗战胜利果实。同时以"剿匪"为名，企图消灭中国共产党领导的人民抗日武装。

10月20日至30日 国民党广州行营主任张发奎为执行蒋介石"进剿"中共武装的密电，在广州召开"粤桂两省绥靖会议"。要求属下在两个月内肃清"奸匪"。12月15日，又把广东、广西划分为7个"绥靖区"，并发布第一号命令，称"本行营以迅速肃清辖境内奸匪之目的，主对广东方面之股匪，同时分区进剿，务求于短期内各个击破之"。肃清期限至1946年1月底。在此期间，广东内战愈演愈烈。国民党广东当局调集新一军的三十师、三十八师、五十师，五十四军的三十六师，六十三军的一五三师、一五四师，六十五军的一八六师，并纠合地方团队、伪军共7万余人在飞机的配合下，向东江解放区大举进攻。在琼崖，有四十六军的一七五师、一八八师、新十九师和保安团队共1.5万人；在中区、西江，有六十四军的一五六师、一五九师和保

---

① 新中国成立后曾与昌江县合并为昌感县。1958年底，东方、白沙、昌感三县合并，仍称东方县。1961年6月重新分置白沙、昌江、东方三县。

安团队约1万人；在粤北，先后有六十五军的一六〇师、五十四军的第八师、六十四军的一三一师和江西保安2个团；在南路有4个师从事内战；在潮梅地区，国民党闽粤当局部署一八六师（3个团），第七战区挺进队第一、第二两个支队，保安第二团、保安第五大队（即原保三大队）、保安第六大队（即原保四大队）、

中美合作第十三班特务营，纠合潮汕、兴梅各县地方团队进攻广东人民抗日游击队潮汕韩江纵队和兴梅韩江纵队。这时，国民党在广东先后集结的总兵力有正规军8个军17个师的番号，连同地方武装及伪军共50余个团，采取"网形合围"及"填空格战术"，对解放区进行分进合击、反复"扫荡"。同时，恢复"保甲制度"，扶植区、乡反动政权，妄图把解放区连根拔掉。

当时香港《华商报》刊登叶剑英的抗议内容

10月24日 根据中共中央的指示，广东区党委发出《当前形势与工作指示》。其中强调指出：国民党对广东进攻是全面性的，各地武装要分散发展，扩大据点，组织更多的武工队，进行自卫斗争。广东各地人民武装遵照中共中央和广东区党委的指示精神，坚持自卫斗争，粉碎敌军的军事进攻。

11月4日 中共中央致电尹林平、李碧山、魏金水、朱曼平，转发方方关于闽粤赣边区工作的意见。提出根据目前形势，决定在闽粤赣边区不是集中大搞，而是分散发展，因此不必成立庞大的领导机构，宜暂时成立闽粤赣边区临委，采取正、副

特派员制度，以魏金水为正特派员，朱曼平为副特派员。另民主推出一人为副特派员，与魏、朱3人组成临委；在有安全保证条件下，可召开一次临委会，总结过去斗争经验，讨论今后工作方针和斗争策略；潮汕及梅属地区可划分成两个工作单位，暂由广东区党委领导。

11月10日 中共闽粤边区临时委员会成立，魏金水任特派员，朱曼平、范元辉为副特派员。临委成立后，提出发扬党内民主，培养、教育干部和建党等方面的方针和任务。

11月13日 中共广东区党委机关报《正报》在香港创刊。该报是广东区党委遵照党中央关于迅速开展香港、广州的宣传工作的指示，派饶彰风、杜埃、杨奇（杨子清）等到香港创办的。它及时宣传中国共产党对时局的主张，报道国内外时局的动向，揭露国民党反动派打内战的阴谋，支持和鼓舞人民群众争取和平民主的斗争。年底，饶彰风在香港创办新华南通讯社。广东区党委还派李嘉人到广州任文化、统战工作的特派员，负责组织文化界人士和民主党派开展文化、宣传活动。

11月20日 根据中共中央指示，经广东区党委批准，中共潮汕特委于八乡山戏仔潭村成立，书记林美南，副书记曾广。同日，中共潮汕特委召开第一次会议，贯彻中共中央和广东区党委指示，决定精简武装队伍，分散活动，坚持自卫斗争；做好干部转移和复员人员的疏散隐蔽工作，加强地方党和群众斗争的领导，并决定成立军事委员会，领导武装斗争；建立电台，出版《新潮报》。

11月28日 中共中央对琼崖工作发出指示，指示琼崖特委暂时仍与广东区党委联系，接受广东区党委政治上的帮助。1946年夏，广东区党委从香港购买的电台，经多方谋划，终于运送到琼崖独立纵队司令部。中共中央和广东区党委还派出机要员、报务员去帮助工作。同年9月，中共琼崖特委恢复与中共中央的电讯联络。

12月中旬 中共中央南方局改名为中共中央重庆局，仍由周恩来任书记。重庆局的任务和管辖地区与南方局相同，广东区党委受中共中央重庆局直接领导。

12月下旬 中共琼崖特委派出史丹为代表与国民党琼崖当局代表在海口举行和平谈判。在此前的10月19日和11月8日，琼崖特委曾两次致函国民党琼崖当局，指出在战后的琼崖，不应再有痛心的内战，提出和平谈判的主张。由于国民党方面缺乏诚意，谈判陷入僵局。为促使和平早日实现，翌年1月下旬，中共琼崖特委再次致函国民党琼崖当局呼吁谈判。不久，第二轮谈判在海口举行。国民党方面又重弹"军队国家化"的滥调，企图消灭琼崖革命武装力量。中共琼崖组织代表即予以揭露其阴谋。谈判虽未达成任何协议，但充分暴露了国民党当局坚持与人民为敌的顽固立场。

1946年

1月2日　自抗日战争胜利后，许多爱国民主人士纷纷到香港、广州从事和平民主运动。是日，中国民主同盟（简称"民盟"）南方总支部在香港成立，主任委员李章达，副主任委员彭泽民、陈汝棠，常委千家驹（兼秘书主任）、狄超白，宣传委员张铁生。民盟南方总支部从筹备到成立都得到中共组织的支持。该总支部的成立，加强了华南地区和平民主运动的力量。

1月2日　中共中央致电尹林平、曾生，指示广东关于坚持原地斗争的原则。电报说：莫斯科三国外长会议，商定中国必须是团结民主的国家，对中国停止内战亦有一致意见。电报指出：周恩来等在重庆提出无条件停止内战，获得国内外广大同情，和平局势大体可定，但"达到和平还会有曲折，还须经过严重的斗争，国民党必然想再进行军事上对我更大的压力，夺占我一些重要阵地之后来实现有利于他的和平局面。在闽粤两省之内，我们已经有了力量，但还必须坚持一个时期的很艰苦的斗争。你们目前处境相当困难，我们已告重庆在与国民党谈判停止内战问题时，包括广东琼崖等地停止军事进攻"。电报同意尹林平提出的江南各地留下精干武工队，坚持斗争，主力则向惠（阳）紫（金）突围的建议。

1月4日　由中国共产党领导的爱国民主统一战线报刊《华商报》在香港复刊。邓文钊任总经理，饶彰风任副总经理，刘思慕任总编辑，廖沫沙任副总编辑。该报高举民主旗帜，对争取全国和平、民主，反对蒋介石独裁统治起到良好的宣传作用。

为进一步扩大宣传影响，《华商报》《正报》先后于3月间在广州设立分社和营业处。在此期间，广州和香港等地的进步新闻、出版、发行工作十分活跃，由民主党派创办的《自由世界》《人民报》《聪明人评论报》，以及《愿望》周刊、《明朗》杂志等先后在香港出版，并陆续向国民党统治的广州地区发行。在广州的兄弟图书公司早于1945年12月1日正式营业，也出售大量进步书籍、杂志。

1月10日 国共两党的代表达成停战协定，规定双方军队在13日午夜停止军事行动。为执行停战协定，由国民党政府、中国共产党和美国政府三方代表在北平成立军事调处执行部，下设若干执行小组，分赴各冲突地点进行调处。

1月10日 毛泽东向各解放区部队、政府发布命令，要求严格执行停战协定。各解放区部队即按照规定的时间执行停战命令。而蒋介石却在美国的支持下，命令国民党军队迅速"抢占战略要地"，并令国民党广东当局，限期1月底前消灭广东中共部队。1月14日，国民党军队以一五四师为主力分三路向广东惠（阳）东（莞）宝（安）解放区的坪山、龙岗进攻。至23日，先后占领清溪、土桥、沙湾、双坑及沙鱼涌等地；在江北，则以一五三师为主力，发动大规模进攻，企图截断东江江北的中共部队与江南部队的联系，将其消灭；在琼崖，敌以8个师9个团和2个保安团2万余人对琼崖根据地发动进攻，挑起全面内战；在潮汕，敌一八六师会同揭（阳）丰（顺）五（华）各县保安部队分路进攻大北山区，企图在八乡山戏仔潭消灭韩江纵队；在南路，敌对化县、吴川、茂名、廉江等十县反复进行"扫荡"；在粤中、西江、粤北等地也不断向中共部队发动进攻。

1月10日至31日 政治协商会议在重庆召开。由于中国共产党的斗争和人民的压力，以及国民党政府内战部署尚未完成，会议通过了有利于和平、民主、团结的协议。在此有利形势下，民盟南方总支部从香港迁往广州，进一步开展和平民主运动。

1月中旬　中共琼崖特委书记冯白驹在白沙县城牙叉镇主持召开有党、政、军、群机关科以上干部参加的扩大会议。会议分析日本投降后琼崖面临的斗争形势，克服了党内、军内存在的一些和平幻想的错误倾向，对时局取得了统一认识，作出加紧准备自卫反击战争的决定。同时决定精简领导机构，加强基层领导，成立5个区的党的临时委员会，实行党政军一元化领导，特委领导成员下到各区兼任临委书记和支队政委，以加强基层领导。不久，广东区党委派黄康到琼崖传达党中央关于"内战不可避免，国民党势在必打，志在消灭我们，千万不可麻痹"的指示。琼崖独立纵队命令各支队加强应战的准备，以反击国民党反动派的进攻。

1月25日　北平军事调处执行部（简称"军调部"）第八小组到达广州，调停广东内战和解决广东中共部队北撤问题。该组中共方面的代表为方方。第八小组抵穗后，党中央致电尹林平，指示广东区党委与方方取得联系，以配合斗争，争取和谈胜利。2月5日，张发奎举行记者招待会，拒绝承认中国共产党领导的广东人民抗日武装，宣称广东没有中共领导的武装部队，拒绝谈判，阻挠方方与外界的联系。

1月30日　以中山大学为主的大中学校学生2000余人在广州举行示威游行，抗

中山大学学生声援昆明大学"反内战、争民主"的示威游行

议国民党当局在昆明制造"一二·一"惨案、指使军警特务武装镇压爱国师生的反动罪行。这是抗战胜利后广州第一次大规模的和平民主运动，揭开了广州人民反对内战，争取和平民主斗争的序幕。

2月初 中共广州市委成立。原中共广州市工委书记陈能兴调离广州，由黄松坚任书记，谢永宽任副书记，陈翔南、余美庆、饶华为委员。广州市委决定，必须执行"隐蔽精干、长期埋伏、积蓄力量、以待时机"的方针，当前工作仍然以恢复组织、站稳脚跟、开展群众活动为任务。在此期间，广州市委为加强青年学生运动的领导，决定成立青委，先后在中山大学、文理学院、法商学院等校建立党的组织，还在工人、妇女中开展工作。

2月13日和15日 延安《解放日报》和重庆《新华日报》先后发表《华南抗日游击队的功绩》一文驳斥张发奎所谓广东区没有中共部队，只有"土匪"的谰言。15日，中共广东区党委对国民党广东当局污蔑中共领导的人民武装和挑起内战的罪行提出严正的抗议。随后，广东区党委负责人又在《华商报》

中共中央发言人发表评论，谴责国民党广东当局的内战罪行

发表重要谈话，详列东江纵队的抗日战绩，吁请社会各界速组考察团，实地调查，督促国民党广东当局停止进攻解放区，实现全面和平。16日，中共中央发言人通过新华社发表评论，强烈谴责国民党广东当局的内战罪行，要求重庆三人委员会和北平军事调处执行部迅速采取步骤，使停战令在广东迅速实现，以保障国内的和平。与此同时，国民党元老、著名民主人士何香凝和民盟南方总支部主任委员李章达以及港澳同胞，新加坡、泰国等地的爱国华侨纷纷发出通电，呼吁和平，要求张发奎"立即停止进攻东江的爱国的中共军队"。

2月19日 国民党行政院院长孙科来穗。为揭露国民党的内战阴谋，广州中等以上学校学生在中共地下组织的领导下，会同民盟组织以"欢迎孙科"为名的反内战示威游行。

2月 中共闽粤赣边区中心县委成立，书记李碧山，副书记梁集祥（鲁夫）。6月中旬，闽粤赣边区中心县委在梅县大横坑召开扩大会议，中共七大代表王维传达七大路线和延安整风精神以及广东区党委关于当前形势与任务的指示。会议决定在兴梅地区实行分散隐蔽的斗争方针。

2月 广东区党委发出《目前形势与任务的指示》，指出"广东党及广东人民当前紧急任务便是迅速打破国民党所造成的内战危机，争取和平的到来"。要求集中力量冲破国民党在广州的封建法西斯统治，猛烈开展各大城市的宣传、文化工作；要迅速建立起广州的学生与香港的工人中的坚强阵地，以此为核心，扩大各阶层的群众运动，争取更多的同情者，推进和平民主事业。8月8日，又发出《目前形势与任务的补充指示》，指出：政协开会成功，全国进入和平的新时期。广东党组织在新的形势下要坚持自卫斗争的原则，坚持自己的阵地，保存力量，打击敌人。但广东区党委这两份文件在对形势的认识上有片面性，有过于乐观的思想。在中央很快改变关于和平民主新阶段已到来的估计后，广东区党委也纠正了片面的思想认识，使广东的工作继续沿着中央指示的方向发展。

2月至4月　广东区党委两次派员到琼崖传达关于琼崖独立纵队1900人北撤山东烟台的决定。中共琼崖特委遵照指示，决定派琼崖独立纵队副司令员庄田为全权代表，并由政治部宣传部部长罗文洪当助手，前往香港转广州参加北撤谈判并向上级党委汇报琼崖工作。为贯彻北撤指示，琼崖特委和琼崖独立纵队领导同志认为必须做好两手准备：一面进行北撤准备工作；一面进行自卫反击，继续坚持斗争。为此，琼崖特委发出《执行上级指示继续坚持自卫斗争的决议》。

3月9日　为打破谈判僵局，根据中共中央指示，广东区党委书记兼东江纵队政委尹林平飞抵重庆。3月11日，举行中外记者招待会，揭露国民党反动派妄图消灭华南抗日游击队的阴谋，发表华南抗日游击队抗日斗争的经过和战绩，扩大了宣传和影响。8月13日，周恩来亲自在重庆举行中外记者招待会，代表中国共产党号召全国人民、盟邦朋友、各党派朋友一起来维护并监督政协全部协议的实现。经过一系列的斗争，终于迫使国民党当局承认广东有中共武装力量的存在，并签订了北撤协定：（一）承认华南有中共领导的抗日武装力量。（二）同意北撤2400人，不撤退的复员，发给复员证，政府保证复员人员的生命安全，财产不受侵犯，就业居住自由。（三）撤退到陇海路以北，撤退船只由美国负责。

3月31日　重庆三人委员会派出军事代表团（中共代表廖承志）赴广州会同军调部第八小组，与国民党广东当局谈判北撤的具体问题。4月4日，东江纵队司令员曾生、政治委员尹林平以中共华南武装人员代表的身份到广州参加谈判。琼崖独立纵队副司令员庄田以及罗文洪也参加了北撤谈判。国民党广东当局继续阻挠、破坏谈判，对中共部队集中至登船过程的安全不作具体保证，又不下停战令，企图拖延时间，阴谋在谈判期间消灭中共部队。中共代表廖承志、方方、曾生、尹林平等坚定地站在人民的立场上，与国民党反动派进行坚决的斗争。

4月 中共潮汕特委采取积极措施，贯彻落实分散坚持、保存力量、蓄力待机方针。韩江纵队经过再次整编，保留4支武工队（共100多人），分别活动在揭（阳）丰（顺）五（华）陆（丰）边境的八乡山、潮（阳）普（宁）惠（来）的大南山、潮（安）澄（海）饶（平）的凤凰山，开展群众工作，坚持自卫斗争。3月中旬至4月上旬，活动于八乡山区的人民武装打退国民党一八六师、省保安团及地方团队1000多人的第五次进攻。同时，各县党组织对转移到地方的干部和复员人员，采取做好群众工作和统战工作，寻求职业掩护，就地隐蔽或易地安置，占领学校阵地以及转化为民间武装等措施，把韩江纵队1000多名干部战士、数十挺机枪和1000多支长枪分散掩藏于群众之中。6月，遵照广东区党委指示，挑选50名武装骨干参加东江纵队北撤；保留潮汕特委特务队和潮澄饶武装工作队，担负保护党的领导机关和群众利益的任务。

5月4日 国民党广东当局派特务冒充学生混入纪念五四的游行队伍中，进行反共反苏活动，捣毁《华商报》和《正报》驻广州的分社和营业处。6月，又封闭这两个机构和其他13个文化机关，勒令30多种杂志停刊。还制造借口，在广州拘捕300余人。这些暴行，遭到民盟南方总支部、民主星期刊社、生活报导社、广东省文理学院人权保障会以及广大人民群众的强烈抗议。

5月21日 经过50天的谈判，达成广东中共武装人员北撤山东的具体协议。并确定东江纵队主力由粤北、东江北岸和南岸分三路向沙鱼涌集中。由于国民党方面的反对，北撤协议不包括海南地区。为了和平和顾全大局，廖承志代表中共发表声明，表示广东境内除海南外，其他地区将不自动作武装斗争。琼崖独立纵队在未能北撤后，继续在琼岛坚持自卫斗争。

5月23日 军调部第八小组在广州举行首次记者招待会，发表北撤的最后协议公报。方方作长篇发言，答复记者提问。他表示，中共武装北撤，是坚定地执行长江以南撤走武装人员的诺言，是顾全大局，是说话算数的。中共方面以最大的努力来完成这一撤退，以取信于全国人民，告慰广东父老。下午，中共方面举行答谢酒会，款待各民主党派、进步舆论界和有关人士。方方在讲话中指出："和平不能乞求，邪恶未除，斗争不止！"

5月 周恩来、董必武先后率领中共代表团和重庆局机关迁驻南京，中共中央重庆局改称为中共中央南京局，继续领导中国南方国民党统治区人民的革命斗争。6月2日，南京局发出《对粤工作指示》，指出：为开展港粤统战、文化与上层华侨工作，决定成立港粤工委；并增设广东区党委副书记1人，以专门负责秘密工作。港粤工委与广东区党委工作完全分开，两者均直属南京局领导。

6月23日 遵照中共中央南京局的指示，中共港粤工委成立。尹林平、连贯、廖沫沙、左洪涛、饶彰风为委员，广东区党委书记尹林平兼工委书记。同时增补梁广为广东区党委副书记，负责秘密工作。8月，黄松坚接任广东区党委副书记。区党委委员有尹林平、梁广、黄松坚、林美南、张贤德（疑周楠别名），至1947年夏增补梁威林为委员。保留广东区党委城市工作委员会，梁广兼书记，继续负责广东、广西大中城市地下工作。

6月23日 尹林平就广东区党委及港粤工委的工作致电请示中共中央南京局。该电确定了长期打算的方针，目前任务是迅速从乡村转入城市，深入各阶层，站稳脚跟，多交朋友，不急求事功，埋头苦干，保存力量，待机发展。乡村中的党组织，要保持与巩固现有阵地，改变方式，推动群众斗争。电报还提出已复员的队员或党员，除执行党员的4项任务外，在两三年内应完全停止活动。7月18日，周恩来、董必武、廖承志致电方方、尹林平，指出：在目前边打边谈，打重于谈的局面下，广东黑暗势力将继续统治着，我们武装撤退的地区国民党政府必然继续加紧其"清剿"。我党在广东目前无公开合法存在的条件，这种状况也许要继续存在一些时候，我们不应忽视这一特点。但我们也不要过分估计广东的特殊与黑暗，只要我们党员同志能深入群众，觅得社会的隐蔽，细心观察，必能在国民党地域内看出许多矛盾的存在，在各种矛盾间自有活动的余地。电报同意广东区党委所定的总方针和党员的任务。同时指出广东区党委所提在两三年内完全停止活动的说法是不妥当的。

6月30日　东江纵队冲破国民党设置的重重障碍，抵达大鹏半岛准备北撤。美方突然来电说舰只因故可能迟到。国民党当局紧张策划企图将集结部队就地消灭，命令广州行营参谋处绘制进攻路线示意图。广州行营中的秘密的中共特支成员左洪涛、杨应彬、郑黎亚及时将这一重要情报送至在香港的尹林平，尹林平立即报告周恩来、叶剑英，由方方向国民党方面提出抗议，并动员香港进步报刊揭露

北撤战士在码头等船

和谴责广州行营阴谋，集中在大鹏湾的部队亦迅速做好突围准备，终于挫败国民党的阴谋。

6月30日　东江纵队2583人在北撤军政委员会书记曾生，以及委员会成员王作尧、林锵云、杨康华、罗范群、刘田夫、谢斌、谢立全的率领下，胜利北撤（其中包括珠江纵队、韩江纵队、南路、粤中等部队的部分干部和战士），方方代表中共中央军委到大鹏半岛欢送。7月5日，北撤部队抵达山东烟台解放区，受到当地党政军负责同志与各界群众的热烈欢迎。

东江纵队北撤部队抵达山东烟台解放区，受到当地各界群众欢迎

6月30日　香港各界人士2000多人举行港九各界促进祖国和平运动大会。大会代表一致表示反对内战，决议组织"港九各界反内战大同盟"。并分别致电毛泽东、蒋介石、马歇尔，以及致电慰问赴南京请愿被殴伤的上海人民团体和平代表马叙伦等。10月28日，香港"港九各界反内战大同盟"举行成立大会，并发表成立宣言及《告全国同胞书》《告中央军将士书》《告美国人民书》，表达港九各界人民要求和平，反对内战的强烈愿望。

6月　根据东江纵队北撤后斗争的需要，中共中央决定广东区党委书记尹林平留下继续领导广东的工作。同时留下的有广东区党委委员梁广、连贯、饶彰风、黄康（后调琼崖特委工作）、周楠（派往越南，负责与越联络工作）、黄松坚、梁嘉。经中央同意，广东区党委在各地设置党的特派员，留下一批武装骨干，坚持隐蔽斗争，保护群众利益。在此期间，留在各地的特派员和武装人员有：粤北特派员张华，留下武装人员150余人，由黄业、刘建华、陈中夫率领，组成工委，以南雄、始兴为中心，坚持五岭斗争；后东①地区，由钟俊贤任特派员，留下武装骨干20多人，由周立群率领，活动于河源、紫金、五华边境；九连地区，由王彪、吴毅组成临时工委，率领留下的武装60多人，活动于粤赣边境；瀚江地区，留下武装人员120人，由何俊才等率领，在英德、佛冈、翁源、新丰一带坚持斗争；东江南部地区，由蓝造、祁烽为正、副特派员，留下武装40多人，由余清、韩捷等率领，在惠来、紫金及海陆丰等地坚持斗争；东江北部地区，由谢鹤筹、欧初为正、副特派员，留下武装40多人，由杨沃、黄柏等率领，分散隐蔽于增城、龙门、博罗一带山区；南路地区，由温焯华、吴有恒任正、副特派员，由沈汉英、黄明德、王国强等率领武装500人，分散在遂溪、廉江、化县、吴川、梅菉、茂名、电白、信宜、博白、防城等地活动；西江地区，由梁嘉任特派员，留下武装300人，分别由周明、冯石生、叶向荣、陈瑞琮、欧新等率领，在广宁、清远、怀集、四会、高要等地区活动；中区，由谢永宽任特派员，留下武装140人，由吴桐、李德光等率领，分散在台山南部、阳春、阳江、恩平、开平、新兴、高鹤等地山区活动；在中山，由曾谷、黄佳分别任正、副特派员；在潮汕地区，由曾广任特派员，留下武装20人，由丘志坚、陈彬、林震、李习楷等率领，分散在八乡山、南阳山、潮饶丰边活动；在兴梅地区，由张全福任特派员，

---

① 沿用抗日战争时期东江后方党组织的习惯称呼。

陈仲平、何献群任副特派员，留下武装骨干16人组成特务队，由程严、王立朝等率领，在梅埔丰边等地活动；在广州，由钟明任特派员。以上各地共留下党员6374人，武装人员1900人，为以后恢复和发展广东的游击战争打下了基础。

7月 国民党广东当局在蒋介石挑起全面内战后违背保证东江纵队复员人员安全的诺言，先后在东江、北江、粤赣边、潮梅、粤中、琼崖等地召开"治安会议"，部署"绥靖""清乡"计划，实行联防联剿，联保连坐，强迫自新的政策，限期各地全面肃清"土匪"，并设立集中营，疯狂捕杀东江纵队复员人员及其家属，迫害爱国民主人士和进步学生，镇压民主运动，推行"三征"（征兵、征粮、征税）苛政，实行法西斯统治。8月，针对国民党广东当局违背协议，发动内战，迫害东江纵队复员人员，方方以东江纵队北撤代表曾生名义发表声明，谴责国民党反动派背信弃义的行为，并号召广东军民采取共同步骤，人不犯我，我不犯人，人若犯我，唯有进行坚决的自卫斗争。尹林平著文《东江纵队北撤与广东新形势》，号召广东各地党组织在目前高压恐怖的黑暗统治下，必须改变工作作风，改变方式，坚持长期斗争，争取最后胜利。方方针对一些党组织的混乱情况，提出"整理组织，审查干部，防止奸细混入，教育干部，克服悲观情绪，提高政治认识，加强斗争信心"。以后又发出"整风审干学习计划""审干的意义与步骤提纲"等文件，强调"弄清历史，求得思想一致，增加工作效能"。接着成立审干学习机构，领导各级党组织开展整风审干学习。

8月 广东区党委成立农村工作委员会（简称"农委"或"农组"），由黄松坚、林美南、梁嘉、欧初等同志负责，对各地留下的隐蔽武装进行指导和联系工作。这时，各地武装小分队已先后开展自卫斗争。南路武工队袭击吴川县银岭乡公所，击毙原广东省保十总队长，随后在遂溪、廉江、化县、吴川、梅菉、茂名、合浦、灵山、钦县、防城等10多个县迅速开展活动。五岭小分队于11月出击仁化、南雄、始兴等地7个乡公所，歼灭了这一带的地方反动武装。此外，九连、后东、江南、北江、瀹江、粤中、西江等地的隐蔽武装也进行了打击地方反动势力的活动。

8月　中共广东区党委派员到琼崖传达关于琼崖独立纵队撤往越南的指示。琼崖特委对此进行认真的研究。10月，广东区党委再次派员向琼崖独立纵队传达南撤的指示。琼崖特委书记冯白驹从海南斗争的实际出发，认为不宜南撤，必须坚持海南斗争。10月26日，冯白驹、黄康、林李明联名请示党中央，同时以琼崖特委名义作出《坚持自卫反击再决议》。10月30日，党中央、毛主席复电琼崖特委冯白驹等同志，指出："你们意见很对。你们应当坚决斗争，扩大军队，扩大解放区，学会集中主力打运动战，争取每次歼灭敌军一营一团；同时发展民兵游击队，配合主力作战。你们应以占领整个海南岛为目标，将来再向南路发展。你们《坚持自卫反击再决议》是正确的。"这一指示，为海南斗争指明了前进的方向。

9月　连贯到上海、南京，向周恩来等汇报广东党组织在北撤后的情况以及海外华侨工作，听取党中央在新形势下的工作指示。周恩来指出：中央估计国民党要大打内战，不久就会迫使我们代表团离开南京、上海回延安，我们在大城市已暴露的干部和民主人士、文化人士会遭受迫害，他们将转移到香港去，广东党组织要做好接应的准备工作。10月11日，国民党军队攻占张家口，达到它向解放区全面进攻的顶点。蒋介石为表面的胜利冲昏头脑，于11月15日召开其一党包办的"国民大会"。国民党特务加紧迫害爱国的民主人士、文化人士，在此前暗杀了李公朴和闻一多。广东党组织遵照周恩来的指示，配合上海、南京、重庆等城市地下党组织，帮助一批民主人士、文化人士转移到香港。

9月 广东区党委派陈华任钦廉四属特派员，继续进行合浦"永信烟庄事件"①的审查工作，作出结论，恢复尚未恢复的党员的组织关系。

10月10日 广东区党委与民主人士共同创办的达德学院在香港九龙青山开学。该学院董事长李济深、院长陈其瑗（后杨东莼）；任教的知名学者、教授有郭沫若、翦伯赞、侯外庐、邓初民、胡绳、沈志远、黄药眠、曾昭抡、狄超白等。方方、章汉夫、乔冠华等多次到达德学院讲课和作报告。该学院招收华侨学生和国内青年知识分子，为迎接全国解放培养了大批干部。

达德学院

10月13日 国民党军队对隐蔽在台山上下川海上的粤中人民武装进行海陆空联合军事进攻，动用多架飞机、8艘炮艇，配合"美珍号"巡洋舰封锁了从中山到湛江长达千里的海岸线。粤中人民武装经过一个多月的浴血奋战，牺牲、被俘10多位同志，终于突围，成功保存了力量。

10月23日 为做好应付各种复杂情况的准备工作，周恩来

---

① 原负责钦（州）廉（州）四属工作的中共南路特委委员杨甫，在合浦县城永信烟庄建立的领导机关活动点于1944年被国民党特务破坏，3名共产党员被捕。南路特委即采取措施，进行内部审查。其后分批恢复一部分党员的组织关系。

就香港工作问题致电方方、尹林平并港澳工委，指出："港目前只能成京沪第二线，而南洋方为第三线，在港之本身亦须建立三线工作。"还指出两广内地农村据点是香港干部及东江纵队武装人员最好的疏散方向。在领导机构方面，周恩来指示："南方工委扩大组织，待沪去人大致到齐后再宣布。"在国民党军队攻占张家口前后，中共中央南京局疏散一批干部到香港工作。章汉夫、许涤新、乔冠华、龚澎、肖贤法等同志到香港后，任港粤工委成员，章汉夫任工委负责人。

10月 方方、尹林平组织在香港的干部学习毛泽东1930年给林彪的信等文件，讨论和研究广东能不能恢复武装斗争以及武装斗争的前途问题。在此期间，尹林平曾两次致电中共中央，请示恢复广东武装斗争问题。

10月 中共广西省工委书记钱兴到香港，向方方和尹林平汇报广西党组织1942年7月9日被国民党特务破坏及1943年桂东南、桂西南党组织被破坏的经过。方方、尹林平对此进行审查并弄清了原因。认为广西党组织被破坏后撤退尚迅速，干部能吃苦，下乡隐蔽并转业为开荒，保存了力量。钱兴确是脱险，几年来与大批干部埋头在农村苦干。钱兴历史已全部审查，政治面目清楚。广西现有400多名党员，已布置钱兴回去开展工作。11月7日，方方、尹林平致电中共中央并转周恩来、董必武、廖承志，汇报对广西党组织的审查情况。此后正式恢复与广西党组织的联系。

10月 中共潮汕党组织在国民党当局大举"清乡"，搜捕、迫

钱兴

害共产党员和韩江纵队复员人员的情况下，坚决进行反"清乡"斗争，对地方反动势力采取分化瓦解，争取多数，打击首恶的策略，使国民党的"清乡"措施难以在基层实施；对已暴露身份、难以立足的人员则撤至南洋；在党内普遍开展整风教育，增强革命坚定性；巩固原有支点，开辟新区，在大北山、大南山、凤凰山、莲花山一带建立新的革命据点。

11月6日 中共中央对南方各省党组织发出工作指示。指出"在目前全面内战形势下，南方各省乡村工作应采取两种不同方针"，即"凡有可能建立公开游击根据地者，应即建立公开游击根据地。原有各根据地，如海南岛，如南路、中路、西江、北江、东江、闽南、闽西，应鼓励原有公开或半公开武装，紧紧依靠群众继续奋斗，不应采取消极复员政策，长敌人之志气，灭自己之威风。现在南方各省国民党正规军大批调走，征兵征粮普遍施行，正是我党发动游击战争的好机会"。"凡条件尚未成熟之地区，则采取荫蔽、待机方针，以等候条件之成熟。此种地区在目前当然是占多数，但其目标仍是积极发动公开游击战争，建立游击根据地之各种条件，而不是不管条件是否成熟一概采取长期荫蔽方针"。

11月10日 方方、尹林平致电中共中央并转周恩来、董必武、廖承志，报告组织划分问题：南委下划城委，专管南方城市工作，包括香港、广州、澳门、桂林、梧州、汕头、厦门等地。又划广东区党委、闽粤边委、琼崖特委、广西工委，管辖小城市和农村工作。并划分了一、二、三、四线的组织系统。方方负责组织一切工作。广东农委和大股武装，由方方、尹林平直接领导。

11月17日 中共中央复电方方、尹林平：目前华南干部应尽可能下乡或归回部队，坚决执行中央11月6日对华南游击战争的指示。对各地武装应设法建立联络，尤应首先抽调得力干部加强粤北与南路两支游击队的领导。电报进一步指出：广东敌人兵力空虚，灾荒遍地，国民党又征兵征粮，因此造成了发展与坚持游击战争的客观有利环境。应在党内清除过去认为广东特别长期黑暗，因而必须无了期埋伏的思想；广东党今后中心任务即在于全力布置游击战争。目前香港干部集中，决非好现象，应坚决疏散一部到武装部队中工作。

11月21日 中共中央复电琼崖特委，指出琼崖特委10月27日自卫反击战总结完全正确，望以此教育干部。同时，要求琼崖特委利用全国内战条件下蒋介石难以调兵琼崖的时机，积极行动，学会打仗，消灭反动武装，扩大根据地，扩大武装部队，提高战斗力，为完成占领整个琼崖，向南路发展之任务而奋斗。根据中共中央电示，琼崖特委于12月召开各临委书记和支队领导干部的联席会议，传达党中央的指示，决定集中兵力歼灭敌人有生力量，开辟以五指山为中心的根据地。会后，经过三个月的作战，打退敌人的全面"围剿"，以五指山为中心的根据地已初步建立起来。为此，1947年4月29日，中共中央致电琼崖特委，祝贺"海南根据地在五指山初步建立是一大胜利"。

11月 广东区党委作出恢复广东武装斗争的决定，并积极筹划恢复整个华南地区的武装斗争。鉴于国民党留在广东的军队尚有四五个师的兵力，而广东人民武装力量（海南除外）仅有1900多人，双方力量悬殊，中共的活动利于分散而不利于集中，但过于分散易受打击，太集中易于暴露。因此提出：不违反长远打算，实行"小搞"、准备"大搞"的方针。号召各地重新开展游击战争，在原北撤留下的武装队伍的基础上，组织游击队、武工组，分散活动，发动群众，领导群众进行反"三征"和减租减息的斗争，打击地主反动武装，摧毁反动政权，建立两面政权，进而建立民主政权，建立武装、扩大武装，广泛建立山区游击据点，为大搞武装斗争打下了基础。

11月 中共闽粤边工作委员会成立，原闽粤边临委撤销。闽粤边工委由魏金水负总责，王维、刘永生副之。下设闽西南边地委、闽南地委和梅埔地委。原闽粤赣中心县委撤销，人员归入梅埔地委，继续由张全福任特派员，陈仲平、何献群任副特派员。

12月30日 北平学生万人示威游行，抗议美军强奸北京大学女学生的暴行。中共中央为此发出指示，提出要"造成最广泛的阵容"，"采取理直气壮的攻势"，"使此运动向孤立美蒋及反对美国殖民地化中国之途展开"。遵照中共中央的指示，翌年1月7日，在广州党组织领导下，中山大学学生组织"沈案后援会"。中山大学、文理学院等校学生2000多人举行声援平津学生爱国正义斗争的反美示威游行，并冲过沙面美军的铁丝网，显示出中国人民英勇无畏的斗争气概。1月10日，香港、九龙青年成立"沈案后援会"；广东各民主党派和港九各界反内战大同盟也先后发表告同胞书和通电，坚决抗议美军暴行，要求废除中美间一切不平等条约。

1947年1月7日，广州学生举行抗议美军暴行示威游行

年底 乔冠华、肖贤法经与港英当局交涉，在香港建立新华社香港分社。由章汉夫负责的《群众》杂志，由乔冠华、龚澎负责的英文半月刊《今日中国》，也分别于年底和次年初在香港出版。

1947年

1月1日　惠阳坪山民众300余人，举行反抗国民党当局暴政的抗征开仓斗争。接着，东莞、博罗、增城、南雄、曲江、翁源、英德、新丰、龙门、佛冈、清远、和平、连平、河源、南海、番禺、中山、台山、开平、恩平、钦县（今属广西）、廉江、化县等27个县的广大农民群众也纷纷行动，掀起了反抗国民党反动政府暴政的自卫求生存的斗争风暴。

1月上旬　方方派政治交通员陈明到永定向中共闽粤边工委传达恢复武装斗争的决定以及先从闽西南发动游击战争，粤东仍须掩蔽待机的指示。闽粤边工委经研究认为闽粤边游击战争应从粤东发起，即由工委书记魏金水到香港向方方汇报请示。经中共中央同意，确定了闽粤边游击战争"先粤东后闽西南"的战略方针。

1月14日至3月7日　为进一步贯彻党中央关于恢复广东武装斗争的指示，广东区党委在香港举办各地党组织负责干部研究班，由方方、尹林平主持，总结广东党组织过去四年的工作，展开批评和讨论。方方向干部作《当前时局的特点》《关于广东形势和赤色割据问题》等报告。接着在香港连续举办5期干部训练班，帮助干部认识广东游击战争的意义、发展的条件和应走的道路，克服在一些干部中怀疑广东游击战争能否搞得起来以及担心搞起来后又再一次撤退的思想，增强了斗争必胜的信心。

1月22日　中共南路特派员吴有恒在湛江市赤坎协源米铺召开各县特派员会议，传达广东区党委关于恢复武装斗争的决定，学习《解放日报》社论《燎原之火》和周恩来关于半年作战目标的谈话，部署各县党组织抓住国民党正规军北调打内战的有利时机，发动群众，开展反"三征"和大搞武装斗争。

1月下旬 根据广东区党委决定，中共九连地区工作委员会成立，严尚民为书记，统一领导九连地区党组织和武装斗争。九连地区工委领导分路经潮汕、东江回到河源后，召开工委扩大会议，向所属党组织和武装部队传达广东区党委恢复武装斗争的决定及指示精神，发动群众，破仓分粮，打击反动区乡政权。会后，积极行动，在龙川、河源边组织伏击战，接着到河西，打东水、彭寨、林寨、古寨等地，一直打上九连山，开辟游击战争。至同年冬，整个九连地区武装部队和武装民兵共发展到3600多人，分别成立连和队、太湖队、三南队、河东、和东、河西等人民武装部队。

1月至2月 隐蔽在五岭的中共武装分头出击，先后袭击基地周围的仁化县长江，曲江县新庄水，始兴县周所、顿岗，南雄县横水、白云等地的国民党乡公所，全歼这些乡的反动武装，壮大了自己的力量。

2月 中共钦（州）廉（州）四属特派员陈华正式恢复四属一批党员的组织关系后，即与钦（州）防（城）合（浦）灵（山）党组织商定以十万大山作长期武装斗争根据地，组织合（浦）灵（山）主力向钦（州）防（城）挺进。据此，四属部队300余人于十万大山会师，开辟该地区游击根据地。5月，防城党组织领导和发动防城企沙半岛3个乡镇起义。游击队活动地区迅速扩展。同年秋，建立4个主力团，人枪达2000以上。

2、3月 广东区党委派张华到五岭地区，成立中共五岭地委，张华任书记，黄业、刘建华任副书记。同时召开会议，研究恢复和发展五岭地区的武装斗争问题，决定以反"三征"为中心，发动群众，团结群众，依靠山区，发展游击战争。为扩大影响，决定以北撤留下的部队为基础，成立粤赣湘边人民解放总队，以黄业为总队长，张华为政委，刘建华为副总队长，陈中夫为政治部主任。

2、3月 中共潮汕特委于1946年底获悉广东区党委关于恢复武装斗争的决定精神，分别向各县委负责人传达后，派遣潮汕特委直属武工队队长林震到香港向广东区党委汇报工作，并带回广东区党委指示，潮汕特委和各县党组织即加紧准备。3月，普宁、潮阳相继建立武装小组，进一步扩展革命据点。5月，在揭阳、普宁两县开展破仓分粮和发动群众的斗争。

3月8日 中共中央发出关于开展蒋管区农村游击战争的指示。在此前后，中共中央多次指示，要趁国民党统治区后方兵力空虚，征兵征粮，使民不聊生、群众斗争情绪普遍增高的有利时机，根据各地区的不同情况，有步骤地发动与组织农民群众，开展游击战争，建立游击根据地。

3月8日 南路人民武装击毙国民党遂溪县县长、反动头子戴朝恩，群情振奋，纷纷要求参军。遂溪、廉江、化（县）吴（川）分别成立新编一、三、四团。同时成立粤桂边人民解放军，吴有恒任代司令员。随后集结部队，袭击国民党乡、保政权，摧毁18个乡公所，破仓分粮，声势浩大，开创南路人民武装斗争新局面。

3月 中共粤中地区特派员谢永宽在恩平召开干部会议，传达广东区党委关于形势与任务的指示，部署恢复公开武装斗争。这时三罗（云浮、郁南、罗定）党组织划归粤中特派员领导。4月，在高明县成立高鹤人民抗征自卫大队，先后袭击高明更楼、合水和新兴水台等地的保警中队、警察所，并积极发动群众开展反"三征"和破仓分粮的斗争。同时开展统战工作，与地方中间势力的武装在反对国民党暴政的共同目标下进行合作，或争取他们中立，集中力量打击最顽固的反动头子。

3月 根据广东区党委的决定，中共滃江地区工作委员会成立，何俊才任书记。4月，成立中国人民解放军粤赣先遣支队，由黄桐华任支队长，何俊才任政委，林名勋任政治部主任。支队成立后立即全面开展打击地方顽固势力、反“三征”和破仓分粮的斗争。

3月 在中共广州市委领导下，广州50多家棉纺织厂工人(其中女工占多数)开展反饥饿、反迫害、求生存的斗争。这时，广州大批商店、工厂倒闭，引起20万工人失业，而在业的工人也在饥饿中挣扎。广大工人纷纷起来进行斗争，组织罢工，要求增加工资。罢工工潮从2月底开始到3月中旬达到最高峰。据不完全统计，罢工浪潮波及30个行业，人数达20万人次以上。

4月15日 方方、尹林平就华南游击战争的部署问题请示中共中央，提出“建立边界游击根据地”的战略方针，把华南地区划分为粤桂边、粤桂湘边、粤赣湘边、闽粤赣边、琼崖5个战略单位(后增加桂滇黔边、粤中)。5月24日，党中央复电方方、尹林平，同意华南工作部署，强调指出：从布置分散的据点武装到建立成块的游击根据地，在你们那里(除琼崖外)还需要经过一些过程，不要急于打大仗，也不要过早集中武装建立根据地，而应将武装力量散布，愈广愈好，广泛发动群众愈多愈好，先从多消灭乡村地主联保武装做起，便愈能在广大乡村中站稳，为建立根据地奠定基础，而不致引起保安团队过早集中调来“清乡”。并明确答复：“你们于闽粤赣边区党委外，建立粤桂边、粤桂湘边、粤赣湘边三个工委地区，领导与发展当地区的游击战争是适当的”。根据中共中央的指示，方方、尹林平陆续派出大批干部到上述地区建立党的领导机构，加强游击战争的领导。

4月中旬 中共西江特派员梁嘉回到西江，在广宁紫荆坑召开会议，传达广东区党委关于开展武装斗争的指示，组织部队挺进，开辟新区。决定广（宁）德（庆）怀（集）开（建）边区由叶向荣、林锋负责；绥江（包括河东、河西）由欧新、陈瑞琮负责；广（宁）怀（集）阳（山）边区由周明、陈胜负责；广（宁）四（会）清（远）边区由冯光、马奔负责。会后，叶向荣、林锋部挺进广（宁）德（庆）怀（集）边境，一举消灭土匪纪以春部。同时，欧新、陈瑞琮、陈胜分别率领部队袭击广宁心英洞地区、四会黄田乡、怀集罗密守敌，均获胜利。在斗争中，各部队关心群众生活，发动群众，破仓分粮，帮助群众度荒。在群众的支持下，西江地区的游击战争迅速开展。

4月 活跃在英德铁路线上的瀚江地区人民武装突击大队开始连续袭击敌人，并多次在少口与英德之间炸毁敌人北运的军车，炸毁粤汉铁路的高良桥，打乱敌人调运兵力和武器北上的计划。新丰部队在八里排全歼敌军一个连，缴获武器弹药及军用物资一大批，并活捉国民党新丰县县长罗联辉。

4月 中共粤桂边地委成立，由温焯华、吴有恒、欧初、黄其江（10月任）组成，书记温焯华，副书记吴有恒，宣传部部长欧初，组织部部长黄其江。粤桂边地委成立后，继续放手发动群众，大搞武装斗争，发展武装队伍。到4月底，武装力量发展到6000多人（包括区乡武工队），并建立遂溪、廉江、化县、吴川、海康、茂名6个县人民解放政府、38个区级政权和一批乡村政权，建立纵300里、横120里，约有60万人口的游击根据地。

4月 方方、尹林平决定把广西东南地区8个县的党组织关系交钦（州）廉（州）四属党组织领导，并强调当前武装斗争实行从"小搞"到"大搞"的方针，以及作出"三山"（十万大山、六万大山、镇龙山）互助、"品"字形开展游击战争的战略部署。

5月6日 根据中共中央指示，中共中央香港分局成立。由方方、尹林平、章汉夫、梁广、潘汉年、夏衍、连贯7人为委员[①]，方方为书记，尹林平为副书记。香港分局直接受中共中央领导，管辖广东、广西两省和福建、江西、湖南、云南、贵州等省部分地区和港澳等地党组织。

中共中央设立香港分局，
图为香港分局书记方方

5月9日 中共琼崖特委召开全琼第五次党代表大会。大会根据中共中央的指示，将琼崖特委改为琼崖区党委，各地临委改为地委。经中共中央批准，琼崖区党委书记为冯白驹，副书记为林李明、何浚，常委冯白驹、林李明、庄田、黄康、何浚。北区地委书记黄康，副书记肖焕辉；东区地委书记陈乃石，副书记符哥洛；西区地委书记杨少民，副书记陈青山；南区地委书记史丹，副书记陈克文。大会还通过了武装斗争、农村土地分配问题的决定。会后，琼崖区党委把海南划为12个县，1个特别区（少数民族自治区）。6月，该区改为白（沙）保（亭）乐（东）边区行政委员会，王国兴任主任委员。

5月20日 中共中央香港分局作出《接受中央二月一日指示的决议》，拥护中央提出的当前南方党的最中心任务是"一切都

---

① 1948年10月，中共中央批准上海局委员钱瑛参加香港分局工作，任分局委员。1949年4月，钱瑛接中共中央指示离港北上解放区。

应为着武装斗争、群众斗争的发展与党及群众组织的巩固"。号召各地党的干部必须肃清和平幻想、城市享乐的思想，大胆放手，发动群众，为建立新解放区而斗争。为保证游击战争的胜利发展，必须反对急躁速胜轻敌的思想。尤其是全党干部，必须团结在中央的路线下，去团结全体同志和广大人民，才能获得最后的彻底胜利。

5月31日 为声援平、津、沪、宁学生举行的爱国民主运动，在广州地下党领导下，中山大学、国民大学、中华文理学院、中山大学附中等校学生3000余人举行反内战、反饥饿、反迫害的示威游行。游行队伍途经长堤，遭国民党警察镇压，殴伤三四十人，造成"五卅一惨案"。当晚又捕去师生近百人。学生坚持斗争25天，迫使反动当局释放被捕师生，斗争取得胜利。"五卅一"运动前后，广州地下党组织在中山大学、中华文理学院、岭南大学、国民大学和广雅、女师、市一中、市二中、市师范、市艺专、执信等10多所大中学校建立和发展"学生爱国民主运动协会"。由此推动了华南国民党统治区爱国民主运动的深入发展，形成了

在中共地下党组织的领导下，中山大学学生发动全市学生举行反饥饿、反内战、反迫害的大规模示威游行

广东地区反美反蒋的第二条战线，有力地配合了第一条战线的斗争。

5月 九连地区人民武装于上半月乘敌空虚，先后袭击和摧

毁和平县、河源县等地10多个国民党区乡公所，歼敌200余人，破仓10余个，部队在战斗中发展至400人，并在和平县青州、热水等地组织群众，建立数百人的民兵组织。

5月 中共粤桂边区工作委员会成立，书记周楠，委员有周楠、庄田、温焯华、吴有恒。与此同时，方方任命了粤桂边区人民解放军新的领导成员：庄田为司令员，温焯华为政治委员，唐才猷为副司令员，吴有恒为副政治委员，欧初为政治部主任。由于周楠、庄田、唐才猷率部队在越南整训，该工委实际上没有管辖粤桂边区工作。粤桂边区工作和粤桂边区人民解放军由温焯华、吴有恒领导。6月，中共中央香港分局任命左洪涛为粤桂边区人民解放军参谋长。

5月 中共中央香港分局决定闽粤边工委改为闽粤赣边区工委。6月18日至25日，中共闽粤赣边区工委在大埔严背斜召开扩大会议，选举魏金水为书记，王维为组织部部长，朱曼平为宣传部部长。会议总结闽粤赣边区党组织在抗战胜利后工作的经验教训，提出建立闽粤赣边区人民解放军和创建闽粤赣边解放区的总任务，决定建立工委和各地委的主力，依靠群众开展游击战争。接着，闽粤赣边区工委发出关于武装斗争致总队及各地委的信，提出闽粤赣边区武装斗争要贯彻"普遍小搞、准备大搞"的方针。此后，各地迅速开展广泛的游击战争。

6月30日 由刘伯承、邓小平率领的晋冀鲁豫人民解放军主力4个纵队共13万人在鲁西南张秋镇至临濮集之间强渡黄河，揭开了人民解放军由战略防御转入战略进攻的序幕。在全国解放战争不断取得胜利的影响下，广东各地人民武装空前活跃。

6月 为适应建立边区游击战争发展的需要，中共中央香港分局决定撤销广西省工委，其所属党组织分别与粤、滇省边界党组织合并，先后建立粤桂边、粤桂湘边、桂滇黔边区党组织。11

月，在境外整训的南路人民武装老一团回国参加桂滇黔边区游击战争。

6月 中共潮汕特委召开会议，由刘向东和吴坚传达中共中央香港分局指示，决定潮汕特委改为潮汕地委，书记曾广，副书记刘向东。会后，动员军事骨干到大北山集结和运送武器上山。6月7日，潮汕人民抗征队在大北山区天宝堂成立，刘向东为司令员，曾广为政委。6月下旬，潮汕地委在大北山召开扩大会议，进一步贯彻党中央和香港分局指示，决定加强党的领导，放手发动群众，积极发展武装，开展反"三征"斗争和农村游击战争。同时确定以大北山为中心战略据点，大南山、凤凰山为支点，南阳山、五房山为转动点，建立梅花形的革命根据地。

7月 东江北岸的博（罗）龙（门）河（源）部队向桂山挺进。在中共地下党配合下广泛宣传党的政策主张，发动群众反"三征"、减租减息，保护工商业，保护社会治安，并在平陵处决了两个大恶霸，为民除害，受到群众欢迎，建立了桂山根据地。南岸的惠（阳）东（莞）宝（安）人民护乡团一部于9月挺进海（丰）陆（丰）惠（来）紫（金）五（华）边山区活动，协助当地部队打开山区局面。不到三个月，控制了多祝以北、蓝塘以南、松坑以东、高潭以西山区。海陆丰人民自卫大队也控制了海丰北部大安洞、九龙洞山区，初步建立了海（丰）陆（丰）惠（阳）紫（金）五（华）边根据地。

7月 粤中特派员谢永宽根据香港分局指示，派一支小分队挺进云浮、罗定、阳春边境，在地方党的协助下，建立游击据点。另一部分武装分别在台山南部和恩平合水等地建立海上大队和新（兴）恩（平）支队，积极开展游击活动。

7月 根据中共中央香港分局指示，粤桂湘边工委（又称"西江工委"）在广宁寥炭岗成立。书记梁嘉，副书记钱兴，委员还有李殷丹、王炎光、周明。领导西江北岸和广西东部党组织，开展粤桂湘边游击战争。这时武装队伍已发展到800多人，先后建立了6个游击区，成立区乡政权、民兵组织和耕友会（农会），其中广宁北部的四雍区乡组织了7个民兵中队和70多个农会，各有2000多人参加。

8月1日 潮汕人民抗征队全歼丰顺县汤坑守敌，并进军大北山腹地八乡山，开辟中心根据地。8月24日，百里奔袭普宁县鲤湖镇，迫使进攻八乡山的国民党军1000多人撤军。随之在大北山周围建立武工队，发动群众开展游击战争。9月下旬，抗征队扩编为第一大队、第三大队。10月中旬至11月，第三大队转战普宁、惠来，连克林樟、占陇、梅林等战略据点，开辟大南山、南阳山根据地。与此同时，第一大队挺进揭阳梅北，歼灭新亨守敌，开辟五房山根据地。接着回师消灭河婆之敌，巩固了大北山中心根据地。在潮（安）澄（海）饶（平）丰（顺）地区，中共潮汕地委于8月初成立潮澄饶丰山地工作委员会，统一和加强以凤凰山为中心的山区工作领导。12月，第一、第二武工队首战澄海樟林乡公所获胜，随后进至凤凰山开辟根据地。至此，潮汕地区以大北山为中心的梅花形根据地初步形成，抗征队发展到两个大队和12支武工队共700余人。

8月1日 中国人民解放军两广纵队在山东宣告成立，并向毛主席、朱总司令发出致敬电，宣誓"一直打到两广去，解放华南！"该部队是以东江纵队北撤部队为基础，接收解放过来的两广籍士兵组建而成。司令员曾生，政委雷经天，副司令员王作尧，参谋长姜茂生，政治部主任杨康华、副主任刘田夫。中共中央发电致贺。在此前后，中央曾多次派遣北撤的部分干部回广东参加武装斗争。

8月8日 中共粤东地委在大埔麻子场召开扩大会议，中共闽粤赣边工委常委王维、朱曼平出席会议。会议研究贯彻中共闽粤赣边工委第二次扩大会议精神和实施"先粤东后闽西南"的战略方针，决定首先打开梅（县）（大）埔丰（顺）地区的局面，然后全面铺开。为此，闽粤赣边工委主力在地方武装配合下，首先打击梅埔丰地方反动势力，接连取得大麻出击、三乡歼敌的重大胜利。

9月26日 粤赣湘边人民解放总队攻打南雄东部守敌重要据点新田村，守敌联防队和反动头目200人被迫投降。这时该地区已打破敌军的进攻，从山区打出平原，摧毁南雄、始兴、信丰等地20多个乡公所，建立了稳固的游击基地。根据中共中央香港分局关于"坐南朝北"的指示，5月和6月派出部队挺进湘南、赣南，进一步开展这两地区的工作。10月27日，接应湘南桂东沙田进步青年郭名善组织的武装起义。游击战争在湘南、赣南广泛开展。

10月3日 被国民党政府任命为华南（广州）行辕主任兼广东省军管区司令的宋子文抵达广州。宋子文来广东后即勾结美帝国主义和邻省的反动势力，并调整机构，部署人事，集中权力，加紧"三征"，扩编保安团和收编土匪，实行"绥靖新策略"，向广东人民武装发动进攻。

10月10日 人民解放军总部发表宣言和口号67条，宣布人民解放军的也就是共产党的基本政策，提出"打倒蒋介石，解放全中国"的口号。27日，中共中央发出必须将革命进行到底的指示，指出"在我军反攻胜利发展中，全国各阶级、各党派必须考虑自己立场，计算将来出路，蒋介石集团自己及其帝国主义也必须预筹退路"。中共中央指示要揭露美蒋反动派策动"和平统一"的政治阴谋，做好争取教育团结各民主党派的工作，反对一切不彻底的资产阶级妥协思想或改良主义政纲。

10月10日 国民党政府宣布中国民主同盟为"非法团体"。民盟总部被迫宣布解散，部分主要领导人转移香港。至是年底，香港几乎云集全国所有的民主党派领导人和无党派知名人士。中共中央香港分局根据中央指示，对他们进行了团结、教育工作，并在生活上给予关怀和帮助。

10月21日 中共中央军委致电琼崖独立纵队，同意琼崖独立纵队归入人民解放军的建制，命名为中国人民解放军琼崖纵队。司令员兼政治委员冯白驹，副司令员李振亚、吴克之，副政委兼政治部主任黄康，参谋长马白山。琼崖的武装斗争一直走在华南各地前头，这时又取得了显著成绩。从1946年10月以来，粉碎了国民党军队三次大规模的"清剿"，歼敌3000人，解放和收复县城8座、市镇据点32个。

11月11日 方方、尹林平就对宋子文主粤的问题请示中共中央。中央即复示香港分局，指出：对宋主粤阴谋，要尽量予以揭穿，以加强华南及南洋人民的反蒋反美运动。特别要加强对农村武装斗争领导，并注意适当发展，准备击破宋所进行的扩大反动武装，"消剿"人民游击队的企图。

11月12日 台湾爱国民主人士在香港发起组织了台湾民主自治同盟。

11月 中共闽粤赣边区工委主力部队在粤东地区配合地方武装打开梅（县）（大）埔丰（顺）局面之后，兵分三路，挺进梅（县）兴（宁）丰（顺）（五）华、梅（县）兴（宁）平（远）、饶（平）（平）和（大）埔丰（顺）地区，与地方党组织密切配合。至翌年2月，共摧毁国民党区、乡政权30多处，推动了整个粤东地区游击战争的发展。

11月 中共中央香港分局发出《迎接大反攻，加强农村斗争的指示信》，指出：我们只有独立自主大胆放手的依靠广大群众，猛烈开展群众斗争和游击战争，创造出广大农村据点与武装组织，才能打破蒋宋进攻的企图。

12月　广东大部分地区的中共组织和人民武装自恢复武装斗争以来，由于坚决贯彻党中央关于"不要急于打大仗""先从多消灭乡村反动武装做起"的指示，以及香港分局关于不违反长远打算，实行"小搞"，准备"大搞"的方针，紧密依靠群众，把武装斗争与群众求生存的斗争相结合，在敌强我弱的情况下，先后粉碎了张发奎妄图消灭东江纵队北撤后留下的武装力量的所谓"拔钉计划"，以及宋子文的军事进攻，全省人民武装队伍不断发展壮大，从东江纵队北撤留下的1900人发展到1.7万多人，在一些地区形成了县以至地区一级的主力。全省（不包括琼崖）大小战斗共400余次，歼敌3900余人，缴轻重机枪83挺、长短枪4415支，游击区人口达数百万人，建立了山区游击基地，推进了平原工作。在游击区内普遍进行减租减息运动的群众斗争，进一步发动群众。城市的群众运动也获得较大发展。

1948年

1月1日　由中国国民党民主促进会李济深、何香凝、蔡廷锴等，以及中国三民主义同志联合会谭平山、柳亚子、王昆仑等发起组织的中国国民党革命委员会（简称"民革"）在香港正式成立，并发表宣言和行动纲领，主张推翻蒋介石的卖国独裁政府。5日，中国民主同盟领导人沈钧儒、章伯钧、邓初民等在香港召开民盟一届三中全会，决定重建领导机构，恢复活动，发表宣言，申明"必须粉碎一个独裁反动的政权，才能建立一个和平民主廉洁有效能的新政府"，反对美国援蒋反共的政策，表示愿意和中国共产党、各民主党派携手合作。中共中央对于民革的成立和民盟恢复活动表示欢迎。在中国共产党的影响下，中国农工民主党、中国民主建国会、中国致公党等民主党派也积极参加反对美蒋的爱国民主运动。

1月9日　琼崖纵队第三总队所部再度攻占保亭县城，随后解放该县大部分地区。3

李济深、何香凝写给中国三民主义联合会领导人陈铭枢等人的密信，邀请其前来香港商讨筹建民革的事宜

月3日，琼崖纵队一部攻占崖县县城。3月4日，琼崖纵队第一总队攻占临高县城。6月，琼崖纵队解放乐东县全境，从而使白沙、保亭、乐东连成一片，胜利完成创建五指山中心根据地的任务。

1月23日　国民党广东省政府主席兼全省保安司令宋子文提出"全面扫荡、重点进攻"的"绥靖新策略"。随后，即以粤北、南路、兴梅三地区为进攻重点，开始了对全省各游击根据地和人民武装的第一期"清剿"。为此，中共中央香港分局向各地党委发出《粉碎蒋宋进攻计划，迎接南征大军的指示信》（即"2月指示"），分析了形势，提出军事斗争、群众斗争、政权工作、统战工作和整党工作的五大具体工作任务，要求各地普遍发展地方武装和民兵，建立主力部队，建立游击据点以至根据地和组织民主政府，同时做好统战工作和加强党的工作。这些指示对于发动群众，粉碎宋子文的"清剿"计划起到积极的指导作用。但该指示信不适当地、过早地提出"一切为着土改"的口号，肯定了一些地区过早土改和执行政策中"左"的错误做法，以致在敌人进攻时，使这些地区遭受不同程度的损失。

1月　中共香港工委成立群众工作委员会，书记黄焕秋。群众工作委员会下设青年、妇女、学校、学生4个工作委员会，并直接领导达德学院党总支。群众工作委员会成立后，与民主党派一起巩固达德学院教育阵地，还领导其他一些学校的群众工作，以及组织一些妇女、青年参加进步活动，以文艺形式宣传解放战争的胜利形势，揭露国民党反动派的罪行。

2月28日　西江两岸党组织积极贯彻中共中央香港分局大搞武装斗争的指示，领导德庆人民举行武装起义。4月18日，又领导郁南人民举行武装起义，把武装斗争扩展到粤桂边境。

2月29日　粤桂边人民解放军部分主力550人，由廉江县金屋地出发西进，4月抵达十万大山地区，与当地人民武装会合后，在该地开展游击战争。4月5日，另一支主力750人，由遂溪县北区下洋村出发东征，后兵分两路，于5月2日、13日分别抵达粤中地区，与粤中人民武装会合。粤桂边人民武装西进和东征，保存了主力，减轻了敌军对南路游击根据地的压力，有力地支援了十万大山和粤中地区的武装斗争。

2月 以涂思宗为总指挥的粤闽赣边区"剿共"总指挥部纠集粤闽两省保警总队及县警队共4000余人，开始对兴梅地区人民武装进行从北到南、从东到西的所谓"十字扫荡"。兴梅人民武装粤东支队兵分三路向敌人空虚处出击。8月2日，粤东支队攻占蕉岭县城，歼敌30余人，缴枪300支，子弹1.5万发，打乱了敌人的进攻计划。5月30日，在梅县三乡生俘国民党粤闽赣边区"剿共"总指挥部前线指挥官、少将高级顾问张光前。6月8日，在大埔县马头山击溃敌700余人，毙伤敌50余人，粉碎敌人对兴梅地区的"十字扫荡"。

3月13日 经中共中央城市工作部部长周恩来批准，副部长李维汉致电琼崖区党委并香港分局，指出琼崖等华南各地仍处于战略防御地位，仍属游击根据地性质，"因此暂时还不能实行以平分土地为目的的土地法大纲，以免树敌过多，万一军事形势发生变化时，群众遭受摧残，自己陷于孤立的危险。而在基本地区一般地仍以实行减租减息为宜"。

3月15日 广东第五"清剿"区司令官兼行政督察专员、保安司令喻英奇调集1000多人的兵力，发动对大南山区的"清剿"。8月15日至17日，潮汕人民抗征队第三大队连续取得大南山下浦伏击战等战斗的胜利，粉碎了敌人的"清剿"。从此至11月，潮汕人民抗征队先后取得5次反"清剿"斗争的胜利。特别是在第五次反"清剿"的斗争中，共计歼敌500余人，粉碎了喻英奇集中3000多人的兵力对大北山根据地的"重点进攻"。在此期间，潮澄饶丰人民武装也多次取得反"清剿"斗争胜利。从而巩固山区根据地，发展平原游击战争，建立了潮（安）揭（阳）丰（顺）、潮（阳）、普（宁）惠（来）南（山）等县级行政委员会及大批区乡政权和两面政权，人民武装发展到5000余人，开创了潮汕人民武装斗争的新局面。

4月30日 中共中央发布五一国际劳动节口号，号召"各民主党派、各人民团体、各社会贤达迅速召开政治协商会议，讨论并实现召集人民代表大会，成立民主联合政府"。5月1日，中共中央主席毛泽东致电中国国民党革命委员会主席李济深、中国民主同盟中央常委沈钧儒，提出先行召开新的政治协商会议，希望民革、民盟与中共共策进行。中国共产党的号召，得到民革、民盟和其他民主党派，各人民团体、海外华侨团体及无党派民主人士的热烈响应。5月5日，各民主党派领导人和著名人士李济深，何香凝（民革），沈钧儒，章伯钧（民盟），马叙伦、王绍鏊（中国民主促进会），陈其尤（中国致公党），彭洋民（中国农工民主党），李章达（中国人民救国会），蔡廷锴（中国国民党民主促进会），谭平山（中国三民主义同志联合会），郭沫若（无党派）等在香港通电全国，热烈表示"全国人士自宜迅速集中意志，研讨办法，以期根绝反动，实现民主"。并联名致电中共中央主席毛泽东，响应中共中央"五一"时局主张。接着响应号召、发表宣言的还有在港各界人士冯裕芳、柳亚子、章乃器、陈其瑗、沈志远、翦伯赞、邓初民、千家驹、曾昭抡、侯外庐等100多人以及妇女界200多人。

4月 中共中央香港分局发出《对2月指示信的补充指示》，肯定了2月指示中关于大胆放手发展，粉碎国民党的军事进攻，建立边区根据地方针是完全正确的，同时也指出一些地区在工作中出现"左"的倾向，应加以纠正和防止。

5月初　中共香港城市工作委员会书记梁广调粤桂边区工作，由陈能兴继任香港城市工作委员会书记。5月中旬至8月，香港城市工作委员会在香港举办5期训练班，轮训干部59人。训练班学习列宁、毛泽东的有关理论著作，总结经验教训，提高了干部的思想理论水平。

5月中旬　中共中央香港分局副书记兼广东区党委书记尹林平率广东区党委机关的部分人员由香港抵达东江地区，组建粤赣湘边区党委。广东区党委机构至此结束。在此前后，香港分局和广东区党委的一些重要领导干部冯燊、黄松坚、林美南、梁威林、左洪涛、吴有恒等陆续离开香港，分赴各地游击区工作。

6月11日　中共粤桂边区党委广南分委及广南军分委正式成立，冯燊任分委书记兼军分委主席，冯燊、谢创、吴有恒、欧初为分委委员，吴有恒、欧初分别兼军分委第一、第二副主席，同时撤销广南人民解放军临时司令部。广南分委下辖粤中的新高鹤、三罗、滨海、广阳地区的14个县的党组织。不久，茂（名）电（白）信（宜）地区党组织亦划入广南分委管辖（后又划归粤桂边区党委）。

6月17日　高雷地区部分县、团级干部会议在东海岛召开。梁广在会上传达中共中央香港分局指示，并作《去年化吴武装斗争的初步总结》的报告。报告总结化吴地区斗争受挫的原因及经验教训，提出整党整军、端正政策、加强纪律、增强团结、粉碎蒋宋进攻等要求。会后，成立粤桂边区党委及粤桂边临时军委，梁广任区党委书记兼临时军委主席，梁广、冯燊、黄其江、温焯华（后）为区党委委员。粤桂边区党委成立后，立即开展整党整军工作，初步克服了粤桂边区党内思想的一些混乱状态，区党委还重新划分地区，先后成立高雷地委、粤桂边地委和十万大山地工委，为开创粤桂边区游击战争的新局面奠定了思想基础和组织基础。

6月30日　中共中央香港分局书记方方在香港主持召开各民主党派、民主人士座谈会，讨论召开新政协的有关问题。香港分局委员潘汉年、连贯也参加了座谈会。参加座谈会的民主党派领导人和知名人士有李济深、沈钧儒、郭沫若、马叙伦、王绍鏊、谭平山、茅盾等。他们恳切表示愿意在中国共产党的领导下，为新政协的早日召开贡献力量。方方、章汉夫、连贯、夏衍、饶彰风等还通过撰写文章和谈心方式向各民主党派领导人及知名人士，宣传中国共产党的"五一"口号和其他各项政策。对一些民主人士中存在的"中间路线""第三条道路"的错误思想，进行耐心的批评、教育工作，促使他们放弃幻想，转而站到人民革命的立场上来。

6月　中共中央香港分局发出《工作指示》，肯定了半年来在反对国民党的军事进攻方面所取得的成绩，同时也指出在军事、群众斗争（特别是一些地区的土改工作）以及群众工作等方面不注意政策所造成的错误。为此，香港分局提出暂缓土改和纠正错误的一些具体要求，还提出坚持平原游击战，掩护山地边区建立根据地的方针，以粉碎国民党广东当局发动的"肃清平原，围困山地"的第二期"清剿"。

6月　中共粤桂湘边区工委贯彻中共中央香港分局关于"大胆放手，发展新区"的指示，派出武装175人由广宁出发，挺进连（县）阳（山），开展英（德）乳（源）连（山）阳（山）游击战争。至11月底，队伍扩大至800人，建立了各县的武装基础。国民党粤西桂东"联剿"指挥部纠集兵力2500余人，进攻广宁四雍游击根据地，粤桂湘边区工委书记梁嘉率主力600余人向绥江下游转移，副书记钱兴率260余人枪在原地与敌人周旋。后钱兴牺牲，老区陷入敌手。

7月10日　粤桂边人民解放军一部袭击湛江市赤坎区，毙伤俘敌110余人，在全省产生重大政治影响，粤桂边区的武装斗争亦于此由被动转为主动。

7月16日　广东人民解放军江南支队在惠东县的沙鱼涌袭击敌人，歼国民党第一五四旅之二十二团的一个营、一个加强连及其他部队共210人。7月23日，江南支队在横岗三洲田一带伏击国民党军第一五四旅之二十三团的一个营及其他部队，歼敌230人。8月3日，江南支队在龙岗西北部的红花岭一带与粤保第八团、虎门守备队等发生遭遇战，歼敌200余人。此后至9月，江南支队多次开展伏击战、袭击战，彻底粉碎了国民党军队对江南地区的第二期重点"清剿"。

7月17日　中共中央致电香港分局，指出："南方各游击区应执行减租减息的社会政策及合理负担的财政政策，以便联合及中立一切可能的社会力量，争取游击战争的胜利；不应当过早实行分配土地的政策，致使自己陷于孤立。"

8月1日　毛泽东复电香港的各民主党派领导人和各人民团体、无党派知名人士，赞扬他们为促进新政协的召开所做的努力，并邀请他们到解放区共商国是，参加新政协。这一邀请，立即得到各方面的热烈响应。为安全输送民主党派领导人和爱国民主人士到解放区参加新政协，党中央电示香港分局由潘汉年、夏衍、连贯负责组织具体的输送工作。周恩来还委派钱之光、刘昂等分别到香港和大连等地进行接应工作。钱之光到香港后，即向方方、潘汉年等传达党中央的指示，共同研究输送民主人士北上问题。在周恩来的关怀和直接指导下，这项工作迅速而紧张地开展起来。参加输送工作的同志冲破国民党特务和港英当局的重重封锁，从1948年8月到1949年夏，先后输送

20多批，共350余名民主人士，经东北或其他地区转到北平，其中参加新政协第一次会议的正式代表119人。

8月1日至22日　中华全国第六次劳动大会在哈尔滨举行。大会号召全国工人阶级，紧密团结各阶层人民，积极支援人民解放军，迅速实现推翻国民党反动统治、建立新中国的历史任务。出席大会的广东代表有陈郁、林锵云、刘大超（刘达潮）、关云、高林（即港九工会联合会主席朱敬文）、邓民光（即香港九龙船坞工会主席黄灯明）等。大会决定正式恢复中华全国总工会。大会选出执行委员53人，候补委员20人，陈云当选为全国总工会主席。广东代表团的陈郁、林锵云、梁广[①]、刘大超、冯燊[②]、廖似光、高林等被选为执行委员。

8月7日至24日　闽粤赣边区党组织在大埔县樟滚乡举行闽粤赣边区党代表会议，撤销闽粤赣边工委，正式成立闽粤赣边区党委，书记魏金水，副书记朱曼平、林美南，委员魏金水、朱曼平、林美南、王维、刘永生、林映雪、李平、张昭娣、卢叨、张全福、范元辉、罗炳钦、陈文平、黄维礼、刘向东。区党委下辖梅州（粤东改称）、潮汕、韩东（后改称韩江）、闽西、闽南地委。会议总结了原工委第一次执委会以来的斗争情况，作出《中共闽粤赣边第一次党代表会议决议案》等决议，提出粉碎敌人重点进攻，为建立闽粤赣边根据地而奋斗的总任务。

8月　中共中央香港分局发出《半年工作总结和今后方针任务》的指示（又称"八月指示"），在肯定半年工作中所取得的成绩的同时，认真分析一些地区在土改、工商政策整军、民兵和群众工作及军事斗争等方面所犯的错误及其原因，明确纠正过

---

①　②梁广、冯燊当时被选为广东出席中华全国第六次劳动大会的代表，但因分别在粤桂边和粤中地区领导游击战争，未能赴会。

早土改的错误政策。提出军事斗争、具体政策、农村统一战线及整党工作的四大任务，指出"从普遍发展中组织主力，以便能够进行较大规模的战斗，一部分一部分地歼灭敌人有生力量"，是粉碎国民党在广东发动的第二期"清剿"及改变敌我形势基础的中心环节。

8月 经中共中央香港分局批准，并征得湖南省工委的同意，湘南地下党组织划归五岭地委领导。

9月17日 琼崖纵队第一副司令员李振亚率领5个支队2000余人由保亭誓师出发，对敌发动秋季攻势。部队向陵水、万宁边境挺进，先后克敌据点20余个，使陵（水）万（宁）游击区与五指山解放区连成一片。但在牛漏山战斗中，李振亚不幸中弹负伤，经抢救无效于9月28日牺牲。李振亚牺牲后，中共中央发来唁电，以示悼念。10月初，琼崖纵队副司令员吴克之赶赴前线指挥，部队又相继克乐会、定安、琼中等县敌据点多个。至12月13日止，琼崖纵队在历时8个月的秋季攻势中，共计歼敌1500余名，缴获迫击炮1门、轻重机枪20挺、掷弹筒9具、长短枪500余支，克圩镇18座，拔除据点20余处，巩固了五指山中心根据地，并将游击区扩大到沿海地区。

李振亚

9月30日 粤中人民武装在高明县布辰岭伏击国民党粤保十四团一个连，歼敌121人，10月14日攻入鹤山县城，粉碎敌对粤中区的第二期"清剿"。

10月24日 广东人民解放军粤赣边支队在河源县白马税站附近的东江河南岸设伏，击溃敌护航大队，毙敌数十人，缴获军用物资一批。至1949年1月，粤赣边支队又取得连平县大湖狮子脑伏击战，河源县鹤塘伏击战、骆湖大坪阻击战、仙塘大人山运动战的胜利。九连地区人民武装在上述五战五捷的作战中，共计歼敌500余人，缴获迫击炮7门，机枪21挺，掷弹筒、火箭筒17具，长短枪300支，从根本上扭转了九连地区的斗争局势。

10月 中共中央香港分局公布《华南人民武装当前行动纲领》，明确革命的打击对象是反对人民及人民军队的反动头子、地方恶霸、首要特务，并消灭其武装组织，联合与中立不反对我们现行政策的地主、富农及一切可能联合或中立的社会力量。社会政策限于反"三征"、减租减息、生产合作、救灾救荒。财政政策是实行合理负担、保证财权。

11月13日 中共中央香港分局机关报《正报》（先由广东区党委创办，香港分局成立后改属分局）停刊。正报出版社改为出版进步书籍。

11月15日 中共中央香港分局向各地党委发出《今后华南斗争方针》的电报指示，分析全国及华南的形势，强调做好充分精神准备，以应付国民党统治中心南迁后的残酷斗争，要求各地坚持八月指示原则，敢于斗争，坚持斗争，迎接解放军主力南下，解放全华南。

12月19日 国民党广东省保安第十团团长陈一林率部900余人于南路遂溪县起义，击毙国民党广东省第十"清剿"区中将司令张君嵩、少将副司令邓伯涵等21人，随即投入粤桂边人民解放军。

12月 中共中央香港分局成立农村工作组，组长林李明。农村工作组成立后，加强对农村武装斗争的领导和调查研究工作。1949年5月，农村工作组改称为中共中央华南分局军事组，组长陈健。

12月 粤赣湘边区党委正式成立。书记尹林平（兼），副书记黄松坚、梁威林，委员尹林平、黄松坚、梁威林、左洪涛、黄文俞、严尚民。粤赣湘边区党委下辖江南、江北、九连、五岭（含湘南、赣南）、滃江及珠江三角洲地区的党组织。

至1948年底 中共中央香港分局在华南地区已经建立琼崖、闽粤赣、粤赣湘、粤桂边区党委，粤桂湘、滇桂黔边工委及粤中分委，在这7个大的战略单位下建立20余个地委和地工委。绝大多数的县建立党的组织或有游击队开展活动。党员人数由1946年底的6374人发展到13227人（琼崖区党委及粤桂湘边工委党员数未列入）。除极个别地区外，普遍建立地委领导下的地方人民解放军支队或总队。全华南共有地方人民武装45948人，其中广东有3.8万人。在此期间，中共广州市地下组织在社会各阶层中陆续建立几个党的秘密外围组织，发展城市的爱国民主运动。

1949年

1月1日 中共中央香港分局向华南各地党委发出电报指示。指出解放军已准备渡江，在游击区，我们的布置应是朝向首先解放粤汉路东的粤闽赣湘数十个县及路西的二三十个县，以包围广州。在香港，我们的主要工作是培养城市干部及研究城市政策，准备大军到达时能动员5000名知识分子下乡，同时培养行署行政干部。

1月1日 中共中央作出《关于建立中国新民主主义青年团的决议》。根据这一决议，中共中央香港分局发出通知，要求华南各地建立新民主主义青年团组织，香港的新民主主义青年同志会改称为新民主主义青年团。

1月5日 广州铁路工人约千人在广九铁路大沙头站内进行请愿怠工，要求改善待遇，清还欠薪，增加工资。是日夜，铁路当局被迫答应工人提出的部分条件，工人亦同意暂拟复工5天，以静候问题的全部解决。由于工人的怠工，当日广九、粤汉、广三线列车均延时抵达终点站。

1月21日 蒋介石免除宋子文在广东的各项职务，委任薛岳为广东省政府主席，余汉谋为广州绥靖区公署主任，张发奎（后李汉魂、陈济棠）为海南特区行政长官兼海南建省筹备委员会主任委员。薛岳、余汉谋上任后，为挽救败局，立即策划在全省对人民武装作全面进攻。

1月26日 中共中央香港分局发出指示，要求各地区党委迅速扩大主力部队，迅速组织民兵，把有战略意义的地区连成一片，建立各地方党委的农会和妇女、青年团体的筹委会，以统一群众组织，迅速将各地委武装正式编成纵队属下的支队、大队、中队，统一编制，大量吸收知识青年，培养干部。

1月 中国人民解放军粤赣湘边、闽粤赣边、桂滇黔边纵队联合发表成立宣言，分别在各地成立8个纵队司令部。粤赣湘边纵队司令员兼政治委员尹林平，副司令员黄松坚，副政治委员梁威林（2月任），参谋长严尚民（后任），政治部主任左洪涛；闽粤赣边纵队司令员刘永生，政治委员魏金水，副司令员兼参谋长铁坚，副政治委员朱曼平，政治部主任林美南；桂滇黔边纵队司令员庄田，政治委员周楠（林李明8月接任），副司令员朱家璧，副政治委员郑敦，政治部主任杨德华。

1949年，粤赣湘边纵队的战士在试用缴获的重型机关枪

2月1日至5日 华南学生第一次代表大会在香港举行。会议决定成立华南学生联合会，并通过了学联组织章程、当前华南形势报告及各地区的工作报告，确定当前华南学生运动的方针、任务及行动纲领等。会议号召华南学生在中国共产党的领导下，为推翻国民党的统治，为建设新中国而努力奋斗。

2月5日 中共中央批准成立琼崖少数民族自治区。3月，琼崖少数民族自治区行政委员会正式成立，主任陈克文，副主任王国兴（黎族）、陈斯德（苗族）。琼崖少数民族自治区管辖白沙、保亭、乐东、琼中四县。

2月23日 中国共产党与民主人士合办的达德学院被香港

当局以"违反香港地方治安"为由封闭。根据中共中央指示，香港分局将该学院的许多进步教职员和学生陆续送到各解放区工作和学习，有的留在香港从事调查研究工作，或进行准备接管城市的专业学习。

2月 中共中央香港分局举办各地党委代表学习班，传达中共中央关于"1949年是南方游击战争和游击根据地扩大发展的一年"的指示，提出军事斗争、群众斗争、建立政权、统战工作、财经工作和党的工作6项具体任务，并着重部署将各大战略区打成一片的战略任务。会议总结了经验，进行了整风学习，要求各地党组织开展反无政府、无纪律状态的斗争改进领导作风，健全党委制，严格执行请示报告制度，以达到思想、政策、制度上的统一。香港分局书记方方在会上作《关于华南党的工作问题的报告》和《关于反无政府无纪律状态的学习与反省》的总结报告。

3月4日 琼崖纵队主力部队开始发动春季攻势，向岛西北的澄迈、临高、儋县和岛西南的昌江、感恩（今东方县）、白沙、乐东、崖县等地守敌展开攻势。至6月5日止，共歼敌正规军和地方武装各1个团，连其他被歼之敌共2000余名，缴获迫击炮7门，掷弹筒、枪榴筒53具，各种枪2000余支，子弹14.18万发；解放了儋县、昌江、感恩3座县城及石碌矿山、广坝电站等20余座城镇，解放全琼三分之二的土地，进一步扩大和巩固了解放区。春季攻势是琼崖纵队作战史上最大的一次作战攻势，也是琼崖纵队作战水平有了新的提高的重要标志。

3月5日 广州中山大学教授会及教授福利会全体理监事30余人向校长请愿，要求改善生活待遇。3月10日，又急电国民政府代总统李宗仁及有关部门。25日，因校方不能实现调整待遇之诺言，中山大学176名教授开始总请假一周的行动。这一行动得到学生及社会的广泛支持，促使中山大学附小教师罢教，研究生罢课，在校内成立国立中山大学各院系联谊会、工友会、职员会等组织，纷纷要求改善待遇。4月1日，因总请假时提出的要求未获答复，中山大学教授决定实行无限期总请假。18日，中山大学教授决定自谋自救，以校养校，筹设师生员工生活互助会，宣布结束总请假行动。

3月7日 为抗议驻大沙头的国民党宪兵不买车票强行搭乘公共汽车，并殴伤售票员的暴行，广州市公共汽车工友1200余人举行罢工，停驶汽车200余辆，使全市公共交通陷于瘫痪。

4月1日 粤赣湘边区党委向各地党委发出指示，决定在全区发行"公粮债券"，以作为渡过财政困难的应急办法。所发行的"公粮债券"面额有1担、5担两种，由粤赣湘边纵队供给部负责印刷，以粤赣湘边纵队政治部名义发行。"公粮债券"推销的原则是拥军增产，军民兼顾，民主认购，合理负担。其收入四成归区党委，四成归地方养兵扩军，二成用作农业贷款或支持贫苦农民度荒及发展生产。

4月1日至9日 中共中央香港分局副书记兼粤赣湘边区党委书记尹林平，在陆丰县河田主持召开粤赣湘边区党委及闽粤赣边区党委联席会议。会议根据香港分局指示，讨论两边纵配合作战以及一些方针政策等问题，以实现闽粤赣、粤赣湘两大边区连成一片的战略任务。

4月6日 李济深、蔡廷锴分别致电华南各省人民自卫军和人民革命军的主持人员，指示他们把武装一律交由人民解放军就地改编，以资统一军制，而利革命作战，更有效打击反动残余势力。25日，中国国民党革命委员会和中国国民党民主促进会南方代表发言人联合发表声明，鉴于全国解放为期不远，华南人民解放军已成为华南人民解放的旗帜，决定把本党所领导和组织的一切部队全部交给人民解放军统一收编，并请共产党加以直接领导。

4月8日 中共中央批准中共中央香港分局改称为中共中央华南分局。分局领导成员作出如下调整：以方方、尹林平、梁广、冯白驹、冯棠、魏金水、林李明为委员，周楠、庄田为候补委员，方方为书记，尹林平为副书记。分局改称后，决定撤销香港工委属下的群委，在华南分局下成立青年妇女工作组，黄焕秋为组长，原群委下的青妇工作转由分局青妇组负责，其他工作转交香港城委负责。

4月12日 根据中共中央指示，华南分局决定调整香港工委领导成员及其组织机构：书记夏衍，常委夏衍、潘汉年、许涤新、乔冠华、邵荃麟，委员夏衍、潘汉年、许涤新、乔冠华、邵荃麟、龚澎、张铁生、廖沫沙。5月15日，中共中央鉴于潘汉年、夏衍、许涤新奉命调赴北平，香港工委的活动范围及作用已日益缩小的情况，再次发出通知，决定对香港工委领导成员再次进行调整：书记乔冠华，副书记邵荃麟，常委乔冠华、邵荃麟、饶彰风，委员乔冠华、邵荃麟、张铁生、龚澎、饶彰风、林默涵、张唯一，候补委员黄作梅、杨奇、古念良。8月，乔冠华、邵荃麟、龚澎调中央工作，饶彰风继任工委书记。10月，饶彰风奉调广州工作，工委其他领导成员也在此前后回内地工作，中央再次决定缩小工委机构，并改称为临时工委，书记张铁生，委员张铁生、黄作梅、吴荻舟。

4月15日 华南各地及海外华侨青年代表共50余人聚集香港（公开报道为粤赣湘边区）开会，讨论人民解放战争形势及华南青年当前的任务，制定《华南青年当前行动纲领（草案）》，决定成立华南青年联合会筹备委员会，推选陈恩、何锡全等为正、副主任委员。中共中央华南分局书记方方在会上作《目前华南形势与青年运动的方向》的报告。

4月21日 中共中央主席毛泽东、中国人民解放军总司令朱德发布向全国进军的命令。从21日午夜起，百万人民解放军强渡长江，彻底摧毁国民党军的长江防线。22日，国民党总统府及国民党政府各机关向广州搬迁（国民党中央党部已于2月1日南迁广州，国民党政府

1949年4月，国民政府总统府和行政院南迁广州，图为撤至广州的国民党败军

行政院曾于2月5日迁广州，2月28日又复迁南京）。23日，人民解放军第三野战军占领南京，宣告国民党22年反动统治的灭亡。

4月 中共潮汕地委开办干部学校，至年底共办4期，并开办军政学校1期，培训党政、军事、青年、财经干部2000多名。其他各地党组织也先后开办韩江干校、东江公学、梅州公学、南路青年干训班等，为迎接解放培养了大批干部。

5月1日 中共广州地下党领导的工人秘密组织——广州新民主主义工人协会发表《告广州工人及劳动同胞》的宣言，号召广州工人团结起来，用实际行动迎接人民解放军，解放广州，解放全中国。同月，广州学生联合会为纪念五四运动30周年和为纪念"五卅一"事件两周年也发表告同学书。广州学生联合会在告同学书中分析形势，提出当前5项任务。号召加强同学、师生及与社会各界人士间的团结，保护学校，提高思想觉悟，准备迎接解放。

5月7日 中共中央华南分局发出《对大军渡江后华南工作的布置》的电报指示，要求各地党委在大军未到前，必须将农村完全解放，控制在手，以便大军集结力量解放城市及追歼残敌，同时抓紧城市接收准备工作，使大军到达时能立即有计划地接收。要求各边区成立临时行政委员会，建立县、区、乡级政权，准备大批城市干部，以便交给军事管制委员会使用，用最大力量去进行部队教育，开办革命青年训练班，培养大批财经干部。

5月8日 中共中央华南分局负责人根据人民解放军渡江南下，直捣南京国民党总统府，华南即将解放的形势，在报刊上发表谈话，阐明华南局势和有关各项政策，指出：人民解放军在进入华南的作战中，将严格遵守毛主席、朱总司令颁布的约法八章，除战争罪犯反革命分子外，一切人民的生命财产均受保护。希望各阶层人民安心照常生产营业。

5月14日至15日 华南各地各阶层的妇女代表在香港举行会议，讨论全国及华南形势，分析华南妇女运动的特点和现状，提出华南妇女的任务，号召妇女在解放华南的人民战争中做出自己的贡献。会议还成立华南民主妇女联合会筹备委员会，负责人余慧。

5月中旬至6月中旬 华南人民武装取得粤东、闽西大捷。5月14日，闽粤赣边纵队一部解放大埔、蕉岭县城。5月下旬至6月，潮汕平原作战又取得重大胜利，解放南山、惠来、丰顺县城。在此期间，在中共中央华南分局的策动及同意下，国民党广东保安第十三团、第十二团、独立第一营及广东第九区（兴梅）行政专署等于5月14日后相继起义，并由原国民党广州绥靖公署副主任吴奇伟、广东第九行政区督察专员李洁之，以及曾天节、肖文、魏鉴贤、蓝举初、魏汉新、张苏奎8人领衔发表起义宣言。国民党福建省闽西行政区督察专员练惕生等也随之宣布起义。起义部队配合粤赣湘边纵队和闽粤赣边纵队作战。粤东、闽西大捷共解放大埔、蕉岭、梅县、兴宁、五华、平远、惠来、丰顺、紫金、龙川、和平、连平、新丰，以及福建省的永定、上杭、武平、龙岩17座县城和几十座重要圩镇。6月24日，毛泽东以中共中央军委名义将粤东、闽西大捷的战报批转给各野战军，"以励士气"，并亲自拟稿复电华南分局，祝贺粤东、闽西大捷所取得的伟大胜利。粤东、闽西大捷从根本上改变了敌我力量在该地区的对比，使粤赣湘与闽粤赣两大边区二三十个县完全连成一片，两区解放人口400余万人，实现了华南分局提出的将两大边区打成一片的战略任务。

5月25日 中共中央华南分局书记方方根据中共中央指示，率分局机关工作人员内迁粤东解放区。是日，抵达陆丰县甲子港。5月底，到达潮汕解放区的中心——揭阳县灰寨，并听取工作汇报。6月中旬北上兴梅，6月27日抵达梅县，并作《关于闽粤赣边区形势和任务的报告》。在华南分局内迁期间，由尹林平代理分局书记。

6月18日 琼崖纵队在白沙县毛贵乡召开春季攻势庆功大会暨夏季攻势誓师大会。随后，琼崖纵队集中8个总队9个团的兵力发动夏季攻势。7月初，先后攻克乐会县的龙江、阳江和文昌县的重兴等敌据点。此时，由山东败退的国民党第二十一兵团之三十二军由青岛抵琼，并立即向琼崖纵队进攻。针对突变情况，琼崖区党委和琼崖纵队决定，为保卫中心根据地，停止大部队夏季攻势作战，各部队撤回原防区，相机歼敌。

6月20日 粤桂边区党委决定在全区发行总额为6万担的公粮债券，所发行的公粮债券面额有5斗、1担、5担、10担四种。其分配办法为雷州3万担，粤桂南边1.2万担，六万大山5000担，十万大山5000担，桂中南5000担，高州3000担。

6月30日 根据中共中央华南分局指示，粤桂边区人民解放军主力第六支队由廉江县西进，与十万大山、六万大山的东进部队配合作战。至9月底止，打通了粤桂边走廊，使雷州半岛、十万大山、六万大山的游击根据地连成一片。

7月初 南下溃逃的国民党第十二兵团（胡琏兵团）及国民党江西省政府主席方天所部共2万余人陆续窜入粤东根据地。7月8日，中共中央华南分局及闽粤赣边区党委撤离梅县县城。7月6日，梅城被敌占领。此前，原属第十二兵团的第十八军十一师刘鼎汉部7000人（又称"台湾新军"）于6月25日从台湾乘船在汕头登陆，会同喻英奇的三二一师企图打通潮梅走廊，接应胡琏残部逃往台湾。8月底，胡琏溃军窜扰潮汕。在此期间，华南分局和闽粤赣边区党委连续发出指示，要求边纵各部队以广泛的游击战争袭击敌军，保卫解放区。潮梅人民武装为此进行了英勇斗争，特别是9月下旬，进行了"大北山保卫战"，击退4000多敌人对大北山的五路进攻。10月，在南下大军进军广东的形势下，闽粤赣边纵队全部收复潮梅地区。

7月7日 华南文化工作团在粤东解放区成立。该团下设5个工作大队，团长丁波，政委李门。华南文化工作团的建立，加强了部队和根据地的文化宣传工作，并为新中国培养了一批文化宣传干部和艺术工作者。

7月8日 经中共中央批准，华南分局设立的南方人民银行总管理处在揭阳县河婆镇（今属揭西县）成立。南方人民银行下设潮汕分行、东江分行和梅州分行，总经理蔡馥生。南方人民银行成立前，华南解放区已陆续发行裕民券（潮汕）400多万元，新陆行流通券（陆丰）60万元，九连流通券6万元，大埔流通券1万元。南方人民银行成立后，发行南方券，统一华南解放区的货币，初步满足了市场需要，稳定了解放区的经济生活。至9

月底止，南方人民银行共发行南方券1000万元（以上各种币值均以2元折换港币1元）。

7月10日 中共中央华南分局向各地党委发出《潮汕接管工作经验总结》，要求各地党委在今后的城市接管工作中，必须遵循下列原则：事前充分准备，具体完整接收，打通上下关系，集中指挥权力，分别先后急缓，逐步实行管理。8月29日，华南分局又发出《接收梅县之经验教训》的总结，要求各地党委在接管其他城市时参考。

7月13日 琼崖民主政府改称琼崖临时人民政府，主席冯白驹，副主席何浚。下辖东区、南区、西区、北区、边海区专员公署及琼崖少数民族自治区行政委员会。

7月16日 中共中央军委致电第四野战军前线委员会，提出远距离迂回包围歼灭白崇禧集团的作战方针。17日，中央军委发出补充指示，进一步阐明这一方针是使敌处于被动，我军处于完全主动，迫敌最后在广西境内与我军决战的方针。为达此目的，中央军委对各参战部队的行动作了重新部署。第四野战军前线委员会根据中央军委的作战意图，将执行中南地区战略追击任务的部队分为东、中、西三路大军，并具体制定各路大军的进军作战方案：由陈赓指挥第四兵团3个军、第十五兵团2个军及两广纵队，组成东路军，经赣南进入广东，歼灭余汉谋集团主力，占领广州，然后第四兵团西上入桂，截断白崇禧集团南逃之路，成为合围白部的南路军；由程子华指挥第十三兵团2个军，组成西路军，由湘西直插黔桂，然后南下柳州，截断白部西逃滇黔之路；由萧劲光指挥第十二兵团3个军，组成中路军，首先歼灭位于湘潭、湘乡和宝庆（今邵阳）一线之敌，迫使白部主力向桂林方向撤退；而后尾敌入桂，会同西、南两路军聚歼白部于广西境内。

7月18日　粤桂边区党委粤中分委及粤中军分委奉命撤销，成立粤中临时区党委和中国人民解放军粤中纵队，临时区党委书记冯燊，常委冯燊、吴有恒、谢创、欧初，委员冯燊、吴有恒、谢创、欧初、谢锡爵（谢永宽）、郑锦波、唐章、周天行。粤中纵队司令员吴有恒，政治委员冯燊，副司令员欧初，副政治委员兼政治部主任谢创。

7月23日　国民党广州警备司令部派出1000余名军警、特务包围石牌中山大学校区，逮捕学生及教职员150余人。中共中山大学地下组织在校内成立"援救被捕教师和同学委员会"。8月1日，广州学生联合会为抗议"七二三"事件，发表告各界人士书。在社会舆论的压力下，国民党当局被迫释放大部分师生。

1949年7月23日凌晨，国民党军警突然包围中山大学，逮捕中山大学师生和员工150余人，制造了"七二三"事件

7月28日　潮梅人民行政委员会成立①。主任委员林美南，副主任委员李洁之、黄声。潮梅人民行政委员会管辖潮汕和兴梅地区共17个市、县、局，人口达300余万人。

7月　东江人民临时行政委员会成立。谭天度为主任，叶锋、

———————————

①　中央批准成立该行政委员会有"临时"两字，至成立时发布告称"潮梅人民行政委员会"。

黄中强为副主任。东江人民临时行政委员会下辖第一行政督导处（江南地区）、第二行政督导处（九连地区）和第三行政督导处（江北地区）共16个县及兴宁县部分地区，人口300余万人。

7月 闽粤赣边区为保障供给，支持解放战争需要，决定发行军粮公债1750万斤。其分配数额为：潮汕750万斤，梅州500万斤，闽西500万斤。军粮公债可以自由买卖或抵押，也准予抵缴田赋。

7月 活跃在粤桂湘边的人民武装成立总部，由此组成中国人民解放军粤桂湘边纵队。梁嘉任政治委员兼负责军事工作，王炎光任政治部主任。

8月1日 中国人民解放军粤桂边纵队成立。司令员兼政治委员梁广，副司令员唐才猷，参谋长杨应彬，政治部主任温焯华。从年初起至8月中旬止，粤桂边人民武装共歼敌4056人，缴获各种炮9

粤桂湘边纵队司令部旧址

门，轻重机枪161挺，其他各种枪4800支，子弹18万发，电台4部。在已解放的广大地区建立雷州、粤桂南边两个行政督导处及15个县政权，全区解放人口200万人，占该区全部人口的五分之一，控制地区达全区的三分之一。

8月22日 为迎接南下解放军和参加叶剑英主持的新的华南分局扩大会议，方方奉命率李嘉人、赵元浩等分局机关干部北上江西赣州。在此期间，粤赣湘边区党委副书记黄松坚也奉命北上赣州，迎接解放军并参加分局扩大会议。

8月 中共中央华南分局青妇组在揭阳县的河婆镇分别举行

青年、妇女工作座谈会，粤赣湘边区及闽粤赣边区的青年、妇女工作干部参加了会议。会议传达全国青年代表大会的精神，要求华南各地尽快建立青年、妇女工作机构，开展青年、妇女工作，团结动员广大青年和妇女，支援和参加华南地区的解放战争。

8月 为准备接管广州，中共中央华南分局在潮梅地区成立"华南工作团"，抽调400名干部进行集训，由黄焕秋、周钢鸣、张海鳌负责。同时，还从东江抽调3000余名干部集中在大鹏半岛，成立教导团（后改为4个独立教导营），由周楠、钟明、杨应彬、左洪涛负责集训。10月广州解放后，这批干部迅速赶赴广州，与南下大军一道参加了广州市的接管工作。

9月6日 根据中共中央决定，以叶剑英为第一书记、张云逸为第二书记、方方为第三书记的新的华南分局在江西省赣州市成立。此时，广东党组织已建立琼崖、粤赣湘边、闽粤赣边、粤桂边区党委，粤中临时区党委及粤桂湘边（西江区）工委；全省除南澳、封川、开建三县外，均建立县级以上党组织。先后建立琼崖、粤赣湘边、闽粤赣边、粤中、粤桂边和粤桂湘边纵队，共有武装8万余人。全省有党员8万多人，解放区人口约1350万人，占全省人口3200万人的40%以上，并在全省三分之一以上的地区初步建立了人民政权和民兵、农会组织。

9月7日 中共中央华南分局第一书记叶剑英在赣州主持召开作战会议，与会者有分局第三书记方方，第四兵团司令员兼政治委员陈赓、副司令员郭天民、副政治委员兼政治部主任刘志坚，第十五兵团司令员邓华、政治委员赖传珠、第一副司令员兼参谋长洪学智、政治部主任肖向荣，两广纵队司令员曾生、政治委员雷经天。会议分析了敌我军事态势，讨论了中央军委指示，制定广东战役的作战方案。会议还决定，由陈赓统一指挥参加广东战役的第四兵团、第十五兵团及两广纵队等部队。12日，中央军委批准了这一作战方案。

9月8日 中共中央军委致电叶剑英、方方、陈赓、邓华，对他们聚会于赣州表示极为欣慰，要求他们遵照党中央迭次指示开好分局会议，同时指出"方方等同志领导的华南分局及华南各地党委和人民武装有很大的成绩"。要求新的华南分局及即将进军华南的人民解放军主力应对此种成绩有足够而适当的估计，加强两方面同志的团结，争取更加伟大的胜利。

9月10日 中共中央华南分局在赣州举行货币政策讨论会，分析了港币在华南广泛流通的现状，指出在金融斗争中的严重性，制定以排挤港币为主、存兑为辅的肃清港币方针，规定具体步骤和办法，作出《华南港币处理意见》的决定。

9月11日至20日 中共中央华南分局在赣州举行扩大会议，参加会议的有华南分局、第四兵团、第十五兵团和两广纵队等负责人叶剑英、郭天民、刘志坚、陈赓、曾生、雷经天、洪学智、肖向荣、邓华、方方、赖传珠、李嘉人（按参加11日会议的签到名单排列）。叶剑英主持会议。会议讨论了华南党政军各级领导机构的组成及干部配备，并报中央批准；制订解放广东的作战计划，支前工作和接管城市的政策、外交方针；研究对付帝国主义的封锁等问题。并通过了《关于支前工作的决定》《关于过去华南及广东工作的决议》。该决议指出，与会同志完全同意中央9月8日电示，认为方方等同志领导的华南分局和各地党委自1946年以来，领导广东及华南各省人民在开展武装斗争及其他各项工作中取得了很大的成绩。由于取得这些成绩，"就使得华南敌后的人民战争得以坚持下来，配合了三年来全国解放战争的胜利，同时又给人民解放军主力进入华南及广东作战，最后完成解放华南及广东全省的任务提供了有利的条件"。还指出，华南分局缺点是有的，但这是"次要的，是可以而且应该原谅的，只有这样才合乎事实，才合乎孤悬敌后这种情况"。

9月18日 中共中央华南分局决定成立北江人民临时行政委员会，黄松坚为主任。随后又组成由黄松坚兼主任的粤北支前指挥部，统一指挥五岭、滃江、九连和粤汉铁路以西地区的支前工作，粤北各地区及各县也分别成立支前司令部和支前指挥所。在潮汕地区，成立"潮汕党政军民迎接南下大军动员总会"，各县、区、村也按系统成立"欢迎大军动员委员会"。在此期间，东江、珠江、西江、中区和南路地区也相继成立支前机构。在华南分局和各级支前机构的具体组织下，广东人民群众迅速掀起了迎军支前热潮。各游击纵队除配合大军作战外，还派出整营整连的指战员深入乡村筹粮和负责供应工作。凡大军路经之处，均有群众欢迎、慰劳，设立茶水站、歇足亭、供应处，热情为大军服务。各地还组织大批民工开展战勤工作，为大军抢修桥梁、公路，抢运物资，运送伤病员。至1949年12月底的不完全统计，全省共借粮209.88万担，柴薪17.87万担，组织民工161.4万人，修复公路1069公里，捐献杉木18.78万根，慰劳捐献40亿元（当时的人民币，包括广州、香港的捐款），收容安置伤病员4500多人。

9月21日至24日 中共中央华南分局在赣州举行高干会议，叶剑英、方方、陈赓分别在会上作形势、任务与政策，广东情况介绍及军事问题的报告。与会者对报告进行了认真的讨论。

9月22日 国民党始兴县县长饶纪绵奉粤赣湘边纵队命令，率该县自卫总队千余人起义，歼灭驻始兴县城的国民党第三十九军九十一师之二七一团团长以下200余人。23日，该起义部队被改编为粤赣湘边纵队北江第二支队新一团。24日，新一团在始（兴）曲（江）公路的麻洋至古坑口一带伏击由韶关派来增援的国民党第三十九军一四七师之四四〇团，歼灭该团团长以下300余人。

9月28日 叶剑英、陈赓在赣州向参加广东战役的各部队发出"战联字第1号"作战命令，命令根据变化了的敌情，明确作战任务，作出作战区分及作战部署。命令规定，由第四兵团3个军12万人组成右路军，由北向南，直取曲江，并截敌西逃之路，而后协同左路军歼灭英德地区之敌或直趋广州。由第十五兵团2个军8万人组成左路军，由赣南进入广东的南雄、始兴，视战况直插英德或其以南地区，堵击粤北南逃之敌，并协同右路军歼灭该地区之敌或直逼广州。由两广纵队、粤赣湘边纵队及粤中纵队2万人（仅限于参战部队）组成南路军，进至广州、虎门之间，截断敌南逃之路。

10月1日 中华人民共和国宣告成立。同日，中共中央华南分局发表《告广东同胞书》，号召全省同胞立即行动起来，全力支援人民解放军，解放两广，解放海南岛，解放台湾，解放全中国。

10月2日 为策应四野主力中路军（第十二兵团）和西路军（第十三兵团）发动的衡宝战役及其他作战行动，东路军（第四兵团、第十五兵团和两广纵队）提前发动广东战

中共中央华南分局发表《告广东同胞书》

役。东路军分为右、左、南三路军同时向广东进军。

10月2日　中共中央华南分局发出关于成立广州市接管工作委员会的通知：以朱光为书记，云青（云广英）、肖桂昌为副书记，朱光、云青、肖桂昌、洪学智、李凡夫、谢育才、伍晋南、布鲁（陈泊）、张云天、林克泽、廖似光、陈健为委员。16日，华南分局又发出关于广州市接管工作的指示，要求根据干部条件，定出先后缓急步骤：干部未到，可缓接，没有干部，暂时不接，以免紊乱。

10月7日　右路军之第十五军解放曲江（韶关）。11日至12日，左路军一二七师、一二八师在佛冈与敌激战，歼敌3000余人。随后，右（第四兵团）、左（第十五兵团）两路军全面突破粤北防线，于14日凌晨，从西、北、东8个方向完成对广州的钳形合围。

10月14日　第十五兵团解放广州市。为迎接广州解放，中共广州地下党领导广州市的工人、学生展开了护厂、护校、护城的斗争。在解放广州期间，除海珠桥、白云机场、天河机场及石井、石牌、黄埔的几个仓库被国民党军队炸坏外，整个广州未遭受大的破坏。在解放军将进城时，中共地下党员程长清等策动广州市国民党警察共2000余人起义。

10月15日　根据中共中央华南分局

国民党军队撤退，解放军尚未进城，广州市民组织自卫队堆沙包，关街闸，维护治安，图为广州街闸

决定，《华商报》在香港宣布停刊。随后，该报全体工作人员赶赴广州，参加华南分局机关报《南方日报》的创办工作。23日，《南方日报》在广州创刊。

10月18日 南路军获悉敌第一〇九军一五四师3329人困留博罗县龙华圩，遂令两广纵队的第一师和第二师第四团、第五团、炮兵及粤赣湘边纵队的第六团对敌师进行包围。20日，以和平方式接管该师。

10月18日 中国人民

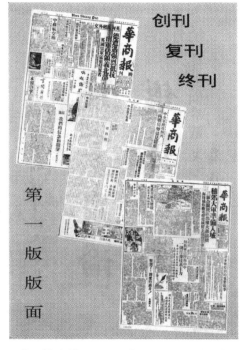

《华商报》创刊、复刊、终刊照片

解放军广州警备司令部成立。司令员邓华，政治委员赖传珠，副司令员方强，副政治委员吴富善，政治部主任谭甫仁。广州警备司令部成立后，迅速采取有力措施，取缔广州市内的各种非法组织，收缴非法武器，整顿社会治安。

10月21日 叶剑英、方方率领中共中央华南分局机关迁驻广州市，并成立中国人民解放军广州军事管制委员会，委员有叶剑英、方方、邓华、赖传珠、肖向荣、洪学智、曾生、尹林平、朱光、李章达、吴奇伟、张醁村。主任叶剑英，副主任赖传珠，秘书长肖桂昌，副秘书长杨应彬。军事管制委员会成立后，分别设立军事、政府、财经、电讯、交通、文教等方面的接管委员会，全面展开接管工作。

10月24日 闽粤赣边纵队5个直属团和边纵第二支队、第三支队，在边纵正、副司令员刘永生、铁坚的直接指挥下进驻汕头市。此前，22日，边纵第二支队和第四支队联合解放国民党在潮汕的统治中心潮州城，胡琏、方天、喻英奇等率残部从海上逃窜粤西和台湾。

10月26日 第四兵团在粤中纵队配合下，将国民党第二十一兵团部、第三十九军和第五十军军部及其他部队共4万余人聚歼于阳江县的白沙圩、平岗圩地区，结束了广东战役。此役，合计歼敌1个兵团部，3个军部、9个师共6.2万余人。

《广州市军事管制委员会布告》全文

广州市人民政府成立，第一任市长叶剑英（左三），副市长李章达（左二）、朱光（左一）、梁广（右一）

10月27日 广东省支前司令部成立。司令员尹林平，政治委员方方，参谋长谢育才，副参谋长宋健华。

10月28日 广州市人民政府成立。市长叶剑英，副市长李章达、朱光、梁广。30日，3000余名新旧工作人员在中山纪念堂举行市府工作人员大会，叶剑英、李章达在会上讲话。叶剑英向全体工作人员提出安定社会秩序，团结广大人民，努力恢复生产的8项任务。朱光向记者发表广州市人民政府的施政方针。

10月29日 为巩固广州外围，扫荡珠江三角洲地区的国民党残部及土匪，根据中共中央华南分局决定，由两广纵队、粤赣湘边纵队一部及珠江三角洲地方部队组成珠江三角洲作战指挥部，曾生为司令员，尹林平为政治委员。

10月30日 中共广州新市委成立，叶剑英为书记，朱光、钟明、廖似光为副书记。同日，召开有330余名党员参加的全市地方党员大会，叶剑英、方方、朱光到会讲话，正式公开广州党组织。

11月6日 广东省人民政府成立。主席叶剑英，副主席方方、古大存、李章达。

11月7日 人民解放军发动粤桂边战役。战役中，二野四兵团，四野十二兵团、十三兵团等协同作战，将国民党白崇禧集团主力和余汉谋集团残部歼灭于博白、陆川、郁林（今玉林）、容县、廉江及钦州等地区。是役，毙伤、俘敌将级军官77名，其中俘国民党华中军政长官公署副司令长官兼第三兵团中将司令张涂、粤桂边"剿匪"总指挥部中将司令喻英奇，全歼国民党华中军政长官公署、8个兵团部、12个军部、31个整师零15个团，共17.2万余人，解放县城80座。12月11日，人民解放军攻占广西的镇南关（今友谊关），粤桂边战役结束。

11月9日 滞留香港的原国民党中国航空公司和中央航空公司全体员工2441人宣布起义。两公司总经理刘敬宜和陈卓林于当日率机12架飞抵北京、天津，其余70余架飞机及器材听候人民政府处理。12日，中央人民政府主席毛泽东和政务院总理周恩来分别致电、致函两航全体员工，向他们表示祝贺和慰问。

至1950年1月18日止，资委会、招商局、九龙关等国民党政府在香港的25个机构相继起义，后中央人民政府在港接收资产总值2亿港元。这些起义在政治和经济上产生了重大影响。

11月上旬　为配合珠江三角洲地区的清剿土匪及加强珠江防务，成立广东军区江防司令部，洪学智为司令员兼政治委员，王作尧为副司令员。

11月11日、13日　广州市各界群众举行庆祝解放大会和游行，参加人数20余万人，盛况空前。叶剑英、方方、陈赓、邓华、赖传珠等领导同志检阅了游行队伍。

广州市各界群众举行庆祝解放大会和游行

11月17日 广东军区成立。叶剑英为司令员兼政治委员，邓华、洪学智、曾生分别为第一、第二、第三副司令员，赖传珠、尹林平、冯白驹分别为第一、第二、第三副政治委员，肖向荣为政治部主任，杨康华为政治部副主任。

12月5日 根据中共中央华南分局的决定，广州全市采取统一行动，由部队、公安、工人、学生共2000人组成的突击队搜查全市的地下钱庄和街边钱档，共扫荡地下钱庄130家，街边钱档549间。6日至8日，全市2万余名学生和工人开展大宣传活动，拥护人民政府的这一行动。经过扫荡地下钱庄和宣传运动，初步确立了人民币在广州的地位，安定了社会秩序，促进了生产的发展。

12月19日 第四十三军之一二八师在粤桂边纵队配合下解放湛江市，俘敌800余人。

湛江各界群众庆祝湛江解放

1950年

1月1日　中共中央发表《告前线将士和全国同胞书》，指出中国人民解放军和中国人民1950年的光荣战斗任务是解放台湾、海南岛和西藏，歼灭蒋介石最后残余势力，完成统一中国大业。

1月2日　中共中央华南分局发出《关于支援海南岛作战的决定》的通知，要求"我各级党政机关必须以全力支援并迅速筹集大量船只、船工、经费、器材和进行各种应有的充分准备，才能取得胜利保证"。

1月12日至21日　中共中央华南分局在广州市召开广东各地党代表会议，出席会议的代表177人。华南分局第一书记兼广东省人民政府主席叶剑英在会上先后作《目前华南政治形势与党的方针政策》和《1950年广东省的中心工作》的报告，会议确定1950年全省工作的四大任务：一是解放海南，肃清残余匪特，安定社会秩序，巩固人民民主专政；二是通过剿匪反霸，减租减息，合理负担，生产备荒的斗争，准备群众，准备干部，争取冬季开始实行土地改革；三是恢复交通，恢复生产，整理财政，完成财政任务；四是加强沿海及岛屿工作，重点经营珠江三角洲，积极建设沿海防务。

1月30日　中共中央华南分局召开海南岛战役支前工作会议。华南分局第一书记兼广东省人民政府主席叶剑英主持会议。广东省人民政府、第十五兵团、第四十军及第四十三军等有关方面负责人参加了会议。会议着重研究解决经费、船只和粮草等问题。为加强对支前工作的领导，在支前司令部上设广东省支前工作委员会，作为支前工作的决策机关，隶属广东省人民政府。在广东省支前工作委员会下还设立船只准备委员会、物资供应委员会、策反工作委员会及雷州（南路）支前委员会，以开展解放海南岛各方面的支前工作。

2月1日至2日　邓华在广州主持召开海南岛战役作战会议，广东军区司令员兼政治委员叶剑英，第十五兵团、第四十军、第四十三军及琼崖纵队的负责同志参加了会议。会议分析敌我军事态势，讨论并解决渡海器材这一关键问题，制定"积极偷渡，分批小渡与最后强行登陆相结合"的登陆作战指导方针。第四野战军前线委员会完全同意这一方针。2月12日，毛泽东复示亦表示同意，并指出："此种办法如有效，即可能提早解放海南岛。"

2月5日至15日　中南军政委员会在武汉召开会议，正式成立中南军政委员会，主席林彪，副主席邓子恢、叶剑英、程潜、张难先。广东在中南军政委员会中的委员有叶剑英、方方、古大存、李章达、杜国庠、赖传珠、尹林平、丘哲、冯白驹、张文、李坚真、戴子良、简玉阶。

2月23日　第四十一军一二一师之三六一团、三六二团、三六三团、师直炮营及地方部队发起渡海作战，解放素有"闽粤咽喉，潮汕屏障"之称的南澳岛，俘敌副师长以下官兵1300余人。

2月26日　琼崖区党委经请示中共中央华南分局批准，以琼崖临时人民政府名义发行总额为40万元（以光洋计算）的解放公债。各地分配数额为北区12万元，东区10万元，西区8万元，南区6万元，自治区4万元。解放公债以1元为一份，认购数量不限定。推销对象主要为群众，以富户为重点，包括机关部队人员。这一次发行的解放公债，于解放后海南行署特呈准广东省人民政府由省金库拨款清还。

3月5日至31日 海南岛战役渡海登陆作战部队组织了2个加强营及2个加强团共8470余人的部队，分2批4次冲破敌机和敌舰的封锁、阻击，偷渡琼州海峡，强行登陆海南岛，打垮陆上敌军的阻击和追击，与前来接应的琼崖纵队胜利会合，为野战军主力大规模登陆作战创造了有利的条件。

3月7日 第四十军一一九师之三五六团经过一夜战斗，解放北部湾的重要岛屿润洲岛，扫除了解放海南岛的一个海上障碍。此战，俘国民党广东省民众反共自卫救国军南路指挥所上校参谋长以下436名，毙伤敌16名，缴获炮7门、各类枪591支、电台6部、子弹11万发，截获被敌掠走的民船300余艘。

3月22日 中共中央华南分局再次召开海南岛战役支前工作会议，叶剑英主持会议。会议认真研究支前工作中存在的问题及解决的办法，要求一切工作要服从此次战役的需要，局部服从全局，后方服从前方，以确保海南岛战役的胜利。会议讨论并经华南分局批准，决定加强广东省支前司令部的领导，充实具体办事机构，下设7个业务处及梧州、廉江、长沙（开平县）等8个外地办事处。

3月25日至4月9日 中共中央华南分局召开市镇、工会、财经工作联合会议，广东省、广西省、广州市党政军负责人及各专区、各部门负责人出席了会议。华南分局第一书记叶剑英在开幕会议上讲话，阐明1950年8项主要任务，其中包括：彻底消灭残敌，解放海南岛、台湾和西藏；稳定物价，恢复和发展城市的生产；做好土地改革工作；等等。华南分局、广东省、广州市各主要部门负责人作专题报告。各地代表进行认真的讨论。大会结束时，叶剑英作总结报告。

4月16日 中共中央华南分局、广东军区和广东省人民政府联合发表《告海南岛同胞书》，号召海南人民迅速行动起来，配合解放军主力解放全海南。同日，广东军区司令员兼政治委员叶剑英、副司令员邓华、副政治委员赖传珠联名发表《告海南岛国民党军官兵书》，号召他们放下武器，停止抵抗，接受改编。

4月16日 第十五兵团下达渡海登陆作战命令。当晚，第四十军和第四十三军共8个团2.5万余人的第一梯队由雷州半岛起渡，翌日晨强行登上海南岛。第十五兵团指挥机关及第四十三军4个团组成的第二梯队也于24日晨登陆。

1950年4月，解放海南岛的战士们踏上前往海南岛的帆船

4月23日 第四十三军一二七师解放琼山和海口市。

4月24日 第十五兵团向海南岛战役参战部队发出乘胜追击，解放全海南的作战命令。各部队立即分成东、中、西三路向南猛追逃敌。

4月25日 广东省人民政府、广东军区司令部联合发出《大力剿灭匪特保卫人民》的布告，号召全省党政军民密切配合，根绝匪患，巩固革命秩序，并提出具体处理匪特的办法。

4月30日 第四十军之一一九师和第四十三军之一二八师解放海南岛最南部的三亚和榆林港。

5月1日 第四十三军之一二九师和一二七师之三八〇团攻占八所、十所、小岑、北黎，海南岛全境获得解放。海南岛战役至此结束。是役，共计歼敌5个整师、2个师部零6个团、14个营，共3.3万余人。

5月25日至8月4日 第四十四军之一三一师在广东军区江防司令部舰艇部队及珠江军分区炮兵团的配合下，发动解放万山群岛作战。此战，毙伤敌第二舰队司令齐志鸿（受重伤，后运至台湾时死亡）以下500余人，俘193人，击沉敌炮舰8艘，击伤敌舰艇

1950年8月，解放军登陆万山群岛的担杆岛

10艘，俘敌舰2艘，解放岛屿45座。经过此战，完全粉碎了敌军对珠江口的封锁。

8月9日 第四十三军某部在台山军分区部队配合下解放阳江西南海面的南鹏岛，俘敌411人，毙敌10人，消除了由广州至湛江航道上的一大障碍。至此，广东全省除东沙、西沙、南沙诸岛外，已全部获得解放。